JN119515

ジェンダー研究と
社会デザインの現在

萩原なつ子 監修

萩原ゼミ博士の会 著

森田系太郎 編

三惠社

目次

はじめに——監修にあたって
「ジェンダー研究と社会デザインの現在」

萩原なつ子

　本書を監修するにあたり、まずは本書の鍵となる基本概念の〈ジェンダー〉について説明しておきたい。ジェンダー（gender）はもともと文法用語で、のちに心理学の用語となり、1960 年代に身体的性差・生物学的性差（sex）と区別するために用いられ始め、1970 年代以降に女性学・ジェンダー研究者によって広く使われるようになり定着したと言われている。現在では〈ジェンダー〉は身体的性・生物学的性に付与される「男であること」「女であること」を指し、「男らしさ」「女らしさ」に関する社会的通念、社会的分業、性別役割分業といった社会・文化の中で後付けされたものと定義されている。したがって男女の関係性や役割は不変ではなく、社会や文化が違えば異なり、時代によっても変化するという事実の根拠となる概念である。そして、〈ジェンダー〉は、男女は異なっているが対等であるという区分ではなく、男女の権力関係の非対称性を問題化する概念であることも強調しておきたい。

　ドイツの社会学者ウルリッヒ・ベック（1998[1986]）がリスク社会論の中でジェンダーが不平等分配を進める社会的リスクとなると述べているように、多くの場合、男性を基準・標準（デフォルト）として制度や慣習が構築されていることから、責任や役割、意思決定の機会や賃金等において女性と男性の間に明らかな違いや不平等が存在している。ジェンダー平等とは社会的な立場における平等を意味し、誰もが平等に活躍できる社会を築くためにはジェンダーギャップ解消が必要不可欠となる。しかしながら、21 世紀になってもジェンダー問題は解決されておらず、女性がなかなか能力を発揮できない状況にある。実際、スイスの非営利財団「世界経済フォーラム」（ダボス会議）が公表するジェンダーギャップ指数（Gender Gap Index : GGI）において、2021 年の日本の順位は 156 カ国中 120 位（2020 年は 153 カ国中 121 位）で、先進国の中で最低レベルである。2021 年の

SDGs（Sustainable Development Goals：持続可能な開発目標）達成度ランキングでも日本は世界 18 位で、とくに目標 5「ジェンダー平等を実現しよう」の達成率が極めて低いと指摘されている。SDGs の前文には全 17 目標達成するための手段として「ジェンダー平等の実現と女性のエンパワーメントは、すべての目標と［各目標下に設定された］ターゲットの進展に極めて重要な貢献をするものである」と記されているのにもかかわらず、である。

　ノーベル経済学賞を受賞したインドの経済学者、アマルティア・セン（1999[1992]）は、ジェンダー格差に対する理解は他のさまざまな不平等や不公正の理解を促す、と述べる。ジェンダー平等社会の実現は不平等や不公正な社会を少しでも良い方向に変えようとすることと等しく、したがってこの社会に生きる人々の意識や行動が変わっていくことが求められる。そのために必要なのが〈社会デザイン〉という考え方である。

　〈社会デザイン〉とは、「異なる価値観を持つ人々が共生していくための知恵や仕掛けや仕組みとしての社会と、そこでの人々の参加・参画の仕方を、これまでの常識にとらわれず、根底的という意味でラディカルに革新（イノベーション）していく思考と実践のありよう」（立教大学大学院 21 世紀社会デザイン研究科, n.d.）であり、キーワードは多様性と包摂である。〈社会デザイン〉は 20 世紀型社会のパラダイムの転換を迫る社会的公正を追求する実践の過程で生まれた概念であり、人権意識に裏付けられた共生社会を目指すものとしてジェンダー問題と切り離すことはできない。本書が『ジェンダー研究と社会デザインの現在』と題された意図はここにある。

　本書は 2 部構成となっている。第 1 部では各執筆者が自治体、医師、環境、フクシマ、AI をそれぞれ〈ジェンダー〉の視点から分析する。その後の第 2 部では、射程を社会全体へと拡大し、〈社会デザイン〉の問題に取り組む。具体的には、マス・メディア、在宅医療、大学教育、留学生、信託といった問題系を社会デザインの座標軸に落とし込む。第 1 部のジェンダーの問題のみならず、第 2 部で社会デザインに係る幅広いトピックを焦点化することで、日本社会を相対化することを目指す。

　以下、本書に所収されている論文の概要を述べておこう。まず第 1 部だが、5 章

から構成される「多様なジェンダー研究」の論考となっている。

相藤巨による第1章は、2014年に「消滅可能性都市」の指摘を受けた豊島区の政策形成過程の変遷に係る時系列分析を行い、その効果検証と現状の考察を行うものである。若年女性人口の減少を理由に自治体としての消滅可能性の指摘を受けた豊島区は、従来までの政策形成において欠如していた「女性の視点」を踏まえた政策を志向し、まちづくりのあり方に関して変革を試みた。豊島区が主軸として据えた「女性の視点」は様々な議論を経る中で「子どもと女性の視点」、更には「全てのわたし」を内包する「ユニバーサルの視点」へと拡充し、豊島区のまちづくりは高い評価を受けることとなった。

その一方で、当初の目的の1つであった合計特殊出生率の向上に至ることはなく、豊島区の消滅可能性をどのように捉えるか、再考する時期が到来している。従来まで政策の「対象」ではあっても「主体」ではなかった"女性"という存在が地方自治体の政策形成に主体的に参画することの重要性について、豊島区は多くの示唆を提示する。しかし、その方法が他の地方自治体にも適用可能か否かについては、更なる考察が求められている。

第2章の内藤眞弓は、女性医師26名のインタビューを分析し、家庭領域と職場領域双方のジェンダー構造がキャリア形成に与える影響を明らかにした。家庭領域では夫や夫以外の家族によるケア資源と外部サービスを調達できる経済力が、職場領域では上司や同僚などとの信頼関係と子育てがキャリア形成の妨げとならないような適切な配慮と指導が資源となり、それらが両輪となって性別分業意識が抑制され、望むキャリア形成が可能になる。しかし、性別分業意識が顕著なほど、ベビーシッターなどの外部サービス利用には消極的である。家庭役割を担わない夫への不満はほとんど語られず、家庭領域における夫は主体性をもった存在とは認識されない傾向がある。

職場領域に信頼関係がなく、労働環境が過酷である場合、ケア資源が十分でも働き方を転換したり、夫のキャリアを優先する傾向もある。資源となるはずの当直・オンコール免除は、画一的な働き方を強要する言説によって、また同僚や後輩の負担増や常勤医ポストの奪い合いという要素が絡んで軋轢を生む。家庭役割を担わない夫に対する批判より、職場領域における上司や同僚、男性中心の画一的なシステムに対する批判のほうが多く現れるが、女性医師が語る職場への批判

は、家庭における自らの実践によって再生産されているとも言える。

　第3章の森田系太郎の論文は、セクション1のイントロダクションの後、セクション2でエコフェミニズムの系譜、各派、その目指すところを序説として提示。論考の核となるセクション3では「日本のエコフェミニズムの40年」を論述し、最終セクション4は結論としての「コーダ：ポスト〈3.11〉の日本のエコフェミニズムに向けて」、という組み立てとなっている。

　本論の肝となるセクション3では、まずイリイチ派エコフェミニズムの拡がりから上野-青木論争の終焉までを「日本のエコフェミニズム第一波」（1983-1986年）と位置付ける。論争の結果、エコフェミニズムは下火となったが、その火が消えないようにエコフェミニズムの魂を引き継いだ者たちが日本にはいた。彼／女たちの努力の結果、上野-青木論争後の「失われた10年」を経て、エコフェミニズムは日欧女性交流事業「女性・環境・平和」の中で再興した（「日本のエコフェミニズム第二波」［1987-1994年］）。その後、エコフェミニズムの実践的研究、男性研究者の参画、エコフェミニスト文学批評・エコフェミニスト宗教学が開花した「日本のエコフェミニズム第三波」（1995-2011.3.10）を経て、2011年の東日本大震災後、エコフェミニズムの意義が再考されている（「日本のエコフェミニズム第四波」［2011.3.11-現在］）。本章は、上述のような過去40年にわたる日本のエコフェミニズムを歴史化し、第一波〜第四波の各波の展開を丁寧に論述する野心作である。

　第4章の菊地栄は、環境とジェンダーの視点から、東京電力福島第一原子力発電所（「原発」）の事故のその後について考察している。復興五輪と銘打たれたオリンピック・パラリンピックがパンデミックの中で開催され、フクシマに関する報道は急激に減少しているようにみえる。福島県内では、かつて語られていた「原発安全神話」が「放射性物質安全神話」に置きかわり、「リスクコミュニケーション」「風評被害」という言葉によってフクシマのイメージを払拭しようとする動きが見られる。そうした中でとりわけ幼い子を持つ母親たちは、胸のうちの不安を語る場を失い、現在もメンタルヘルスに問題を抱える割合は高止まりの傾向にある。しかし一方で、食品や土壌の放射性物質を計測する活動や、脱原発運動に女性の存在が際立っていることも事実である。彼女たちは子どものいのちを守るために緩やかなネットワークを構築し、これまでの男性活動家たちとは異なるジェンダー的視点を伴ったしなやかさをみせる。本論は、原発事故後の現在から、災

害時におけるジェンダーバイアスや母子避難について問題を明らかにしたのち、県内で脱原発運動を精力的に展開している女性たちへのインタビューを通して、環境とジェンダーの交差する点を検討するものである。

第 5 章の佐野敦子は、デジタル技術とデータ、そしてそれらをもとに機能する AI の活用が進むことで、私たちの社会・産業・生活のあり方が根本から革命的に変わろうとしている点に注目し、その現象をジェンダーの視点から分析を試みる。このような時代の変わり目をデジタルトランスメーション（DX）とよび、各国で産業・組織・個人の大転換が図られている。だが DX は誰にでも平等にメリットをもたらすのだろうか。先進国首脳会議（G20）に向けて女性に関わる提言を行うエンゲージメントグループ Women20（W20）は、デジタル・ジェンダーギャップに取り組まなければ、デジタル技術はジェンダーの不平等を解消するどころか、むしろ悪化させる可能性があると警告する。その一方で国連の SDGs のジェンダー平等に関する目標 5 のターゲット 5.b.には「ICT 等の活用能力を強化することは女性のエンパワーメントを促進する」とある。つまり、デジタル技術は活用如何でジェンダー平等推進の敵にも味方にもなる。

上述の状況を踏まえ、佐野論文は、デジタル化や AI の導入によって生じている様々な社会の転換の兆しや課題をジェンダーの視点で捉え直し、日本に訪れる未来をジェンダー平等にするためのポイントについて考察している。

第 2 部は第 6〜10 章から成る「社会デザイン研究の試み」に関する論考である。

第 6 章の浅野麻由は、1980〜81 年に TBS で放送された「テレポート TBS 6」という情報番組内で組まれた「ベビーホテル」問題を取り扱ったドキュメンタリー番組を起点に 2 つの検証を行う。第 1 に、「マス・メディア」「行政」「専門家」「市民の総意」の 4 つの柱がどのような相互関係で政策決定に至ったのか、その過程の検証である。判明したのは、「マス・メディア」の立場にいた TBS の制作者・堂本暁子（前国会議員・千葉県知事）が主体となって他の 3 つの柱をまとめるパイプ役となっていたことである。この 4 つ柱の相互関係が築かれたことで比較的早い段階での政策決定がなされたと考えられる。実は、TBS が「ベビーホテル」問題を放送する以前の 1970 年代、すでに新聞社が警鐘を鳴らしていた。しかしその報道が政策決定まで結び付かなかったのは、おそらく専門家や政策決定者との相

互関係がなかったからだと考えられよう。

　第2に、テレビ・ドキュメンタリー番組が保育行政に果たした役割の検証である。検証から明らかになったのは、ひとつにはTBSのドキュメンタリー放送が初めて大きく「ベビーホテル」問題を取り上げたこと。もうひとつには、番組で「ベビーホテル」という用語を定義付けたことで、現在においてもその定義が土台となり、それをもとに「ベビーホテル」の調査が定期的に行われるなど、保育行政の根幹を司っていることである。これらは児童福祉法改正という結果をもたらしたほか、時間軸を超えて現代の保育行政の一分野に影響を与えたことが考察された。

　第7章の景山晶子は、在宅医療に携わる医師2名の語りから、在宅医療における医師の役割について考察している。在宅医療は患者の生活の場で行われる医療であり、目的も病気を「治す」ことだけでなく、患者や家族の生活を「支える」ことに重きが置かれている。「治す」ためであれば医師は方針を定められるが、生活を「支える」となると、個別性の高い患者やその家族を前に何を目標とすればいいか迷う。また、医師の間でも「治す」ことのない在宅医療で何をすべきか十分に内面化されていない。

　これに対し、在宅医の語りをもとに、在宅医の役割として「専門家として居る」という概念が示される。2名の在宅医は、患者の容態に対応するための医療的行為だけではなく、日々の会話や、生活上のささやかな希望の実現を目指すなどの行為も組み合わせて患者やその家族に関わり、患者らからの感謝も受けていた。それら2つの行為を行うことは患者らの役に立つことだが、医療的行為が医師の役割という意識のままでは医師は自らの存在意義を確立しにくい。そこで、医療的行為とそれ以外を分けることなく混ぜ合わせて、新たな医療を提供することが新しい役割であるという仮説が構築され、その可能性が示されている。

　第8章の安齋徹は、今や社会貢献活動は教育や研究と並ぶ大学の基本的機能の1つであることに着目し、社会デザイン教育の可能性について考察している。2012年の中央教育審議会の答申「新たな未来を築くための大学教育の質的転換に向けて」において「未来を見通し、これからの社会を担い、未知の時代を切り拓く力のある学生の育成」の重要性が指摘されていること、ビジネス・スクールからデザイン・スクールへ関心が移行していること、などから社会デザイン教育が注目

を集めている。

　本章では、未来を切り拓く人材を育成する大学での事例が紹介されている。地域の未来に大学ができることとして、「まち〜地域との連携〜」「ひと〜人材の育成〜」「しごと〜就職促進と産業振興〜」「女性〜女性の活躍推進〜」「未来〜政策の提言〜」という 5 つの視座が提示される。コロナ禍での大学教育の事例として、創意工夫を凝らしたワークショップ・フィールドワーク・プロジェクトを通じたオンライン教育の可能性も示されている。

　また最後には、コミュニケーション・リーダーシップ・クリエイティビティというベーシックな能力・スキルの習得、自分・ビジネス・社会に関する未来に向けた視野・ビジョンの拡張、協働経験・企画経験、失敗経験というような経験値の積み重ねという「未来人材育成モデル」が考案されている。社会デザイン教育の試みは緒についたばかりであるが、①社会性（市民性）②現実性（解決性）③創造性（革新性）という 3 要素を念頭に置きつつ、既存の枠に囚われないダイナミックな教育改革を更に推し進めていく必要があると主張する。

　第 9 章の原田麻里子は、留学生及び留学を経て日本社会で働く外国人（「元留学生社会人」）の意識構造と移住・定着志向の関係性について、〈居場所感〉のフレームワークを用いて分析を行う。期間の限定された滞日者と認識されていた留学生だが、2000 年代に入り、日本社会は彼ら・彼女らを高度外国人材と位置づけ、労働人材と捉え、受け入れ拡大の姿勢を前面に押し出してきた。一方、留学生側も卒業後に日本で就職し、家族形成を含め長期的な滞在を希望する声が高まり続けてきた。留学生の定着・定住が重要視される中、当事者自らが留学後のキャリア形成の場として日本を選択する——そこにいかなる意識構造が関係するのか？という問いを立てる。

　原田は留学生たちの生活者としての側面を重視し、彼ら・彼女らを「移住者」と位置づけ直す。そのうえでシティズンシップの概念および、"Sense of Belonging"（帰属意識）の視点をもとに、8 つの構成要素からなる独自の〈居場所感〉というフレームワークを導き出す。そして〈居場所感〉を多面的な角度から眺めることで、日本社会への包摂の対象としての留学生および元留学生社会人の移住・定着の意向についての検証を試みている。

　第 10 章の藤井純一は、2018 年 12 月に法制審議会信託法部会において「公益信

託法の見直しに関する要綱案」が取りまとめられたことに注目し、それを社会デザインの視点から考察する。公益信託法見直しのポイントとして信託事務・信託財産の拡大、受託者の範囲を拡大、主務官庁制の廃止が掲げられ、要綱案は、この方向に沿って取り纏められた。そこでは、美術館や学生寮等の不動産を公益信託の信託財産とし信託事務としてそれらの経営を行うことや、NPO 法人や公益法人などの受託者の範囲の拡大が想定されている。現行の公益信託において受託者は信託銀行に限られ、信託財産は金銭など確実なものに限られ、さらに信託事務は金銭又は物品の給付といった単純なものに限られていたがゆえにこれまでは問題とならなかった信託法の諸規定が、受託者、信託事務、受託者財産の拡大によって浮かび上がってくる可能性が生じている。

　倒産の可能性が相対的に高い者が公益信託の受託者になるのであれば、信託財産（寄付財産）を倒産処理から除外する信託の倒産隔離機能は、公益信託を利用して公益目的の財産を出捐することが贈与契約等の他の法制度を利用して公益目的財産を出捐したときには得られない信頼性を得ることができることとなる。つまり、これまで信託銀行の信用により保たれていた、公益信託に対して出捐することへの信頼が、公益信託制度が本来的に有する機能（法律効果）を通じた信頼へ移行することによって出捐への信頼性を高め増加させることが期待できる。このことは、公益目的の寄付の増加を促すだけでなく、必ずしも財務的には万全ではないが公益活動に高いスキルを有する団体も受託者となり出捐財産を運営できるようになることを通じて、高いスキルを公益活動に動員する意味においても公益活動に資することになると考えられることを明らかにしている。

　以上、10 本の論文の概要を述べた。執筆陣の専門分野や経歴が多様であるだけでなく、テーマとしても実に多様な問題を対象にしているがゆえに、今日の日本社会が抱える幅広い課題を可視化し、示唆に溢れる論考ばかりである。本書が日本のジェンダー問題、ひいては社会問題に一石を投じることができれば幸いである。

参考文献

ベック，U.（1998）.『危険社会——新しい近代への道』（東廉・伊藤美登里・訳）. 法政大学
　　出版局.［原著：1986 年］

立教大学大学院 21 世紀社会デザイン研究科（n.d.）.「研究科委員長メッセージ　社会デザイ
　　ン学への招待（21 世紀社会デザイン研究科委員長　萩原なつ子）」. 2022 年 1 月 4 日
　　https://sds.rikkyo.ac.jp/about/message.html より情報取得.

セン，A.（1999）.『不平等の再検討——潜在能力と自由』（池本幸生・野上裕生・佐藤仁・
　　訳）. 岩波書店.［原著：1992 年］

【第１部】

多様なジェンダー研究

第1章 地方自治体における女性の視点に基づく政策形成の持続可能性に関する考察
～消滅可能性都市の指摘を契機に政策転換を行った豊島区の「その後」を事例として～

相藤 巨

1．はじめに

　2014 年に提起された「消滅可能性都市[1]」という概念により、人口減少が進む多くの地方自治体にとっての不都合な真実[2]が白日の下に晒される結果となった。896 もの自治体（その多くが地方の小規模自治体）が消滅可能性都市としての指摘を受ける中、副都心池袋を抱え、東京 23 区[3]の中核を成す豊島区が消滅可能性の指摘を受けたことは、当時大きな衝撃を持って受け止められた。

　消滅の指摘を受けてから 8 年が経過した豊島区では女性の視点を契機としたまちづくりが進められており、その政策形成のあり方や方向性に注目が集まっている。消滅可能性都市としての指摘は豊島区の何を変え、何を変えることができなかったのか。本論では、豊島区が行った政策の時系列分析を行い、その効果検証と現状の考察を行うものである。

2．人口減少と地方自治
（1）「消滅可能性都市」と地方創生

　2014 年 5 月 8 日、日本創成会議[4]は消滅可能性都市という概念を公表し、896 の自治体に対して、若年女性人口の長期的減少予測を根拠とした消滅可能性を提起した。

　この消滅可能性都市という概念に対して、山下（祐介）（2014）や小田切（2014）は批判的見解を示しており、日本創成会議が示した「自治体」の消滅可能性は「地方」の消滅可能性と必ずしも同義ではなく、自治体と地方には二つの本音が存在する（山下（一仁）2015：122－123）という指摘[5]も存在しているところである。

その一方で、国会では 2014 年 11 月 28 日に「まち・ひと・しごと創生法」が公布され、同年 12 月 27 日には国レベルでの「まち・ひと・しごと創生長期ビジョン」(「長期ビジョン」)及び「まち・ひと・しごと創生総合戦略」(総合戦略[6])が閣議決定[7]されるに至った。人口減少の緩和や希望出生率[8]の実現、東京一極集中の是正が政策目標として掲げられ、各自治体は国が示した長期ビジョン及び総合戦略を踏まえ、個別の「地方版人口ビジョン」及び「まち・ひと・しごと創生総合戦略」(「地方版総合戦略[9]」)の策定を促され、2015 年度からは第一期、2020 年度からは第二期地方版総合戦略（地方創生事業）が実施されている。

　地方創生における目標の一つは、人口減少に歯止めをかけることである。第二次大戦以降一貫して人口増が続いていた日本において、人口が減るという事象は戦後初めての経験であり、増田は現在進行中の人口減少を「慢性疾患[10]」と称した上で、合計特殊出生率が人口置換水準である 2.1 を大きく下回っている現状を是正するため、国民の希望出生率 1.8 の実現を政策目標として掲げるべきと指摘している（増田 2014：13−14,69−71）。

　国が進める地方創生は人口の東京一極集中是正を通じて人口減少の緩和を図ろうとするものであるが、藤波はその考え方を非合理的と論じ、地方創生において本来考慮すべき点は地方における長期定住を可能とする所得・雇用の確保であり、若い世代や女性が質の高い仕事に就ける環境の創出を通してこそ、女性の社会参画や出生率の好転につながると述べている（藤波 2019）。また、神﨑はこの点について地方創生と雇用政策の可能性について言及する（神﨑 2021）一方、地方創生について金井は「かなりの確率で負けが決まる自治体間の共食い競争[11]」であると指摘し、他の自治体や地域社会との間で生き残りを競うことの是非が論じられている（山下・金井 2015：22−25）。

（2）合計特殊出生率と政策対象としての女性

　日本における人口は 2008 年を頂点として減少傾向に転じる一方で、東京都の人口は増加傾向が続いており、2021 年 7 月時点で日本の総人口の約 13％にあたる約 1,400 万人が東京都民となっている。日本の合計特殊出生率は 1949 年（4.32）と 1973 年（2.14）を頂点とする二度のベビーブームを経て、長期的な減少局面にある。2005 年（1.26）を底として非常に緩やかな回復傾向にあったが、2015 年（1.45）

を境に再度減少に転じ、2020 年の合計特殊出生率は 1.34 と 5 年連続の低下となっている。コロナ禍の影響が出生率に反映されるのは 2021 年以降とされており、人口置換水準（2.1）との乖離は定着化した状況となりつつある。母数となる出産可能年齢層の女性が減少傾向にある中での合計特殊出生率の低下は、出生数の回復が非常に困難な状況になりつつあることを示している。

　従来より政府は、女性を政策の「対象」とした様々な事業を展開してきた。近年における少子化対策は 1990 年の「1.57 ショック[12]」を契機としたエンゼルプラン（1995〜1999 年度）から始まり、新エンゼルプラン（2000〜2004 年度）、2003 年度の少子化対策基本法と続いたが、いずれの政策も合計特殊出生率の長期かつ持続的向上に資する結果となることはなかった。世登はこれらの政策が効果を挙げることのなかった理由について、行政にとっての女性問題は私的で個別的困難を抱えた特定の女性の問題として対処されてきたため、女性に関連する施策は存在しても女性問題を解決するための政策が欠如していた（世登 1996：185）ことを指摘している。

　国立社会保障・人口問題研究所が実施した調査[13]では、夫婦の平均理想子ども数は 2.32 人となっており、人口置換水準である 2.1 を上回る状況が続いているが、晩婚化や非婚化が進行している現状も影響し、合計特殊出生率の長期低下傾向に歯止めがかかるには至っていない。阿藤は合計特殊出生率が長期低下傾向にある要因の一つとして若者の不安定雇用を挙げており、出産に関する希望が叶わない背景には、若年層が抱える経済的脆弱性や女性にのみ子育ての負担を強いる社会に原因があると指摘している（阿藤 2017：12−13）。また、島は女性にのみ子育ての負担を強いる状況について「男社会」の政治の世界が男性中心的な社会関係を構築しているように、「女社会」の育児サポート・ネットワークも女性にとってのみ支援的な関係性を構築していると指摘（島 2015：55）しており、男女間の分断を抱える社会背景への考察が求められている。

　このように合計特殊出生率が長期低下傾向を続けている要因や出産の希望が叶わない社会的背景については様々な議論が存在しているが、1.57 ショックから 30 年以上が経過し、希望出生率 1.8 の実現が政策目標として掲げられている状況においても合計特殊出生率に改善傾向が見られない現状を鑑みた場合、従来とは異なるアプローチでの出生率向上を模索する時期が到来していると述べることがで

きる。

（3）政策形成過程における女性参画の現状

　地方創生の目標の一つが人口減少の緩和である以上、生物学的に子どもを産むことのできる唯一の性である女性の存在は、地方創生を考察する上で避けて通ることのできない要素である。

　この半世紀を振り返ると、国連が 1975 年を国際婦人年と制定し、第 1 回国連世界女性会議が開催されて以降、日本においても男女雇用機会均等法（1985 年）や育児休業法（1992 年）、男女共同参画社会基本法（1999 年）が制定され、2018 年には政治分野における男女共同参画の推進に関する法律も施行されたが、地方創生の主体となる地方議会における女性議員の割合は、2019 年 6 月 1 日現在で14.0％[14]と極めて低位に留まっている。世界経済フォーラム（WEF）が公表した 2021 年版ジェンダーギャップ指数[15]においても日本は 156 ヵ国中 120 位と過去最低レベルに留まっており、我が国における女性の参画は遅々として進んでいないことが指摘されている。

　日本の政治・行政分野における政策形成過程への女性の参画が圧倒的に少ない状況については、かねてから岩本（1997）や大山（2016）が指摘しているところであるが、1975 年の国際婦人年から半世紀近くが経過した現在においても日本における政策形成過程への女性の参画が進んでいない現状は、少子化の要因の一つとして捉える必要がある。

　第二次安倍内閣以降における女性活躍推進政策について、辻（2015）は労働市場への女性の参入促進、すなわち労働力としての女性の再商品化であると指摘し、経済政策としての女性政策であることに言及[16]している。人口減少に起因する労働力不足を解消するために女性の労働市場への参入を図るための女性活躍推進については荻野（2018）や大砂・藤井・加藤（2018）が様々な角度から分析を行っているが、女性のリプロダクティブ・ライツを含めた男女共同参画が実現した結果としての合計特殊出生率の向上は、人口減少問題を解決するためにも非常に重要な視点となるものである。

３．「消滅可能性」と豊島区

　2014 年 5 月 8 日、日本創成会議は 896 の消滅可能性都市の一つとして、豊島区の名前を挙げた。指摘を受けた自治体の多くが地方の小規模自治体である中で、首都東京の中心に位置する豊島区が消滅可能性の指摘を東京 23 区で唯一受けたことは、行政当局、議会、住民にとって大きな衝撃を与えた。

　このような状況を受け、消滅可能性都市としての指摘から 8 日後となる 2014 年 5 月 16 日、豊島区は第 1 回豊島区消滅可能性都市緊急対策本部を開催し、その会議において「としま F1 会議 17)」を緊急対策として実施することの検討が開始された。当時の状況について、豊島区長の高野は次のように述べている。

> 　消滅可能性都市と呼ばれるのであれば、それにどう対応すればよいのか、徹底的に対策をとることにしました。[中略]悲観しているだけではなくて、みんなとこれからどうしていくのか。日本全体の問題として真剣に取り組まなければならないと、日本創成会議が提言したという捉え方で気を取り直してね。どうしたらいいかを考えるようにしたんです。（萩原 2016：190）

　この発言からも分かるように、豊島区は消滅可能性都市としての指摘を現状の自治に対する外部からの科学的知見に基づく指摘として受け止め、政策転換を志したことが推察される。豊島区は 2014 年 5 月 16 日以降、表 1 に示すとおり短期間かつ集中的に F1 層の女性を中心とする「としま F1 会議」を計 6 回開催し、最終的には同会議が区長に対して次年度予算に関する提言を行っている。豊島区はこの提言を反映させる形で表 2 のとおり 2015 年度予算において、総額 8,800 万円の「女性にやさしいまちづくり」関連予算の計上を行った。

【表1】「としまF1会議」開催状況（相藤 2018）

2014年8月9日	第1回としまF1会議	出席者：委員30名、アドバイザー委員5名
8月30日	第2回としまF1会議	出席者：委員27名、アドバイザー委員5名
9月20日	第3回としまF1会議	出席者：委員24名、アドバイザー委員5名 オブザーバー4名
10月19日	第4回としまF1会議	出席者：委員26名、アドバイザー委員6名 オブザーバー6名
11月8日	第5回としまF1会議	出席者：委員25名、アドバイザー委員5名 オブザーバー5名
12月11日	第6回としまF1会議 （持続発展都市推進本部同時開催）	出席者：委員29名、アドバイザー委員6名 オブザーバー8名 持続発展都市推進本部委員19名

【表2】豊島区の2015年度予算重点項目（相藤 2018）

事業名	新規 拡充	予算額 （千円）	事業概要
子育てナビゲーターの配置	新規	14,180	妊娠期を含めた子育て期間中の相談に対応し、必要に応じて関係課へ案内・斡旋する「子育てナビゲーター」を配置。
健康推進課・地域保健課業務委託 （窓口受付）	拡充	27,193	新庁舎と保健所双方で母子手帳を交付できるよう、新庁舎内に出張窓口を設置。
子どもスキップ事業 （新一年生応援保育実施施設の増設）	拡充	501	小学校一年生を対象とした延長保育「新一年生応援保育」を実施する学童クラブを現行4施設から8施設に倍増。
池袋本町プレーパーク事業	拡充	2,163	児童遊園をプレーパークに改修し、開設時間及び曜日も拡充。
子育て支援公園施設整備等モデル事業	新規	6,000	既存の公園を「コミュニケーションの場としての公園」に改修（2園）
としま100人社長会開催 （ワーク・ライフ・バランス推進事業）	拡充	1,362	WLBに係る事業所トップの意識改革を促進するため、区内事業所の社長参加によるWLBのワールド・カフェ「としま100人社長会」の実施。
女性の暮らし支援出張講座	新規	262	空き家、空き店舗を利用した女性ワーキングサポート施設「さくらぼ」を設置。支援施設への講師等派遣や女性の暮らしや健康について出張講座を開催。
女性のための起業支援 （サクラーヌbiz（仮）の育成）	拡充	960	女性起業家を支援する起業塾や交流会を行い、豊島区の女性起業家「サクラーヌbiz（仮）」を育成・輩出。
ソメイヨシノプロジェクト推進事業	拡充	1,200	ソメイヨシノ発祥地としてブランドづくりを地域と協働で行い、国内外へ発信。
リノベーションまちづくり事業	拡充	29,048	空き家、空住戸、空き店舗等を子育て世代向け住宅や子育て支援拠点として活用。
広報としま発行	拡充	5,176	平成27年度から広報誌の発行形態やデザインを刷新。
11事業合計		88,045	

　としまF1会議が 8,800 万円の提言を行うまでの過程について、会議の座長を務めた萩原なつ子（立教大学教授）[18]は次のように述べている。

最もこだわったのは、としま F1 会議の提案を次年度新規事業で実現することだった。関わった人たちの貴重な時間を使い、調査・研究をもとに提案を行っても、それがまったく予算に反映されず、事業化もされなければ、せっかく設置したとしま F1 会議の意味がなくなってしまう。［中略］提案を次年度の予算に反映させていくためには、なんとしても秋の予算編成の時期に間に合わせることが重要だった。［中略］第 1 回の会議が 8 月ということもあり、非常に厳しい状況にあったことは分かっていたが、結局、最終プレゼンテーションは 12 月初旬となり、予算編成の時期に間に合わせるにはギリギリとなってしまった。（萩原 2016：203－204）

　萩原が述べるとおり、地方自治体が作成する予算案は議会の承認がなければ原則的には執行することができず、通常、次年度予算は前年 9 月前後から編成作業が始まり、12 月頃には財政担当部局及び首長の査定を経て原案が固まり、翌年 3 月までに開催される定例議会において議会承認を経ることで、初めて新年度以降に執行することが可能な状態となる。つまり、2014 年 5 月 8 日に消滅可能性都市としての指摘を受けた豊島区が 2015 年度予算を用いて「女性にやさしいまちづくり」に係る新たな施策を展開するためには、「消滅可能性都市としての指摘を踏まえた現状分析⇒政策形成過程に参画する意志を有する F1 層女性の募集⇒当事者による調査・研究[19]⇒区長（行政当局）への提言⇒提言を受けた予算編成作業」という 5 つのプロセスを、わずか 7 カ月で実施する必要があることになる。行政予算が単年度主義を採用していることを鑑みると、このスピード感は極めて重要な意味を有している。更に重要な点は、豊島区が翌 2015 年度から 7 年間に渡り、「女性」という概念が内包された予算を、表 3 に網掛けで示すとおり主要施策として計上し続けている点である。

【表 3】2013 年度から 2021 年度における豊島区年度当初予算重点項目
（筆者作成）

	当初予算案における主な重点事業
2021年度	①文化を基軸にしたまちづくり
	②子どもと女性にやさしいまちづくり
	③高齢者にやさしいまちづくり
	④さらに安全・安心なまちづくり
2020年度	①文化を基軸にしたまちづくり
	②高齢者にやさしいまちづくり
	③子どもと女性にやさしいまちづくり
	④さらに安全・安心なまちづくり
2019年度	①女性にやさしいまちづくり
	②高齢になっても元気で住み続けられるまち
	③様々な地域との共生
	④魅力あるまちづくり「国際アート・カルチャー都市」
2018年度	①女性にやさしいまちづくり
	②高齢化への対応
	③様々な地域との共生
	④日本の推進力「国際アート・カルチャー都市」
2017年度	①女性にやさしいまちづくり
	②高齢化への対応
	③様々な地域との共生
	④日本の推進力「国際アート・カルチャー都市」
2016年度	①女性にやさしいまちづくり
	②高齢化への対応
	③日本の推進力「国際アート・カルチャー都市」
	④安全・安心まちづくり
2015年度	①女性にやさしいまちづくり
	②日本の推進力「国際アート・カルチャー都市」
	③「超高齢社会」への対応
	④安全・安心まちづくり
2014年度	①待機児童対策（待機児童ゼロをめざして）
	②高齢者の孤立防止対策（地域福祉システムの構築）
	③防災力の向上（高密都市の安全・安心基盤）
	④新庁舎の整備
	⑤副都心の再生
2013年度	①「安全・安心創造都市」の基盤整備
	②セーフコミュニティの継続展開
	③オンリーワンの文化都市づくり
	④基本施策の充実（福祉・健康、環境、子ども・教育）

表 3 に示すとおり、消滅可能性都市としての指摘を受ける以前の豊島区では、女性の視点が当初予算の重点項目に内包されていないことが分かる。2014 年に「消滅可能性」の指摘を受けて以降初めての予算編成となった 2015 年度予算においてF1 会議の提案を予算化して以降、豊島区は 7 年間に渡り女性の視点を内包した予算を計上し続けている。また、2021 年度予算において区は、「子どもと女性にやさしいまちづくり」を 2030 年に向けた中長期的テーマとして掲げることを決定した。これは 2015 年度から 2020 年度にかけては、あくまで単年度予算の重点項目としての位置付けであった「子どもと女性にやさしいまちづくり」という目標が、2021 年度以降は中長期的重点項目に格上げされたことを意味するものであると述べることができる。

4．豊島区における「3 つのシフト」

　豊島区が政策形成過程への女性の参画に関して試行錯誤を続けた 2014 年度からの 8 年間は、国が地方創生事業を進める中で少子化が進行し、地方自治体がコロナ禍という未曽有の災害への対応を模索する中での 8 年でもあった。

　豊島区が位置する東京 23 区に日本の行政・経済・文化的資本が集中し、人口流入も進む中で、豊島区は消滅可能性の指摘を受けるという複雑な状況下に置かれていた。1997 年以降は区内の人口増加が続き、人口密度 [20] が日本で最も高く、巨大ターミナルである池袋駅 [21] を有する豊島区が「消滅」の可能性を内包しているという指摘は、2014 年当時に大きな衝撃を持って行政当局及び住民に受け止められた。しかし、消滅可能性都市としての指摘を受けて以降、豊島区は政策形成における「3 つのシフト」を可視化させている。

　1 つ目は、政策形成における「主体のシフト」である。豊島区は意思決定過程において、従来の中高年男性を中心とした政策形成のあり方から、女性も含めた多様な主体による政策形成へと転換を行った。消滅可能性都市の指摘を受けてからわずか 2 カ月後に開催された豊島区在住・在勤・在学の F1 層女性が中心となった「としま 100 人女子会 [22]」では、参加者から様々なアイデアが出され、それらの意見は全て、表 1 で示したとおり「としま F1 会議」に引き継がれていくこととなる。「としま 100 人女子会」から選ばれたメンバーが中心となり、計 6 回開催された「としま F1 会議」では、自分の意見を伝える場を自ら掴んだ F1 層の女性達が

自発的にテーマ設定を行い、調査・研究に基づく提言を行うための手順を経験することになった。「としま F1 会議」は最終回となる 6 回目に豊島区長に対して女性の視点に基づく事業提案を行い、行政当局はそれらの意見を踏まえた上で予算案を作成し、豊島区議会は 2015 年 3 月、当該提言が盛り込まれた 8,800 万円の予算案を可決するに至る。

　2 つ目のシフトは、予算編成における「重要施策のシフト」である。消滅可能性都市としての指摘を受ける以前の 2014 年度において、豊島区の重要施策は新庁舎整備や副都心としての再生であり、そこに「女性」という概念は内在されていなかった。だが、表 3 に示したとおり、2014 年度に F1 会議が提言した 8,800 万円の事業が議決されて以降、豊島区は 2021 年度までの 7 年間に渡り、女性の視点が内包された政策を主軸に据えた自治の展開を行っていることが分かる。これは豊島区が志向した政策形成に関わる主体の拡充が一過性に終わることなく、継続していることの証左であると述べることができる。

　3 つ目のシフトは、政策形成に主体的に携わる豊島区管理職層における「男女比のシフト」である。表 4 に示すとおり、豊島区では消滅可能性を指摘された 2014 年度以降において、女性管理職の比率が上昇傾向にあることが分かる。

【表 4】豊島区における女性管理職比率の推移（筆者作成）

年　度	男　性	女　性	合　計	女性比率(%)
2020	81	23	104	22.1
2019	82	23	105	21.9
2018	80	24	104	23.1
2017	82	23	105	21.9
2016	81	21	102	20.6
2015	84	20	104	19.2
2014	85	18	103	17.5
2013	82	15	97	15.5
2012	77	14	91	15.4
2011	78	12	90	13.3

これは豊島区が女性の参画や女性にやさしいまちづくりというものを単なる「言葉遊び」とせず、政策決定過程における男女共同参画が行政、議会、住民の共通項として浸透しつつあることを示唆している。豊島区（東京 23 区）において政策形成に主体的に参画し、一定の決定権を有する職層（課長級以上）となるためには、係員から始まり、主任・係長・課長補佐という各職層における昇任選考を経た上で、23 区合同で実施する管理職選考に合格することが求められる。2015年度以降の女性管理職比率の上昇は、豊島区が政策形成過程におけるジェンダーギャップの解消を意図していることの証左であると述べることができる。

　これら 3 つのシフトを踏まえると、豊島区が 2014 年度以降に積み重ねた一連の過程は、世登（1996）が述べていた従来までの女性施策に欠けていた女性問題を解決するための政策が存在していなかったという指摘に対する、一つの解の形であると捉えることができる。

5．豊島区のまちづくりが変えたこと（この 8 年で変わったこと）
（1）政策形成における視点の拡充
　これまでの考察により、豊島区は消滅可能性都市としての指摘を受けて以降 3つのシフトを行い、政策形成過程への女性の参画を担保し、一連のまちづくりを行ってきたことが示された。豊島区における 2014 年度以降の予算分析及び一連の政策形成に係る過程分析を踏まえると、以下の考察を行うことができる。

　まず、消滅可能性都市としての指摘を受けた豊島区は、女性にやさしいまちづくりを起点とした上で、女性のみにやさしいまちづくりには収斂せず、視点の幅を拡充している点を挙げることができる。表 3 に示すとおり、消滅可能性の指摘を受ける以前の 2013 年度における区の重点施策は安全・安心都市の基盤整備等であり、木密地域（木造住宅密集地域）の不燃化や新庁舎整備に伴うまちづくりが掲げられていたが、2014 年度に行った「としま 100 人女子会」や「としま F1 会議」を経て、2015 年度から女性にやさしいまちづくりを目指し始めていることが分かる。その上で、2017 年度には「わたしらしく暮らせるまち」という目標を掲げ、参画の主体が「女性」から「女性も含めた主体的な区民」へと広がり始めている。図 1 が示すとおり、これら一連の流れは、豊島区が政策形成過程におけるジェンダーギャップの存在を認識した上で、政策形成の視点が経済的視点から「女

性の視点を通したユニバーサルな視点」に変化していることを表していると述べることができる。

【図1】消滅可能性指摘後における豊島区の基本コンセプトの変遷（筆者作成）

（2）政策対象の拡充

　次に、豊島区は女性の視点に基づくまちづくりを行うにあたり、ソフト面の運用[23]に加えて、多額の予算を必要とするハード面の整備においても、女性の視点を踏まえた改修を行っている点を挙げることができる。豊島区は2014年の消滅可能性の指摘以降に一連の大型開発[24]を行ってきたが、その過程において、公衆トイレの改修や親子で利用しやすい公園の整備、点在する公園を有機的に繋げるIKEBUS（イケバス）の導入等、女性や子育て世代の視点に基づくまちづくりを推進している。

　特に注目すべき点は、公衆トイレの拡充である。旧庁舎跡地に整備されたとしま区民センターでは、2・3階のほぼ全てを公衆トイレ及び更衣室として整備している。池袋駅に隣接する一等地に立つ建物の2フロア全てを民間に貸与した場合、かなりの賃料が見込まれることとなるが、豊島区は女性や子育て世代が街歩きを行う際の休憩スペースを確保するため、大規模なトイレ及び更衣室の整備を行っ

た。このトイレの拡充に係る原案は F1 会議で出された提案であり、これらの施策推進からも、区の「子どもと女性にやさしいまち」を創るための本気度を伺うことができる。

　また、消滅可能性を指摘される以前の区立公園は暗く、汚く、危険な場所としての象徴であったが、F1 会議で子育て世代が利用できる環境整備を求められたことを受け、南池袋公園（2016 年改修）、西池袋公園（2018 年改修）、及び IKE・SUNPARK（2021 年新設）という 3 つの大規模公園が順次憩いの拠点として整備された。更にこれらの公園間を IKEBUS（イケバス）と呼ばれる小型の電気バスで結ぶことで、まち全体を使って子育てを行う面的環境が整備されていった。この公園整備についても F1 会議において原案が提起されたものであり、豊島区はこれら一連のハード面での整備を 7 年間に渡って続けていることが分かる。

【図 2】豊島区が行う政策対象理念の拡張（筆者作成）

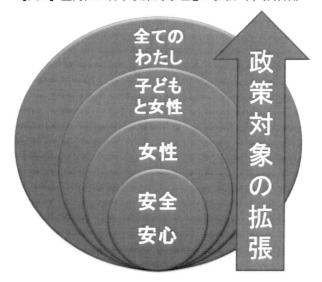

　豊島区が 2014 年以降に行った政策対象の広がりを図式化したものが図 2 である。2013 年度時点においては政策対象の主眼が「安全・安心」というハード面の整備に置かれていたところから、「女性」「子どもと女性」「全てのわたし」へと、

政策の対象が拡張し続けていることが示されている。豊島区は女性の視点から始まった政策の枠組みを、最終的には全区民、つまり「全てのわたし」に拡張させていく試みを行っていたことが分かる。

6．豊島区のまちづくりに係る限界（この 8 年で変わらなかったこと）

　豊島区は消滅可能性都市としての指摘を受けて以降、政策形成における主体をシフトさせ、施策の重点項目をシフトさせ、施策に直接コミットする男女比をもシフトさせた。これらのシフトを促した直接的なきっかけは「消滅可能性」という人口動態に基づく推計であり、そこでは希望出生率 1.8 の実現という政策目標も示されていた。

　豊島区は消滅可能性都市としての指摘を受けて以降、自治体の政策形成における女性の参画を可視化する仕組みを構築するとともに、女性の参画により具体化された政策の裏付けとなる予算配分においても、「女性にやさしいまちづくり」に重点的な配分を行ってきた。その結果、豊島区は、日経 DUAL と日本経済新聞社が 行 っ た 「 共 働 き 子 育 て し や す い 街 2017　総合ランキング」（https://dual.nikkei.com/atcl/column/17/112100026/112100001）で第 1 位を獲得し、2018 年の東京・生活者ネットワーク「男女共同（平等）参画に関する自治体調査」ランキング（https://www.seikatsusha.me/reserch/ranking）でも第 1 位を獲得するまでとなった。これらの評価は豊島区が行った政策形成過程への女性の参画が、外部からも客観的な評価を得ていることを示していると述べることができる。

　それでは、女性自身の主体的な調査・研究に基づく参画を担保し、その参画や意見を反映させた予算が実行され、最終的には女性だけではなく全ての主体的な区民の参画を形作ることに成功した豊島区の取組みは、合計特殊出生率の推移にどのような影響を及ぼしたのであろうか。

　消滅可能性都市としての指摘を受ける以前の 2013 年から、第一期地方創生事業の最終年となる 2020 年までの合計特殊出生率の推移を示したのが表 5 である。

【表 5】豊島区における合計特殊出生率の推移（筆者作成）

年	豊島区の出生率	東京都の出生率	全国の出生率	豊島区の人口
2013	0.99	1.13	1.43	268,959
2014	1.00	1.15	1.42	271,643
2015	1.00	1.24	1.45	275,507
2016	1.02	1.24	1.44	280,639
2017	1.04	1.21	1.43	284,307
2018	0.99	1.20	1.42	287,111
2019	0.95	1.15	1.36	289,508
2020	0.91	1.13	1.34	290,246

表 5 が示すとおり、女性の視点に基づくまちづくりの実践を続けた豊島区の合計特殊出生率は、第一次地方創生事業の期間を経て一時的に改善傾向を示したものの、2020 年の時点で消滅可能性都市としての指摘を受ける以前の 2013 年よりも低下していることが分かる。その一方、豊島区の人口は社会増を要因として増加傾向が続いており、豊島区（2016）が 2016 年に作成した人口ビジョンにおける 2020 年時点の将来推計人口中位推計 25)（288,639 人）を 2019 年の時点で上回っている。

2015 年度より女性の参画に基づく事業予算を計上し、各種調査でまちづくりに対する高い評価を得た豊島区の合計特殊出生率が消滅可能性都市としての指摘を受ける以前の数値より低下した事実からは、以下の要因を推察することができる。

1 つ目は、各自治体における合計特殊出生率の増減は、当該自治体が行う政策だけではなく、様々な外的要因に影響される可能性が内在されているという点である。東京都における地価の推移を例に取ると、子育て世代が豊島区で子どもを産み育てる場合、単身世帯や DINKS（Double Income No Kids）よりも相対的に広い居住空間が必要となるが、東京都の不動産価格は上昇傾向が続いており、2013 年時点で 5,853 万円だった東京 23 区における新築分譲マンション平均額は 2020 年時点で 7,564 万円（不動産経済研究所「首都圏マンション市場動向」：https://www.fudousankeizai.co.jp/share/mansion/461/2043s.pdf）となっており、わずか 7 年で 1,700 万円以上の値上がりとなっている。結婚し、子育てを行おうと考える若い世代が住宅を購入する際は、都心に通勤できる場所で、かつ安価な住宅を求

めることのできる地域が求められる。豊島区を含む東京 23 区の不動産価格の上昇傾向が、豊島区の合計特殊出生率が低下した要因の 1 つとして存在している可能性があると推察することができる。

　2 つ目として、合計特殊出生率の向上には長期的時間軸に基づく、全国的かつ一貫した政策が求められるという点である。先に述べたとおり、藤波（2019）は地方創生で肝要なのは女性が質の高い仕事に就ける環境の創出であり、その条件を達成することで女性の社会参画や合計特殊出生率の向上に寄与することが重要であることを指摘している。2014 年以降に豊島区が行った一連の政策形成過程は、その環境（まちづくり）の創出プロセスに女性の参画を保障することで、女性の社会参画を藤波の指摘とは異なるアプローチで促す仕組みであったと述べることができるが、当該取組みが自治体の合計特殊出生率向上に寄与するか否かについては、更なる考察が必要であると考えられる。その上で、この様な仕組みを他の自治体に適用することの可能性を模索することは、女性の視点に基づくまちづくりを普遍化する過程において、重要な要素になると推察することができる。

7．豊島区が示した 3 つの持続可能性
（1）自治体としての持続可能性の提示
　2014 年 5 月 8 日に 896 の自治体が「消滅可能性」を指摘されてから、既に 7 年以上が経過している。896 の自治体以外にも、2020 年以降は約 377 万人の人口を有する横浜市のような政令指定都市においても人口減少局面に転じ始めており、各自治体は人口減少を所与の条件とした上での政策形成に迫られ始めている。その一方で、豊島区は 2014 年の消滅可能性都市としての指摘以降、人口は一貫して増加傾向が続いており、自治体としての持続可能性を社会に提示し続けている。人口動態の変化のみを鑑みた場合、2014 年における「消滅可能性」の指摘が適切であったか否かの検証を行う時期に来ているとも述べることができるが、豊島区の人口増は転入に伴う社会的要因に基づく増加であり、合計特殊出生率の長期低迷傾向が固定化しつつある現状を踏まえると、希望出生率との乖離を埋めるための新たな取組みが豊島区を含めた多くの自治体に求められているとも述べることができる。

（2）政策の方向性に係る持続可能性の提示

　豊島区は 2015 年度以降、女性の視点を施策の中心に据え、予算を計上し、従来までの政策形成過程からの転換を試みた。2015 年度に政策の転換を行った豊島区は、その後 7 年間に渡り「女性の視点」を基軸に据え、2021 年度時点においても政策としての持続可能（継続）性を有していることが確認された。日本の自治制度が二元代表制を採用している以上、行政当局が作成する政策、そして政策実行の裏付けとなる予算案は、議会の承認を経て初めて実現可能となる。豊島区では消滅可能性の指摘に対して区長を頂点とする行政組織内部では危機意識が生じたが、その危機感が住民の代表である区議会においても共有されていなければ、女性の視点に基づくまちづくりの予算案が承認されることはない。

　当該政策がどれほど先進的かつ理想的な内容であったとしても、その政策が単年度で終了、もしくは次年度以降において縮小されていく場合、継続性という観点では意味をなさないこととなる。豊島区では予算の重点項目において「女性にやさしいまちづくり」が 7 年に渡り重要政策に位置づけられていることを鑑みた場合、この点においても女性の視点に基づく政策の持続可能性を提示したと述べることができる。

（3）女性の参画担保に係る持続可能性の提示

　2014 年度に豊島区が行った F1 会議は、従来までの政策形成過程から「排除」されていた若年女性の意見を全面的に取り入れ、予算として可視化した点において画期的な意味を有していた。若年女性を中心とした F1 会議は 2014 年度のみの開催であったが、豊島区は 2015 年度に女性にやさしいまちづくり担当課長を民間から公募し、2017 年度には F1 会議の発展系とも言える「としまぐらし会議」を開催している。同会議のキャッチコピーであった「わたしらしく暮らせるまちづくり」は 2017 年度以降の豊島区における政策形成の主要概念となっており、2021 年度当初予算では「こどもと女性にやさしいまちづくり」が 2030 年に至るまでの中長期的重点項目に掲げられるまでに至った。また、豊島区は 2020 年 6 月の区議会において「性暴力の根絶を目指す決議案」及び「性犯罪に関する刑法規定の見直しを求める意見書案」を可決し、豊島区議会から国に対して女性の人権・権利に関する提言を公式に発信するまでとなった。2021 年 9 月、法務省の法制審議会

は性犯罪規定における見直し議論を始めることを表明しており、この点において
も豊島区は女性の視点に基づく政策や提言を行政及び議会双方から発信し続けて
いることがうかがえる。

　これらの事実からは、豊島区における女性の参画担保に係る持続可能性は、F1
層の女性という限定的な参画（2014 年時点においては、その限定された参画こそ
が重要であった）から始まり、「女性の視点」から「子どもと女性の視点」に拡大
され、現在では「わたし」という全ての区民にとっての政策形成へと拡充してい
ることが分かる。ここでは当然のこととして、「わたし」という言葉の中に、従来
まで政策の「対象」ではあるが「主体」ではなかった女性が含まれることを意味
しているのである。

8．総括及び今後の課題

　地方自治体が作り上げる政策、及び地方議会における予算の承認という行為は、
長らく高齢男性を中心とする集団の意思に基づき、その差配や決定が行われる状
況が続いていた。

　首長（行政当局）の判断が独善化した際の歯止めとして、行政が作成した予算
は議会の承認がなければ基本的には執行することができないことが地方自治法上
定められている。首長と議会の間には相互牽制関係が内在しており、議会は住民
意思の発露であるとともに、行政当局のチェック機能としての存在意義も有して
いる。

　しかし、この関係性は裏を返せば、首長（行政当局）が先取の気風に基づく政
策を実行する際にも議会の承認が必要であり、また、その方向性がいかに先見性
を有していたとしても、首長選挙において他の政策課題が争点化した場合には、
施策の継続性は保証されないことを意味している。

　首長に比して地域色が強く表出される議員の総体である議会の承認を得るとい
うことは、当該自治体の志向や性質が強く表れるものとなる。豊島区が消滅可能
性を指摘されて以降に行った様々な政策は、行政・議会・住民が男女共同参画の
重要性を理解した上で積み上げてきた政策であると述べることができる。

　本論では、豊島区における 2014 年度から 2020 年度にかけての分析を行うこと
により、豊島区の男女共同参画の志向に基づく政策の持続可能性を可視化し、豊

島区の現状から今後の日本におけるジェンダーギャップの解消に資する政策の方向性を考察することを目的としたものである。

　自治体間における合計特殊出生率の比較競争は、自治体同士のゼロサムゲームに収斂する可能性を常に内包している。従来までの日本における人口減少の議論は少子化という事象を議論の起点とし、出生率及び女性就業率の向上という数値目標に重点を置くものであった。だが、豊島区が行った一連の政策形成のあり方は、議論の起点を少子化ではなく、意思決定過程における男女共同参画の実現に置いていたことが、考察の結果から明らかとなった。

　その一方で、豊島区では政策形成のあり方やまちづくりのあり方には明確な変化が生じたものの、その動きが合計特殊出生率の向上には寄与していないことも判明した。

　女性の視点に基づくまちづくりと合計特殊出生率のみの相関関係で捉えた場合、豊島区におけるまちづくりの取組みは効果を挙げなかったと判断することもできる。だが、消滅可能性都市としての指摘を受けた豊島区が行った政策形成のあり方は、山下・金井（2015）が「共食い競争」と指摘し、「一刻も早く逃げるべきだ」と論じた自治体間の地方創生を舞台としたゼロサムゲームに対する、1つの解であると述べることもできる。他の自治体を出し抜くのではなく、地方創生から距離を置くわけでもなく、地方創生という土俵に乗った上で、政策形成過程への女性の参画という新たな解に基づくまちづくりを行っている豊島区の取組みについては、今後も長期的時間軸に沿う形で分析を重ねることにより、豊島区におけるまちづくりのあり方が他の自治体にも適用し得るか否かという更なる考察を行うことが可能になると考えている。

　また、豊島区における新たなまちづくりのあり方は、7年という短い期間では合計特殊出生率の向上に寄与することはなかったが、消滅可能性を指摘された他の自治体における合計特殊出生率の推移と比較した場合、長期の時間軸上ではどのような差異が生じているのかについても、他日を期して論じていきたいと考えている。

註

1) 人口の再生産力を示す「20〜39 歳の若年女性人口」が、将来推計人口が公表されている 2010 年から 2040 年までの 30 年間において、5 割以下に減少する市区町村。豊島区は東京 23 区の中で唯一、消滅可能性都市としての指摘を受けた自治体となっている。

2) 消滅可能性都市という概念が提起されたことについて、山下（祐介）は人口減少問題を「あるのにない」かのように振る舞ってきた多くの関係者に強い危機感を与えつつある、と述べている（山下 2014：12）。

3) 東京 23 区は地方自治法第 281 条第 1 項において「都の区は、これを特別区という。」と記されており、地方自治法上「特別区」という名称を有している。特別区は横浜市等の政令指定都市において行政上の区分けとして存在している西区や南区等の「行政区」とは異なり、公選制を経て区長と区議会議員が選出される独立した地方自治体である。自治体の形式としては、中核市に近い権限を有している。

4) 2011 年 5 月に発足した政策発信組織。岩手県知事や総務大臣を歴任した増田寛也が座長を務めている。日本創成会議・人口減少問題検討分科会（2014）は 2014 年 5 月 8 日に『成長を続ける 21 世紀のために「ストップ少子化・地方元気戦略」』を公表し、その中で将来的に「消滅」の可能性がある地域として 896 の自治体を指摘している。

5) 山下（一仁）は消滅可能性都市という概念に最も脅威を感じたのは地方自治体で働く職員であって、自治体が消滅しても地方が消滅することを必ずしも意味しないと述べている。また、地方自治体と地方には二つの本音があり、市長や市の職員としては住民の転出は避けるべき事態だが、地方に住む親としては子供を東京の大学に通わせ、地元には戻らないことを望むため、自治体と住民の本音は二項対立の状態にあると指摘している（山下 2015：122－123）。

6) 2015 年度から 2019 年度を実施期間とし、「地方における安定した雇用創出」、「地方への新しい人の流れを作る」、「若い世代の結婚・出産・子育ての希望をかなえる」、「時代にあった地域をつくり、安心なくらしを守るとともに、地域と地域を連携する」ことを基本目標としている。

7) 山下（祐介）は 2014 年 5 月 8 日に行われた日本創成会議の提言（通称「増田レポート」）から政府による総合戦略に至るまでの連動性や類似性について、増田レポートは政府の思考法そのものであり、レポートの副題である「成長を続ける二十一世紀のために」という表現は、政府の方針と一致しているとの指摘を行っている（山下 2014：108－113）。

8) 増田は希望出生率を「{（既婚者割合×夫婦の予定子ども数）＋（未婚者割合×未婚結婚希望割合）×希望子ども数}×離別等効果」、「1.8≒{(34%×2.07人)＋(66%×89%×2.12人)}×0.938」と定義した上で、希望出生率は政策が適切か否かの評価指標として活用すべきものであり、国民に押し付けるべき概念ではないことにも言及している（増田 2014：69－70）。

9) まち・ひと・しごと創生法第9条及び第10条では各地方自治体は国の総合戦略を勘案し、地方版総合戦略を策定するよう努めなければならないとされており、各自治体は各地域における人口動向や産業実態等を踏まえ、2015 年度から2019 年度にかけての政策目標・施策を策定することを求められていた。

10) 増田は日本のように低水準まで下がった出生率を人口置換水準（出生率 2.1）まで引き上げることは非常に困難を伴うと述べている。既に発生している少子化は今後数十年に渡り日本（特に地方）に影響を及ぼし続け、出生率が 2.1 を切る限りは人口減少が止まる目途が立たないが、慢性疾患への対処と同様、改善が早期であるほど効果は上がると指摘している。

（増田 2014：13－14）

11) 金井は地方創生の枠組みには人口減少が所与の条件として存在するため、人口が増えれば「勝ち」、人口が減れば「負け」という前提になっていることを指摘している。地方創生では国は土俵には上がらずに行司のように振る舞うが、日本全体の人口が減少し続けるため、ほとんどの自治体は地方創生において「負け」が決まることになる。これらの理由から、地方自治体は共食い競争に勝ち抜くことを目指すのではなく、地方創生という出口のない争いから一刻も早く逃げ去るべきとの提言を行っている（山下・金井 2015：22－25）。

12) 1989 年の合計特殊出生率が過去最低となる 1.57 と公表されたことで、1990 年以降において出産・育児が社会的な政策課題として認識される契機となった。

13) 国立社会保障・人口問題研究所が 2015 年に実施した「第 15 回出生動向基本調査」（https://www.ipss.go.jp/ps-doukou/j/doukou15/report15html/NFS15R_html10.html#h3%203-1-2）では、夫婦の平均理想子ども数（2.32 人）及び平均予定子ども数（2.01 人）は、いずれも 2010 年に実施した前回調査時の数値（夫婦の平均理想子ども数 2.42 人、平均予定子ども数 2.07）を下回る結果となっている。

14) 市川房枝記念会女性と政治センター（2020）が調査を行った、全国の地方議会総定数における女性議員の割合。前回の調査時と比較して 1.9％増となり、1971 年の調査開始以降で過去最高となったが、女性議員が存在しない地方議会も 1,788 議会中で 302 議会存在している。2018 年に成立した政治分野の男女共同参画推進法施行後で初となる 2019 年の統一地方

選挙を反映した結果であったが、女性議員の割合は低位に留まっている。

15) 日本は 2018 年の 110 位から大幅に順位を落としており、その要因として「政治的な意思決定への参加」分野における評価の低下が挙げられている。

16) 辻は第二次安倍内閣における女性活躍推進政策は、当時の小池百合子総務会長を委員長とする「女性が暮らしやすい国はみんなにとっていい国だ」特命委員会が中心となり取りまとめた提案に沿うものであり、その中で小池は女性政策を社会政策ではなく経済政策として位置付けており、ここで述べられている「女性の視点」は経営者や起業家としての女性の視点が重視されていると指摘している（辻 2015：17－25）。

17) 女性の視点に基づくまちづくりを実現するため、女性の意見やニーズをまちづくりに取り入れるための政策提言会議。F1 とは主に広告・放送業界で使用されているマーケティング用語であり、20 歳から 34 歳までの女性を示す言葉である。F は Female の頭文字であると共に、「消滅」とは異なる豊島区の未来（Future）のために、そして F1 レースのようにスピード感を持って取り組む会議にしたいという想いが込められている。

18) 豊島区は消滅可能性都市としての指摘を受けた 2014 年 5 月 8 日から 19 日後となる 5 月 27 日に萩原に対して政策形成のあり方に関する助言を求め、萩原は「としま F1 会議」の座長に就任することになる。

19) 萩原は市民が力を獲得し、意思決定に影響力を持つことが可能になる過程がエンパワーメントの重要な側面であると述べており、「市民知」という概念を用いて、その重要性を指摘している（萩原 2009：230）。

20) 豊島区の人口密度は 1 ㎢ あたり 22,273 人となっており、日本の自治体の中で最も人口密度が高い（特別区人事・厚生事務組合、特別区職員研修所編 2021）。

21) 2018 年度における東日本旅客鉄道（JR 東日本）池袋駅の一日平均利用者数（566,994 人）は新宿駅に次いで全国 2 位であり、山手線の駅は 23 区中最多の 5 駅が豊島区内に位置している。また、豊島区内では 5 つの鉄道事業者が計 13 路線を展開している。

22) 豊島区は消滅可能性都市としての指摘を受けた 2014 年 5 月 8 日の 1 週間後に「としま F1 会議」の設置検討を開始し、2 カ月後の 7 月 19 日には F1 会議のキックオフイベントとなる「としま 100 人女子会」を開催した。豊島区に在学・在勤・在住の女性 100 名が中心となり、ワールド・カフェ形式で豊島区の課題共有や政策のアイデア作りが行われた。

23) 公園や生活環境（ハード）面の整備とソフト施策の充実については、宮田が詳しく述べている（宮田 2019：16－19）。

24) 豊島区は消滅可能性都市としての指摘以前から老朽化した庁舎の移転に伴う開発事業を進めていたが、F1 会議での提言を受け、池袋駅前の一等地に立つ庁舎跡地の再開発ビル（ハレザ池袋）の 2 フロアのほぼ全てを使用して 35 室の女性用トイレを設置している。駅前一等地の再開発ビルに直接的な収益を生まない公共用トイレを設置した背景には、F1 会議における豊島区の公共用トイレに対するマイナスイメージを払拭するという目的があった。

25) 豊島区（2016）が作成した人口ビジョンでは、2020 年における区内人口高位推計を293,570 人と想定しているが、2020 年時点の区内総人口は 290,246 人となっており、区が想定した高位推計に近い数値となっている。

参考文献

相藤巨 2018「地方自治体における多様な主体との協働に基づく政策形成に関する考察——人口減少問題の解決に向けた『消滅可能性都市』の取組みを事例として——」博士論文（立教大学）

阿藤誠 2017「少子化問題を考える——少子化の人口学的メカニズムを踏まえつつ——」『医療と社会 Vol.27,No.1』,5－20

藤波匠 2019「出生数から地方創生戦略を検証する——一極集中是正は人口の増加の特効薬にならず——」日本総研ホームページ
　https://www.jri.co.jp/MediaLibrary/file/report/researchfocus/pdf/11283.pdf　（2021 年 9 月 21 日最終アクセス）

萩原なつ子 2009『市民力による知の創造と発展』東信堂

萩原なつ子編著 2016『としま F1 会議「消滅可能性都市」270 日の挑戦』生産性出版

市川房枝記念会女性と政治センター2020『女性参政資料集 2019 年版』

岩本美砂子 1997「女のいない政治過程——日本の 55 年体制における政策決定を中心に」『女性学 No.5』日本女性学会,8－39

神﨑淳子 2021「地方創生事業による地域雇用政策の発展可能性——石川県加賀市における加賀ワークチャレンジ事業を事例として——」『社会政策第 13 巻第 1 号』社会政策学会,74－83

増田寛也 2014『地方消滅　東京一極集中が招く人口急減』中央公論新社

宮田麻子 2019『「わたしらしく、暮らせるまち。」これまでとこれから』豊島区

日本創成会議・人口減少問題検討分科会 2014『成長を続ける 21 世紀のために「ストップ少子化・地方元気戦略」』

小田切徳美 2014『農山村は消滅しない』岩波書店

荻野亮吾 2018「女性活躍推進におけるパートナーシップの現状と課題」『NWEC 実践研究第8 号』国立女性教育会館,24－42

大砂雅子、藤井泰明、加藤鴻介 2018「女性活躍と地域経済――グローバル化の中、地方から若い女性が消える――」『RESEARCH BUREAU 論究第 15 号』衆議院調査局,43－55

大山七穂 2016「女性と政治」『NWEC 実践研究第 6 号』国立女性教育会館,88－109

島直子 2015「『子育てのジェンダー平等』とネットワーク－女性議員夫婦の事例にもとづく一考察」『国際ジェンダー学会誌 vol.13』国際ジェンダー学会,45－58

特別区人事・厚生事務組合、特別区職員研修所編 2021『特別区職員ハンドブック 2021』

豊島区 2016『豊島区人口ビジョン』

辻由希 2015「第二次安倍内閣における女性活躍推進政策」『季刊家計経済研究 2015 SUMMER,No.107』,17－25

山下一仁 2015「地方創生に欠けている大きな視点」『土地総合研究 2015 年夏号』,121－129

山下祐介 2014『地方消滅の罠――「増田レポート」と人口減少社会の正体』筑摩書房

山下祐介・金井利之 2015『地方創生の正体――なぜ地域政策は失敗するのか』筑摩書房

世登和美 1996「ポスト福祉国家における女性政策形成の論理」『社会科学第 56 号』,183－217

第2章　子育て女性医師のキャリア形成と
ジェンダー構造

内藤眞弓

医師不足が問題視されて久しいが、医師不足を顕在化させた要因の1つとして、医師総数に占める女性医師の割合が増加していることが指摘されている（日本医師会勤務医委員会 2010：7-9）。女性医師は出産・子育てを理由に卒後10年以内に離職あるいは非常勤や診療所に転換する傾向があり（大越 2010、女性医師の労働・環境問題に関する検討ワーキンググループ 2011、日本産婦人科医会 2015 他）、特定の診療科への選好から診療科間の偏在ももたらしている（吉田 2010：38）。

これまでも院内保育の整備や労働条件の緩和など、女性医師の子育て支援策は行われてきたが、この傾向に歯止めはかかっておらず、筆者は、女性医師を取り巻くジェンダー構造がかかわっているのではないかと考える。本章では子育て女性医師のキャリア形成とジェンダー構造の関連を明らかにしたい。

なお、本章でいう常勤医とは、厚生労働省の定義にしたがって、「原則として病院で定めた医師の勤務時間のすべてを勤務する者」（厚生労働省 2013）のことをいう。一般的に、常勤医は外来、手術、検査、カンファレンス、当直等の業務があり、医療安全などの運営上の役割を担うことも多い。さらに大学病院においては、臨床だけでなく研究や教育にも携わることが求められ、所属する医局からの指示により、関連病院と大学を1年から2年程度のサイクルでローテートしながらスキルを身につけていく。非常勤医は時給制であり、常勤医が担う細々とした義務はないが、社会保険の加入対象とならないことがほとんどである。

医局とは、大学病院診療科組織と大学臨床系講座（教室）との統合体を含んでいるが、「関連病院」などとよばれる市中病院の一般常勤医ポストの事実上の決定権を持っている（猪飼 2000：270）。内科や外科といった専門分野ごとに、主任教授を頂点とした30名から100名くらいの医局を作る。さらにその医局が集まり医学部を形成していく。医局においてはあくまでも主任教授が人事権などの決定権

をもち、合議制ではない（米山 2002：16-17）。

　病院とは 20 以上の病床を保有する施設のことである。そのため、外来業務以外にも 24 時間体制で病棟を管理する必要があり、当直・オンコール体制は不可欠である。一般的に、常勤医はその勤務体制に組み込まれることとなる。診療所とは、患者を入院させるための施設を有しないか、19 床以下の病床を有する施設のことである。

1．分析方法

　子育て女性医師のキャリア形成に、ジェンダー構造がどのように関連しているかを明らかにするという本章の目的にしたがい、女性医師を対象にインタビューを行い、家庭領域、職場領域それぞれのジェンダー構造、および家庭領域と職場領域のジェンダー構造がどのように連関しているかを分析する。

（1）分析対象者

　インタビューは 2015 年 10 月から 2016 年 8 月にかけて、子育て中もしくは子育て経験のある女性医師 26 名を対象に行った。勤務先は大学病院 13 名、公的病院 6 名、民間病院 3 名、診療所所長 3 名、開業医 1 名である。26 名のうち大学医局に属している者は 18 名であり、うち 5 名は医局人事によって大学病院以外の病院に派遣されている。

　大学病院勤務が半数を占めるが、出産を機に離職する女性医師の離職時の勤務先は圧倒的に大学病院が多いと先行研究で指摘されている（泉 2009）こと、インタビュー時はたまたま大学病院勤務であっても、大学医局に属する医師は医局人事で公的病院、民間病院、診療所などの関連病院をローテートすることから、それぞれの労働環境と、それにともなう女性医師の就業の実態がより広く把握できると考えた。対象者が勤務する地域は、首都圏、東北、東海、九州の 1 都 6 県であり、ある程度一般的な傾向がつかめると判断した。

【表1】セグメントごとのインタビュー対象者の属性（インタビュー当時）

	対象者		診療科	所属先	雇用形態※1	夫医師	子	性別分業意識※2
セグメント1 一貫して常勤 （40歳以上）	A	60代後半	小児科	診療所	所長		社会人	×
	B	50代後半	神経内科	公的病院	常勤医	○	大学生・高校生	△
	C	40代後半	産婦人科	診療所	所長	○	大学生・中学生	×
	D	40代後半	泌尿器科	大学病院	常勤医	○	中学生・小学生	△
	E	40代前半	眼科	大学病院	常勤医		5歳・11か月	×
セグメント2 一時非常勤転換ののち常勤 （40歳以上）	F	50代前半	麻酔科	公的病院	常勤医	○	高校生	×
	G	50代前半	小児科	大学病院	常勤医	○	高校生・中学生	○
	H	40代後半	循環器内科	大学病院	常勤医	○	大学生・高校生・小学生	○
	I	40代後半	麻酔科	大学病院	常勤医	○	小学生2人	○
	J	40代前半	泌尿器科	民間病院	常勤医	○	小学生2人・6歳	×
	K	40代前半	呼吸器内科	診療所	所長		小学生・5歳	△
セグメント3 非常勤転換・ 開業 （40歳以上）	L	50代前半	小児科	診療所	開業医		大学生・高校生・中学生	○
	M	40代後半	整形外科	大学病院	非常勤医	○	中学生・小学生	○
	N	40代後半	皮膚科	大学病院	非常勤医	○	小学生2人	○
	O	40代前半	産婦人科	公的病院他	非常勤医	○	小学生2人	○
	P	40代前半	眼科	大学病院	非常勤医	○	小学生2人・6歳	○
	Q	40代前半	皮膚科	大学病院	非常勤医	○	小学生2人・4歳	△
セグメント4 40歳未満	R	30代後半	形成外科	公的病院	常勤医		5歳・1歳	○
	S	30代後半	産婦人科	公的病院	常勤医		11か月	×
	T	30代後半	小児科	公的病院	常勤医	○	1歳	○
	U	30代後半	眼科	大学病院	常勤医		2歳・1歳	×
	V	30代前半	麻酔科	大学病院	常勤医	○	6歳・4歳	○
	W	30代前半	血液内科	民間病院	常勤医		2歳・8か月	×
	X	30代前半	麻酔科	大学病院	常勤医	○	2歳	○
	Y	30代前半	小児科	民間病院	非常勤医	○	小学生・3歳・1歳	○
	Z	30代前半	消化器内科	大学病院	非常勤医	○	1歳	○

※1　診療所に所長職として雇用されている者や開業医も常勤であるが、本章における常勤医の定義を病院に
常勤で勤務する医師としていることから、「所長」「開業医」と表現している。

※2　○あり、△潜在的、×なし

（2）分析方法

　プライバシーの保護を前提に、全員から承諾を得てボイスレコーダーでの録音

を行い、録音したものはすべて逐語記録を作成した。佐藤（2008）の「質的データ分析法」を参考に、26名全員を個々に分析したうえで、40歳未満9名と40歳以上17名に分け、さらに40歳以上は「一貫して常勤」「一時非常勤転換ののち常勤」「非常勤転換・開業」に分けて分析を行った。

　40歳以上は医師としての年数を経ているため、すでに3つの分岐が現れているが、40歳未満はまだ分岐しておらず、今後の方向性が流動的であるケースが多い。女性医師のキャリアの軌跡をより実態に即して分析するには、40歳未満を1つのセグメントとし、時間の経過とともに分岐した3グループをそれぞれ個別のセグメントとして分析することが妥当であると考えたためである。

　非常勤転換と開業を同じセグメントにしているが、開業は子育てと仕事の両立が可能となるような診療時間を設定することが可能であり、先行研究でも女性医師は男性医師よりも早期に勤務医から開業医に転出し、わが国の女性医師のもっとも一般的なものとして定着しているとの指摘（米本 2012）があるためである。

２．セグメントごとのジェンダー構造を分析する

　本節ではインタビューデータをもとに、セグメントごとの分析を行う。分析に際しては、家庭領域と職場領域それぞれの資源と言説が、女性医師の実践にどのような影響を及ぼすのかという視点で行うものとする。

　家庭領域における資源とは、夫や夫以外の家族による家事や育児分担といったケア資源、必要に応じてベビーシッター等の外部サービスを調達できる経済力である。職場領域における資源とは、上司や同僚などとの信頼関係と子育てがキャリア形成の妨げとならないような適切な配慮と指導、就業継続を支援するための制度、出産までに形成してきたキャリア・実績等である。

　言説とは、自己のふるまいに対して直接投げられた言説だけでなく、一般的な認識として表出されたものや他者のふるまいも含むこととする。なぜなら、インタビューで語られること自体が、対象者自身に何らかの影響を及ぼしていると考えられるからである。家庭領域においては、性別分業に関する批判的な言説と受容的な言説、職場領域においては、従来の慣行や制度等に対する批判的な言説と受容的な言説をとらえていく。

（1）セグメント1：「一貫して常勤」（40歳以上）

　セグメント1の5名全員に共通することは、家庭領域におけるケア資源が豊富なこと、性別分業意識がないか潜在化していることで、Cを除く全員が、ケア役割への夫の関わりが平等もしくはそれ以上であることである。仕事を継続するため、家族や周囲の人と協力体制を築こうとする実践が現れていることも共通している。ケア資源が十分であったとしても、長時間労働や当直・オンコールをともなう常勤医継続は楽ではない。常勤医を継続するために日常的に能動的実践を行っていることが分かった。

　職場領域においては、医師という仕事に対するキャリアの方向性が、全員一貫している。一方、男性優位のシステムや長時間労働、画一化した働き方に対する批判的な語りが全員に現れている。出産前は職場慣行に疑問を持つことなく働いていたが、子育て等の家庭領域での経験が、職場領域での常識や慣行に対する疑問や異議申し立てにつながっている。

　しかし、5名中4名が職場において良好な関係を築けており、4名中3名は授乳期の当直免除や働きやすい勤務先への配置など、子育てに対する配慮がある。職場での軋轢を経験しているE以外は職場領域の慣行を是とする語りと、自らその役割を担う実践も現れている。職場領域での資源が、職場慣行に対する理解や役割遂行意識につながっている。

　Eは大学病院勤務で、インタビューの3年前に医局長を外されて以来、力関係が変わったと認識している。男性であっても誰もが教授になれるわけではなく、いずれ医局人事を離れて大学以外の病院に就職したり開業するのが一般的である。Eが直面する問題は、年齢とともにいずれ向き合う問題だが、子育てが絡むと実態が見えづらい。Eのケースは、子育て期の当直免除などを理由に、権力闘争から排除される可能性があることを示している。

（2）セグメント2：一時非常勤転換のち常勤復帰（40歳以上）

　セグメント2では、6名全員が家庭領域と職場領域での資源不足を抱え、いったん非常勤転換をする。しかし、キャリア形成と子育ての両立を手離すことなく、再び自らが望むキャリア形成のレールに復帰している。

　性別分業意識が顕在化しているG・H・Iは、夫に家庭役割を担わせることへの

困難を認識し、女性の家庭役割を当然視する受容的言説に従った。3名とも夫は医師であるが、夫のキャリア形成のほうが自分のキャリア形成よりも優先すべき価値あるものと位置付けているか、男性中心の職場領域において夫のほうが上を目指しやすい構造になっていると認識してのことと考えられる。

FとJには性別分業意識が現れないが、夫に性別分業意識があり、家庭役割を担う気持ちが皆無である。家庭領域でのケア資源が不足する中、外部サービスの利用だけで職場が求める画一的な働き方をこなすのは困難であったことから、一旦非常勤に転換した。

6名中5名が学位を取得しており、専門医は全員が取得しているが、出産前の実績は考慮されず、当直ができないだけで常勤になれないとの不公平感も抱える。常勤として働くことにこだわっているだけに、仮にケア資源が豊富であれば、あるいは画一的な働き方を強制されなければ、性別分業意識は潜在化したまま、非常勤転換することなく常勤医を継続できていた可能性がある。

（3）セグメント3：非常勤転換・開業（40歳以上）

セグメント3の6名は、トレードオフの関係であった家庭領域と職場領域を、職場領域を縮小することで両立可能にしたセグメントであり、それまでのキャリアを方向転換して今に至っている。性別分業意識は、潜在下にとどまっているQを除く5名に顕在化している。

L・M・N・Pの夫は家庭役割をほとんど担わず、OとQの夫は日常的に家庭役割を担っている。一貫して家庭優先志向だったN以外の5名は、もともと性別分業意識を明確に有していたわけではない。家庭領域におけるケア資源不足や職場領域における男性中心の画一的な働き方によって、性別分業意識、特に母親役割意識を顕在化させるに至り（Qは潜在下のままだが）、医師としての方向性転換につながっている。

PとQ以外は、自らの選択に納得しており、家庭領域を楽しめているからこそ職場領域も頑張れるとか、家庭領域での経験が職場領域にも好影響を与えているとか、女性であることと医師であることを結び付ける語りが現れる。必ずしも納得の選択とはいえないPとQは医師としての方向性が定まらない。

（4）セグメント4：40歳未満

　セグメント4は9名である。年齢が若く卒後10年前後ということもあり、YとZの2名が非常勤でそれ以外は常勤である。夫が家庭役割をほとんど担わないのがR・S・T・Xの4名で、程度に差はあるが、夫が家庭役割を担うのがU・V・W・Y・Zの5名、そのうちUは夫とほぼ平等に担っている。

　夫の分担がないR・S・T・Xのうち、RとTは日常的に夫以外の家族のサポートを得ている。Sはキャリア形成の方向性が一貫しており、ケア資源は限定的であるが、外部サービスの日常的な調達によりカバーしている。Xもケア資源が不足しているが、外部サービスの調達は拒否している。

　性別分業意識が現れているのは、R・T・Xである。RとXは職場での信頼関係に乏しく、医師としての方向性が定まっていない。一方Tは、夫以外の家族のサポートに恵まれるだけでなく、職場での人間関係も良好であり、T本人のキャリアへの意欲と相まって性別分業意識が抑制され、望むキャリア実現のための循環を形成している。

　夫が家庭役割を担っているU・V・W・Y・Zのうち、VとZは、夫以外の家族のサポートが困った場合のみの限定付きとなっており、日常的な調達はできていない。Yは夫以外の家族のケア資源はまったくあてにできない状況である。医師としての方向性が一貫しているWは、ケア資源の不足を外部サービスの調達で埋め合わせしている。

　VとYは外部サービスの調達を拒否しており、医師としての方向性は、Vが迷いの中にあり、Yはキャリアチェンジ（キャリアの再定義）している。Zは外部サービスへの忌避感はないが、使い勝手の悪さから利用には至っていない。

　性別分業意識はV・Y・Zに現れている。Zはもともと家庭優先を志向しており、出産後に非常勤となったことで家庭領域と職場領域双方で満足度が高い。非常勤転換をしているYとZは、常勤医を目指すつもりはなく、常勤医のVとWは職場における人間関係に軋轢があり、今後が流動的である。

　Uの夫は非医師であり、平等に家庭役割を担っている。夫以外の家族のサポートはないが、外部サービスを日常的に利用している。女性であることと医師であることを関連付ける語りはあるが、性別分業意識はなく、医師として方向性は一貫しており、職場での人間関係も良好であることから常勤医継続のための循環が

形成できている。

　職場領域において9名全員に共通することは、現状を変えようとする言動が現れていないこと、職場での慣行を受容する語りが現れていることだ。医師経験が浅いことや子育ての只中で余裕がないためかもしれない。その一方、Uを除く8名に職場での常識や慣行を批判する語りも現れている。

　前述のように、性別分業意識が現れているのはR・T・V・X・Y・Zの6名で、現れていないのがS・U・Wの3名である。性別分業意識の現れていない3名全員、キャリアの方向性が一貫している。性別分業意識が現れている6名のうち、方向性が一貫しているのは、家庭と職場双方のケア資源に恵まれているTのみである。残り5名のうち、方向性が定まっていないのがR・V・X、再定義がY、家庭優先がZであり、Zを除く4名が職場領域における資源に問題を抱えている。

　性別分業意識が現れるV・X・Yは、家庭領域におけるケア資源が不足しているにもかかわらず、外部サービスの利用は拒否をしている。かといって、夫のケア役割を増やす方向には積極的ではない。家庭領域における受容的言説だけでなく、職場領域における受容的言説も、仕方がないものとして受け入れている。

　以上、4つのセグメントごとに分析してきたが、26名全員に共通することは、医師という仕事に対して「やりがい」「面白さ」といった言葉が異口同音に語られることである。出世や名誉に対する関心はほとんど現れない。医師になった理由が「社会の役に立つ」とか「手に職」などが多く、恩師や家族に勧められたり、自分の患者体験などがきっかけであった。

２．考察

（１）家庭領域における資源と言説はどのように実践に影響を及ぼすか

　家庭領域においては、資源が言説以上に大きく影響を与えている。家庭領域における資源とは、夫や夫以外の家族によるケア資源と、必要に応じて外部サービスを調達できる経済力である。たとえ言説により性別分業意識が構築されている場合でも、ケア資源の豊富さがそれを抑制し、キャリア形成を促す可能性を高める。性別分業意識はほとんどの場合、母親役割に基づくものである。

　外部サービスは、両立のためのシステム作りという観点からの活用が、日常的ルーティンの安定とストレスを緩和する構造を生み出すのに効果的である。しか

し、女性医師には経済力という資源があるにもかかわらず、言説実践の産物である性別分業意識が顕在化すると外部サービスの調達を拒否するなど、資源の活用を抑制する構造を作り出す。

　夫がケア役割を担わない場合でも、夫が性別分業をあからさまに押し付けてこない限り、不満を持ちづらい。Komter（1989）がジェンダー・イデオロギーの作用としてとらえた「不可視的権力 invisible power」といえる（山根 2010：181）。女性医師は家庭領域における夫を主体性を持った存在とはみなさず、夫に家庭役割を担わせる責任は自分にあると考える傾向がある。しかし、たとえ夫に不平等の意識がなくても、あるいは対象者自身が性別分業に納得していようと、不平等の再生産を促す構造となっている。

　それは、女性が家庭領域における主体であるとの言説によって構築された結果といえ、特に母親役割は女性をケアの領域に結びつける内発的な引力になり、同時に、夫を職場領域に縛り付けることも意味する。夫が医師であろうとなかろうと、夫には家庭領域よりも職場領域を優先してほしいと考える傾向にある。

　夫が非医師で、対象者より収入が低いケースであっても、そのことが家庭内の力関係に影響を与えることはなく、対象者は夫の仕事を尊重している。つまり、仕事の価値と経済価値とを結びつける考え方はなく、収入の多寡が人間の価値を表すとも思っていない。むしろ、女性をケアの領域に結びつける言説の影響のほうが大きい。

　しかし、対象者は単にその言説を受け入れるだけの存在ではなく、自らの資源配分構造に働きかけて乗り越えようとする様子も浮かび上がった。性別分業を受け入れる語りと否定する語りの間で揺らぎ、せめぎあいながらも、仕事を続けるための実践を繰り返し、家庭領域と職場領域の両立を継続させている。

（2）職場領域における資源と言説はどのように実践に影響を及ぼすか

　家庭領域同様、職場領域においても、資源が言説以上に大きく影響を与えている。職場領域における資源とは、上司や同僚などとの信頼関係と、子育てがキャリア形成の妨げとならないような適切な配慮と指導、就業継続を支援するための制度、出産までに形成してきたキャリア・実績等である。

　そのうち、上司や同僚などとの信頼関係と適切な配慮と指導については、性別

分業を是とする言説の顕在化が抑制され、職場領域での役割遂行に向かわせる効果がある。しかし、出産までの実績がまったく考慮されず、当直・オンコール免除等の労働環境の緩和については、職場領域での軋轢を生み、資源となりえないケースもある。

その理由は 2 つある。1 つは、画一的な働き方を強要する旧来の言説が未だに力をもっていることである。余裕のない過酷な勤務と、当直・オンコールを duty もしくはボランティアとみなし、労働の対価とはいえないような賃金の低さは、患者のために何をおいても駆けつけるといった言説が未だに有効である証左である。

2 つ目は、常勤医ポストの数に限りがあることだ。当直・オンコールを担う常勤医数は限られており、誰かの負荷が軽ければそれ以外の人の負荷が重くなる。また、大学においては常勤医ポストの奪い合いという事情もある。そのため、常勤でありながら義務を果たさない者への風当たりが強くなる。

資源が乏しい職場においては、旧来の言説を厳密に実体化することにより、ケア役割を担う女性医師の居場所を奪っていく。職場領域において意に反して強制されたという認識をもつ者は 13 名と半数に上っている。たとえ出産前に実績を積んでいたとしても、そのことが正当に評価されず、出産を機に排除される可能性があり、中には、医局内でのポジション争いから脱落したと思われるケースもある。しかし、表面上は出産・育児によるものとされ、権力闘争から排除された可能性は潜在したままとなる。

職場領域の慣行に対する批判的な語りと、肯定的あるいは仕方のないことと捉える語りがほぼ全員に現れている。しかし、就業継続のための実践を駆使した家庭領域と異なり、職場の慣行を変えようという実践が現れたのは 7 名にとどまる。職場領域における医師という集団的アイデンティティもまた、そのつどの言説における呼びかけによって「主体」として構築されつづける言説実践の産物（山根 2010）であり、今も受容的言説が力をもっているということだろう。また、労働環境が過酷であることや適切な相談者がいないことも、自分の置かれた状況を客観視する余裕を失わせていると考えられる。

医師という仕事に対して「やりがい」「面白さ」といった言葉が全員に現れ、出世や名誉に対する関心はほとんど現れない。医師になった理由から考えても、職

場領域における資源不足によって出世欲や名誉欲が変容させられたというわけではなさそうだ。

逆に言えば、女性と職場領域における出世や名誉を結びつける言説が存在しないことの表れともいえる。出世や名誉よりも患者の役に立つことに重きを置くがゆえに、医師役割の再定義や家庭優先を選択しても、医師として臨床を続けられることに満足し、職場領域を縮小する方向に向かいがちであるとの解釈も可能であろう。

（3）家庭領域と職場領域はどのように連関しているか

出産前は性別にかかわりなく医師役割を遂行していた対象者は、出産後に家庭領域と職場領域のトレードオフの関係に直面し、家庭領域と職場領域双方の資源のありようが、出産後のキャリア形成に大きく影響を与えることになっていく。家庭領域におけるケア資源の豊富さは、職場領域の慣行に沿った働き方を可能にすると同時に、自身が希望する医師像の追求を可能にさせる。

また、職場領域での関係性が良好であれば、希望する医師像の追求が容易となり、自身の役割認識を高め、家庭領域において就業継続のための実践を行おうとするモチベーションにつながる。そのことが性別分業意識を顕在化させることなく、医師役割の方向性を一貫して追求できる循環を生み出していく。

とはいえ、実際には資源に恵まれるケースばかりではない。職場領域と家庭領域が互いに不足を補完し合い、両立のための実践を繰り返しながらキャリア継続の可能性を探っていくことが現実的だ。たとえ家庭領域における資源が不足していても、職場領域での資源に恵まれていれば、持てる資源を駆使して、両立させるための実践を行うことは可能だろう。

反対に、たとえ家庭領域での資源に恵まれていても、職場領域において上司や同僚などとの信頼関係がなく、労働環境が過酷である場合、働き方を転換し、医師役割を再定義するケースがある。男性と職場領域を結びつける言説により、また、実際に職場領域が男性優位のシステムになっているという解釈から、自分より夫のキャリアを優先するケースもある。

職場領域における旧来の言説の圧力が大きく、それに従えない場合、キャリアの方向性を転換させる力となり、それが家庭領域と職場領域のトレードオフの関

係解消に寄与するとすれば、そのハードルは極めて低い。家庭領域における主体は女性であるとの言説が、さらにそれを後押しする。このような場合、対象者は自分が選択できる立場にはないと考えてしまう傾向にある。夫や子、上司次第では、今後がどうなるか不透明であると捉え、本来選びうる選択肢に目が向かないか、選択肢を増やそうという意識には向かいづらい。

　家庭領域において受容的言説に従うことを選択した場合、両領域のトレードオフ関係を資源を使って乗り越えるのではなく、キャリアを再定義したり、家庭優先を選択することで乗り越えようとする。すなわち、職場領域の言説に与するのではなく、子育ても楽しみ、仕事も手放さないというやり方を選択するということだ。

　その選択が、言説構造に左右されていないとまでは言えないものの、少なくとも自ら納得し選び取った結果であるならば、家庭領域、職場領域双方に満足感をもたらす。これは、医師という職業と大きくかかわっている。医師の働き方は多様であり、たとえキャリアを再定義したり家庭優先を選択したとしても、患者のためにやりがいを持って働ける。夫との賃金格差は開くが、一般的就労より高収入を得ることも可能である。

　一方、必ずしも自らが積極的に選び取ったわけではない場合、医師としての方向性は漂流することになる。資源不足により不本意な選択を余儀なくされた場合、これまで積み重ねてきたキャリアに対する諦めきれない思いを抱いたまま、自身の方向性が定まらなくなるのだ。

　一貫したキャリアへの意思が継続する場合、資源不足や言説によって、子育ての一時期に職場領域を縮小したとしても、持てる資源を駆使して両領域における言説を乗り越え、再び自らが望むキャリアを取り戻そうとする。あるいは、資源不足や言説によって職場領域を縮小させる誘引にさらされ、キャリアに迷いがありながらも、これまで訓練され選び取ってきた道筋を思い、「もったいない」「仕事はやりがいがある」「キャリアのために継続が必要」といった言説を自ら生み出し、何とか踏みとどまる。

　個々の事情や目指すところは異なっても、家庭領域と職場領域とを両立させ、医師としてとどまり続ける選択をするのは、やりがいのある仕事、経済的にも報われる仕事であると認識しているためであろう。つまり医師という仕事自体が、

対象者にとっての資源となっている。

　また、出産前は拡大化していた職場領域が、出産後は否応なく家庭領域に時間が割かれることとなる。子を介した地域とのつながりによって、子育てのサポートを受けたり、病室では聞けない患者側の本音が聞けることに新鮮な驚きを示す語りが複数あった。そのことが診療室での説明の仕方に影響を与えたり、医師役割の再定義につながるケースもある。

　すなわち、個々の医師が自身の専門職性をどう認識し、生涯キャリアにどう反映させているか、というように両者を一体的に捉えようとする視点（渡邊 2016）が生まれているといえる。

　職場領域に対する対象者の批判的語りは、家庭領域において夫を主体的な存在とみなさず、職場領域にのみ縛り付ける行為が、職場領域での受容的言説を再生産させるという循環構造によってもたらされたものでもある。すなわち、構造は実践の媒体であるとともに帰結であるという構造の二重性（Giddens1979＝1989）であり、その社会構造の中でそれぞれの立場において有利なゲームを展開する上で必要な身体技法を身につけるという、ハビトゥス（Bourdieu1980＝1988）に基づく実践でもある（江原 2001）。

3．まとめ

　インタビュー対象者 26 名についてみてきたが、資源配分構造は 1 人 1 人異なり、生育期から現在に至るまでに構築された言説もさまざまである。家庭領域と職場領域双方の資源が言説以上に影響を及ぼすとしても、資源も言説も固定的なものではなく、対象者は単に言説に構築されるだけの存在ではない。対象者はこれまでに獲得してきた言説の数々の中から、必要なものを自ら選び取り、自らの資源配分構造に働きかけ、能動的実践を行っている。

　インタビューからは、対象者個々の家庭領域と職場領域の資源配分構造に応じて、自分が望ましいと考える選択をするための言説を獲得していく様子がみてとれた。また、時間の経過や意識の変化とともに、対象者が認識できる資源配分構造も変化し、それとともに選択する言説も変化していくことが分かった。反対に、自分が望ましいと考える選択をするために、新たな言説を獲得し、資源配分構造に働きかけ、変化を促そうとする能動的実践もあった。

出産や子育ては、それまでのキャリアの軌跡を振り返り、専門職として自らの専門性をどう培い、何を目的にどんな方法でいかに自らのキャリアを構築・確立していくかを省察し、専門職であると同時に1人の人間としてどう生き、何を全うしたいかという問い（渡邊2016）を自身に向けて発する機会となる。

　多様なライフイベントに直面する女性にとって、生活設計とキャリア設計を融合させ、多様な生涯キャリア描く機会は豊かであるはずだ。しかし、同じ専門職である男性は、家庭領域から排除されている限り、そのような機会はなかなか得られない。性別にかかわりなく、誰もが生涯キャリアを追求できる社会デザインのあり方が望まれる。

参考文献

Bourdieu, Pierre, 1980, Le sens pratique, Paris: Edition de Minuit.（＝1988、今村仁司・港道隆訳、『実践感覚1』みすず書房）

江原由美子、2001、『ジェンダー秩序』勁草書房

Giddens, Anthony, 1979, Central Problems in Social Theory, University of California Press.（＝1989、友枝敏雄・今田高俊・森重雄訳、『社会理論の最前線』ハーベスト社）

猪飼周平、2000、「日本における医師のキャリア——医局制度における日本の医師卒後教育の構造分析——」『季刊・社会保障研究』第36巻第2号、国立社会保障・人口問題研究所

泉美貴、2009、『女性医師における高い離職率に関する実像調査』科学研究費補助金研究成果報告書

女性医師の労働・環境問題に関する検討ワーキンググループ、2011、『女性医師の就労環境に関する実態調査』全国医学部長病院長会議

Komter, Aafke. 1989, Hidden Power in Marriage, Gender and Society, 2 : 187-216.

厚生労働省、2013、『別紙　常勤医師等の取扱いについて』https://www.mhlw.go.jp/web/t_doc?dataId=00tb9538&dataType=1&pageNo=3（2021年8月19日アクセス）

日本医師会勤務医委員会、2010、『医師の不足、偏在の是正を図るための方策——勤務医の労働環境（過重労働）を改善するために』

日本産婦人科医会、2015、『産婦人科勤務医の待遇改善と女性医師の就労環境に関するアン

　ケート調査報告』

大越香江、2010、「京都大学医学部附属病院の女性医師支援のための調査」『GCOE ワーキン
　グペーパー京都大学における男女共同参画に資する調査研究3』京都大学グローバル COE

佐藤郁哉、2008、『質的データ分析法　原理・方法・実践』新曜社

渡邊洋子、2016、「専門職のキャリアをめぐる現代的課題：女性医師を手がかりとして」『京
　都大学生涯教育フィールド研究＝Journal of lifelong education field studies』第 4 巻、京都大
　学大学院教育学研究科生涯教育学講座生涯教育フィールド研究編集委員会

山根純佳、2010、『なぜ女性はケア労働をするのか　性別分業の再生産を超えて』勁草書房

米本倉基、2012、「我が国における女性医師の現状――諸外国との比較を踏まえて――」『同
　志社政策科学研究』第 13 巻第 2 号、同志社大学大学院総合政策科学研究科総合政策科学
　会

米山公啓、2002、『学閥支配の医学』、集英社新書

吉田あつし、2010、「医師のキャリア形成と医師不足」『日本労働研究雑誌』第 594 号、独立
　行政法人　労働政策研究・研修機構

第3章 日本のエコフェミニズムの 40 年
——第一波から第四波まで——

森田系太郎

1．イントロダクション

　日本とエコフェミニズムとの出会いは不幸なものだった、と喝破したのは大越愛子（1996[1991], p. 160）である。理由の 1 つは、日本でエコフェミニズムが知られるようになったのが男性思想家のイヴァン・イリイチ経由だったからだ。イリイチ流エコフェミニズムは、多様なエコフェミニズムが存在する中で「カルチュラル・エコフェミニズム」（≒女性原理・母性主義 ; 後述）という一派に過ぎなかった。そして 1980 年代半ばの上野千鶴子と青木やよひのエコフェミニズム論争でイリイチ派と同定された青木は論争に“敗れて”しまった結果、たらいの水と一緒に赤子を流すかのごとくエコフェミニズムも一旦は日本の論壇から葬り去られてしまった。

　しかし、それでもエコフェミニズムの魂を引き継いだ者たちが日本にはいた。そこで本稿は、まずイリイチ派エコフェミニズムの拡がりから上野-青木論争までを「日本のエコフェミニズム第一波」と位置付ける。3 −（ 1 ）で詳述するが、上野-青木論争論争の結果、上述の通り、エコフェミニズムの火は消えかかった。だが、「エコフェミニズムの魂を引き継いだ者たち」は、上野-青木論争以降もその火が消えないように日本でエコフェミニズムを継続展開した。その結果、「失われた 10 年」を経て日欧女性交流事業「女性・環境・平和」として再興した（「日本のエコフェミニズム第二波」）。その後、エコフェミニズムの実践的研究、男性研究者の参画、エコフェミニスト文学批評・エコフェミニスト宗教学が開花した「日本のエコフェミニズム第三波」を経て、2011 年の東日本大震災後、エコフェミニズムの意義が再考されている（「日本のエコフェミニズム第四波」）。本稿の目的は、日本のエコフェミニズムの 40 年を振り返り、第一波から第四波までの各波の展開を論述することにある。

論述に入る前に、冒頭で「多様なエコフェミニズムが存在する」と言述した。しかし日本では世界における多様なエコフェミニズムの展開があまり知られていない。そこで次のセクション2ではエコフェミニズムの系譜、各派、そしてその目指すところを序説として提示してからセクション3で各波の論述に入りたい。[1)] [2)]

２．エコフェミニズム序説

（１）エコフェミニズムの系譜学

　「エコフェミニズム[3)]」という言葉は 1974 年[4)]、フランス人フェミニストのフランソワーズ・デュボンヌによる著書『Le Féminisme ou la Mort（フェミニズムか死か）』（D'Eaubonne, 1974）の中で誕生した[5)]。エコフェミニズムは、フェミニズム内で「第三波フェミニズム」（Eaton & Lorentzen, 2003；萩原, 2001）として、またポストフェミニズムの一派（Gifford, 1995）としても位置付けられる。デュボンヌ（D'Eaubonne, 1974）はエコフェミニズムを"この惑星に住む人間の生存（サブシステンス）を賭けたエコロジー闘争を生み出す女性たちの革命"と定義した。またその約 25 年後には、「唯一、エコフェミニズムだけが家父長制の終焉を可能にし、社会を環境破壊から救うだろう」（D'Eaubonne, 2000, pp. 183-184）とまで述べている。しかしデュボンヌ以降、エコフェミニズムは大西洋を横断してアメリカに渡り、そこでより花開くこととなった（Merchant, 2007）。

　「エコフェミニズム」は、「エコロジカル・フェミニズム ecological feminism」や「環境フェミニズム environmental feminism」とも称される。「フェミニズムは自然と人間外存在の利害を真剣に捉えてこなかった」（p. 53）と言明する Chris J. Cuomo（1998）は、「エコフェミニズム」と「エコロジカル・フェミニズム」を明確に区別している。前者は女性と自然を本質的に女性的なものと捉えるものであり、後者は女性と自然を女性的なものとして構築されたと捉えるものである、と定義する。一方、Gaard（2017, p. xxvi）は、前者を文化的・ラディカル・反-種差別主義的 antispeciesist な思想、後者を哲学的な思想、と分類している。本論では基本的に両者を同じものとみなす。

　しかし、エコロジー運動やフェミニズム同様、エコフェミニズムも一枚岩ではない。そこで次の２-（２）では、エコフェミニズムの各派を確認してみたい。

（2）エコフェミニズムの各派

エコフェミニストのキャロリン・マーチャント（1994[1992]）は『ラディカルエコロジー——住みよい世界を求めて』の中で、エコフェミニズムを以下の四類型[6]に分けている。

①リベラル・エコフェミニズム
②カルチュラル・エコフェミニズム
③ソーシャル・エコフェミニズム
④ソーシャリスト・エコフェミニズム

以下、各派を1つ1つ見ていきたい。

①の「リベラル・エコフェミニズム」は「自然と人間の関係を現存の統治機構の内部から新しい法律や規制を成立させることによって変えようとする」（p. 250）ことを目的とし、その主張は次のようなものである。

科学者、自然資源の管理者、〔行政上の〕規制担当者、弁護士、立法家になるための教育の機会が平等に与えられているとすれば、女は男と同様、環境の改善、自然資源の保全、そして人間生活のより高い質に寄与することができる。したがって女は、彼女らの生物学的特徴の故に押しつけられた社会的な烙印・差別を超越し、環境保全の文化的プロジェクトに男と一緒に携わることができる。（p. 257）

換言すれば、リベラル・エコフェミニズムは現状の資本主義を含めた体制を維持しつつジェンダー平等と環境問題解決の達成を目指すものである。

②の「カルチュラル・エコフェミニズム」は、「文化派エコフェミニズム」とも翻訳できるが、その目指すところは「女と自然の地位を高め、解放すること」（p. 259）にあり、次のように思想する。

多くのカルチュラル・［エコ］フェミニストは先史時代を称賛する。先史時代には［中略］女たちは生命を生み出す者として大いに尊敬されていた。しか

しながら、家父長制文化の出現によって母なる女神は王座から引き下ろされ、男性の神に取って代わられた。女性の神々は従属的な地位におかれることになった。（p. 259）

しばしば反科学、反技術の観点から、カルチュラル・エコフェミニストは女神崇拝、月、動物、そして女性の生殖器官を中心とした古代の儀礼を復活させることにより、女と自然の関係性を讃える。（p. 260）

なお、「スピリチュアル・エコフェミニズム」（Starhawk, 1989）もこのカルチュラル・エコフェミニズムに位置付けてよいだろう [7]。このような前近代的で女性性を賛美する、本質主義とも捉えられかねない男／女の二項対立を保持する性差極大的 maximalist 思考はフェミニズム内でも批判の的となりがちである。

　③のソーシャル・エコフェミニズムは、マレイ・ブックチン（ブクチン）が創始者であるソーシャル・エコロジー（e.g., ブクチン, 1996[1990]）のエコフェミニズム版である。ソーシャル・エコロジーは人間による自然支配と人間による人間支配は同根であり、両者の支配を終焉に向かわせることが肝要、と主張したが、その主張をベースとするソーシャル・エコフェミニズムは次のように論じる。

ソーシャル・エコフェミニズムは、経済的・社会的な位階制を打倒することによって女を解放すると主張する。この位階制は生の全ての側面を、今日では子宮さえ侵している市場的社会関係に変えてしまう。（マーチャント, 1994[1992], p. 265）

ソーシャル・エコフェミニズムは、資本主義や家父長制を含め、現状の体制の転覆を目指す、という意味でポスト近代志向である。

　最後の④はソーシャリスト・エコフェミニズムである。ソーシャリスト・エコフェミニズムはソーシャリスト・エコロジー（e.g., オコンナー, 1995[1991]）のフェミニスト版であり、マーチャント（1994[1992]）はその主張を以下のようにまとめる。

資本主義的家父長制の批判を提出［し］［中略］、生産と再生産、生産とエコロジーの間の弁証法的対立関係に焦点を合わせる。ソーシャリスト・エコフェミニズムの全体的視野から社会的でエコロジカルな変化を分析し、生の持続可能性と公正な社会に通ずる社会的行動を提案する（p. 267）

なお、ソーシャル・エコフェミニズムとソーシャリスト・エコフェミニズムの区別はそれほど明確ではない。事実、マーチャントも両者をほぼ同じものとして記述している場面（pp. 250-251）もある。

　上述の通り、マーチャントはエコフェミニズムを四類型化したが、異なる類型化を試みた者も少なからず存在する。John Barry（1999）は「本質主義的エコフェミニズム」「唯物論的エコフェミニズム」「抵抗的エコフェミニズム」の３つに類型化する。マーチャントの類型化に照らし合わせると、「本質主義的エコフェミニズム」はカルチュラル・エコフェミニズムに、「唯物論的エコフェミニズム」はソーシャル・エコフェミニズムとソーシャリスト・エコフェミニズムに近く、「抵抗的エコフェミニズム」は「本質主義的エコフェミニズム」と「唯物論的エコフェミニズム」の折衷的な位置付けである。また武田一博（2005）はカルチュラル・エコフェミニズムやスピリチュアル・エコフェミニズム等を包含する「神秘主義エコフェミニズム」とソーシャル・エコフェミニズム等を包含する「社会的エコフェミニズム」の２つに大別している。

　一方、横山道史（2007）は、二元論を問題視する「脱構築的エコフェミニズム」と資本主義的家父長制を問題視する「社会主義エコフェミニズム」の２つに大別している。また Mary Mellor（2000）はカルチュラル・エコフェミニズムに近い「親和性エコフェミニズム」と「ソーシャル／ソーシャリスト・エコフェミニズム」の２つに大別する。他にも、ポスト構造主義の差異化の波に影響を受け、微分化された様々なエコフェミニズムが登場している。民族性を前景化した「ユダヤ人エコフェミニズム」（Diamond & Seidenberg, 1999）、セクシュアリティ・LGBTQ を前景化した「クィア・エコフェミニズム」（Gaard, 1997；喜納, 2010, 2012；Morita, 2013）、〈食〉を前景化した「ベジタリアン・エコフェミニズム」（Gaard, 2002）、種の多様性を前景化した「マルチスピーシーズ・エコフェミニズム」（Power, 2016）、その他「批判的（反二元論的）エコフェミニズム」「人新世エコフェミニズム」「批

判的物質的エコフェミニズム」「ポストヒューマニスト・ポストコロニアル・エコフェミニズム」（Gaard, 2017）などもある。しかし横山（2008, p. 80）も喝破するように日本では主にマーチャントの四類型が一人歩きしてしまい、残念ながら上述のような多様な種類のエコフェミニズムの存在はほとんど知られてない。

（3）エコフェミニズムの目指すところ

　上述のように多くの学派があるエコフェミニズムだが、萩原（2007）と Eaton & Lorentzen（2003）とを総合すると、エコフェミニズムの主張は下記の 5 点にまとめられる。

> ①環境問題の影響は女性に不均衡な形で及ぶ
> ②西欧の世界観では女性と自然は概念・象徴的に結び付けられている
> ③女性は環境に関する知識・専門性が高い可能性がある
> ④環境に関する言説においてジェンダーバイアスがある
> ⑤環境運動・政治において女性の数が少ない

そしてこのように環境問題において男女差が生じている原因としては、「家父長制」（e.g., D'Eaubonne, 2000）、「資本主義」（e.g., イリイチ, 1984[1983]）、「支配モデル」（Plumwood, 1993）、出産機能・再生産（e.g., Ortner, 1974）、男性／女性、文化／自然、精神／身体といった二元論（e.g., 横山, 2008）などが各論者によって挙げられている。

　エコフェミニズムは、フェミニズムの側（e.g., 馬場, 1993）からも環境研究者の側（e.g., 加藤, 1995）からも"環境問題を利用している"と批判されてきた。しかし「エコフェミニストの関心は、身近な環境問題から地球環境問題全般、原発問題、有害物質による自然環境の汚染と身体の破壊、人口問題、生殖技術、そして新しい政治経済、社会のあり方まで広い範囲にわた［る］」（萩原, 2006, p. 53）のであり、ヒエラルキーと環境破壊のない新たな社会というビジョンの構築を目指す（e.g., マーチャント, 1994[1992]）ものである。エコフェミニズムは多様性と環境の時代と称される現代と大きく共鳴する思想なのである。

3．日本のエコフェミニズムの 40 年

　セクション 2 ではエコフェミニズムの系譜、各派、目指すところを国境に拘らずに概観した。本稿の主題となる本セクション 3 では日本に焦点を当て、日本におけるエコフェミニズムの成立とその展開／転回を第一波〜第四波に腑分けし、各波の系譜を確認することで、日本のエコフェミニズムの 40 年を歴史化し振り返ってみたい。

（1）日本のエコフェミニズム第一波（1983〜1986 年）：イリイチ、フェミニスト人類学、そして上野-青木論争

　「日本のエコフェミニズム第一波」は、男性思想家のイヴァン・イリイチ、フェミニスト人類学、そして上野千鶴子と青木やよひによるエコフェミニズムをめぐる "上野-青木論争" によって象徴される。この第一波は青木が編んだ『シリーズ プラグを抜く3　フェミニズムの宇宙』（新評論）が出版された 1983 年に始まったと言ってよい。同書には青木の論文「女性性と身体のエコロジー」（pp. 241-295）に加え、デュボンヌ（ドォボンヌ）の小論「エコロジーとフェミニズム」（pp. 182-189；辻由美・訳［原著：1976 年］）も収録されている。

　マーチャントの四類型に従えばカルチュラル・エコフェミニストに分類されるであろう青木やよひ（1994b[1985]）は、「エコロジカル・フェミニズム［は］［中略］男性原理のみで塗りかためられた現代のコンクリート・ジャングルに、女性原理によって突破口をうがとうとする文化革命の一つなのである」（p. 205）と述べ、文明化によって疎外された「女性原理」の復権を主張した。青木はカルチュラル・エコフェミニズム流の主張をしたがゆえに、「1．イントロダクション」で言及した同じカルチュラル・エコフェミニズム派の "イリイチ流エコフェミニズム" と同一視され、「イリイチに共感を寄せる一部の『女性原理』派フェミニスト」（上野, 1986b[1985], p. 118）とカテゴライズされてしまう。青木（1994a[1985]）が「［イリイチ著の］『ジェンダー』さえまだ精読していない」（p. 235）と述べているにも関わらず、である。

　そのイリイチ（1984[1983]）は、「ジェンダー（＝社会的文化的性差）」「セックス（＝生物学的性差）」という慣例的意味とは異なる形で、前近代的な「ヴァナキュラーな〈ジェンダー〉」と近代的な「経済を媒介とする〈セックス〉」の 2 つを

対立する概念として提示した。そして、前者を非対称ではあるが男女が相互補完的であった前近代の関係性として理想化した。

　このイリイチ流エコフェミニズムは、他の様々なエコフェミニズムの思想・学派を差し置いて日本で流通したが、その理由を江原由美子（1985）は次のように分析している。

　　イリイチのジェンダー論はアメリカのフェミニストからは総攻撃を受けたにもかかわらず、日本においては広範に受容された。それはイリイチの所説の中に、産業社会に対する反感、「男並み」志向のフェミニズムに対する反感、「性の解放」に対する反感等を嗅ぎつけることができるからであり、それが日本における女性解放論が伝統的に持っている共同体志向、反近代主義的傾向、反個人主義的傾向に合致したためだと思われる。（p. 22）

　一方、上野千鶴子は、フェミニスト人類学の観点から、青木≒イリイチ流の男／女の二項対立を保持する性差最大化言説に論陣を張った。例えば文化人類学者の Sherry Beth Ortner（1974）は、構造主義的図式を使えば【女性：男性：：自然：文化】（＝女性と男性との関係は自然と文化との関係と等しい）という図式（オートナー図式）を打ち立てた上で、この図式に対して女性はどちらかと言うと自然と文化の中間的な位置を占めていると主張、女性の自然への“近接性”を説いた[8]。このような主張に対してフェミニスト人類学者は、女性-自然の繋がりや女性の劣位の脱構築を試みた。その 1 人である Marilyn Strathern（1980）は、パプアニューギニアのハーゲン社会ではそもそも文化／自然という二項対立はないこと、また男性-自然の繋がりを発見している[9]。フェミニスト人類学をベースに上野（1986a）は、東京で開催されたイリイチとのシンポジウムの檀上で、カルチュラル・エコフェミニズム的思考は男性原理的な軌道を修正する過渡期の戦略としては効果的だが、長期的にはジェンダー役割の固定に繋がると主張した。また 90 年代に入っても上野（1995）は、イリイチは「フェミニズムの成果をかすめとって、換骨奪胎し」（p. 117）、「産業社会以前のジェンダー関係を、調和的なものとしてロマン化しようとした」（p. 118）と強く批判している。

　上野と青木は 1985 年に『現代思想』上で、具体的には上野（1986b[1985]）は 1

月号で、青木（1994a[1985]）は 4 月号で、それぞれ論陣を張っているが、その上野-青木論争がクライマックスを迎えたのが、上野発案の 1985 年 5 月に開催されたシンポジウム「フェミニズムはどこへゆく――女性原理とエコロジー――」であった。本シンポジウムでは青木が講演を行った後、上野を含むパネリストがパネルディスカッションを行っている（日本女性学研究会一九八五年五月シンポジウム企画集団, 1985）。同シンポジウムを通じて、男性原理／女性原理（≒母性）の二元論を否定しない青木はマキシマリスト（性差最大化論者）、上野はその対極にある性差を縮小するミニマリスト（性差最小化論者）であることが浮き彫りとなった [10]。また江原（1990, p. 31）が言うように、青木は「文明観の転換」「価値観の転換」を優先課題とするが、上野の方は「性別役割分業の廃絶」「現実の力関係の変革」を優先課題としていた。しかし一方で、共通点も多かった。

> 「激突！」が期待されたそのシンポジウムで両者が気づいたのは、お互いの食い違いは「女性原理」という言葉を使うか否かという用語上の問題にすぎず（もちろんそれもとるに足らない問題ではないけれども）、何を憤りどんな世の中を作りたいのかというイメージは意外なほど共有していることだった。（落合, 1987, p. 234）

しかし、2000 年代に入って千田有紀 [11]（2009）が振り返るように、上野-青木論争では、シンポジウム当日含め、結果として上野が「圧勝」（p. 108）したような恰好となってしまった。前近代の非対称ではあるが男女の相互補完的な関係を論じるイリイチのジェンダー論は「前近代の美化」（戸田, 1994, p. 295）とみなされたが、上述したように青木はイリイチ派と同一視された結果、イリイチとともに“葬り去られる”格好となった。そのため、「フェミニズムがどのようにエコロジーにかかわっていけばいいのか、その回路までが閉じられた感があるのは、残念なこと」（千田, 2009, p. 108）であった。当時、著名なエコフェミニストのキャロリン・マーチャントによる『自然の死――科学革命と女・エコロジー』（1985 年, 団まりな・訳, 工作舎［原著：1980 年］）の邦訳が発刊され、また足立真理子（1986）や清水和子（1986）らフェミニストからエコフェミニズムに期待を寄せる声があったにも関わらず、である。その結果、2021 年の現在になってもエコフェミニズム

は「女性を『資本主義の外』に置き、そこに理想化された社会の可能性を観る論」（江原, 2021, p. 33）と一面的・断片的にのみ理解（誤解）されてしまっている[12]。上野-青木論争は、上野の主張は『女は世界を救えるか』（勁草書房）として、青木のそれは『フェミニズムとエコロジー』（新評論）として、それぞれ 1986 年に書籍出版されることで終止符が打たれ、「日本のエコフェミニズム第一波」は終焉を迎えた。

（2）日本のエコフェミニズム第二波（1987〜1994 年）：「失われた 10 年」を経て日欧女性交流事業「女性・環境・平和」へ

（1）で観てきたように、上野-青木論争以降、「日本ではエコフェミニズムに対する誤ったイメージが残［る］」（萩原, 2001, p. 53）結果となってしまった。そのため、第一波の山場であった上野-青木論争から、第二波の山場である後述の 1994 年日欧女性交流事業「女性・環境・平和」までの 10 年間、エコフェミニズムは日本で下火となってしまった[13]。これを森岡（1995）は「一九八〇年代半ばから約一〇年間の空白期間を許してしまうこととなった日本のフェミニズムの屈折」と表している[14]。金子珠理（2019）の言葉を借りれば、「エコフェミニズムを語ることが憚れるような雰囲気が続いた」「失われた 10 年」（p. 10）であった。

しかし"下火"となってしまったものの、エコフェミニズムの火は細々と灯し続けられきたのがこの「日本のエコフェミニズム第二波」である。

そんな第二波の担い手の 1 人が、ソーシャル・エコフェミニストを名乗る萩原なつ子である。1989 年に米国バーモント州のソーシャル・エコロジー研究所で同国エコフェミニズムのパイオニアの 1 人であるイネストラ・キング[15]の講義を受講し、翌年「エコロジーとフェミニズムの結びつきについて」（萩原, 1990）という小論を発表、そこでは上野-青木論争の枠組みを超えてアメリカのエコフェミニズムの多様な状況と文献が紹介されている。

その後、萩原は、1991 年にマイアミで開催された「健康な地球のための世界女性会議（World Women's Congress for a Healthy Planet）」に参加し、「女性のアクションアジェンダ 21」が採択されるところを目撃している。この「女性のアクションアジェンダ 21」は翌年の 1992 年に開催された国連環境開発会議（リオサミット）で採択された行動計画「アジェンダ 21」の第 24 章「持続可能かつ公平な開発に向

けた女性のための地球規模の行動（Global Action for Women towards Sustainable and Equitable Development）」として結実した（萩原, 2016）。また萩原は 1992 年に『ひろしま女性大学通信課程　環境をみつめよう――女性とエコロジー』（財団法人広島県女性会議）も上梓している。

　上述のような萩原の地道な地ならしとリオサミットのような同時代的な出来事がもたらす機運の影響もあったのだろうか、日本では 10 年の空白期間を経て 1994 年に再びエコフェミニズムが注目を集める。それが前述した、第二波の山場である日欧女性交流事業「女性・環境・平和」である[16]。国際交流基金の「欧州女性環境問題研究グループ招聘事業」（1994 年 3〜4 月）の一部である同事業では、広島・沖縄・滋賀を訪問後の 1994 年 4 月に、マリア・ミース、メアリー・メラー、クラウディア・フォン・ヴェールホフといった著名なエコフェミニストが東京に一堂に会し、お茶水女子大学や上智大学等で講演・シンポジウムを行った。日本側からは上野-青木論争で論陣を張った上野千鶴子、青木やよひに加え、鶴見和子、大沢真理、綿貫礼子、大越愛子、土井たか子、福島瑞穂、辻元清美らが出席している。萩原は本事業でコーディネーターを務め、事業の成功を裏方として支えた[17]。

　森岡（1995）は上野のエコフェミニズムへの再関与を「転回」と称し、それによって「日本でもふたたびエコフェミニズムの議論は活性化しはじめるであろう」と予言した。上記のシンポジウムは国際交流基金の報告書「平成 5 年度　欧州女性環境問題研究グループ招聘事業」の中で纏められ、1996 年には上野・綿貫編の『リプロダクティブ・ヘルスと環境――共に生きる世界へ』（工作舎）として書籍出版されている。しかし同事業の終了後はエコフェミニズムの議論が活性化されるまでには至らず、森岡の予言は外れた。

（3）日本のエコフェミニズム第三波（1995〜2011.3.10）：実践的調査研究、男性研究者の参画、そしてエコフェミニスト文学批評とエコフェミニスト宗教学

　（2）で述べたように、1994 年の日欧女性交流事業「女性・環境・平和」でエコフェミニズムは一夜限りの盛り上がりを見せたが、終了後はその勢いは続くことなく、再び下火となってしまった。

　しかしその火は消えることなく灯り続けた。この 1995 年から 2011 年の〈3.11〉

の前夜まで続く「日本のエコフェミニズム第三波」の特徴は以下の 4 点にまとめられる。

1 つ目の特徴は、エコフェミニズムの実践的調査が主に（環境）社会学の分野で進んだことである。例えば萩原（2006）は、沖縄県石垣島新空港建設問題に係り、地元の"オバァ"たちへのインタビューを通じて環境・開発問題における女性の不可視化と周辺化の過程を、エコフェミニズムのサブシステンス（ミース・ベンホルト＝トムゼン・フォン・ヴェールホフ, 1995[1988/1991]）の概念を土台に炙り出している。一方、（環境）社会学者の脇田健一は、滋賀県で女性を中心に展開されたいわゆる「石けん運動」（合成洗剤反対運動）に関する調査研究の論文を 1995 年頃から発表している（e.g., 脇田, 2001）。また社会学者の平尾桂子（2010）は、日本版総合的社会調査（JGSS）の 20-79 歳の 2,845 人を統計的に分析し、ごみ分別や節水等の実行率のジェンダー差は家事遂行頻度のジェンダー差で説明できることを明らかにしている。加えて筆者（Morita, 2010）は、日本の環境 NGO に属する 30 名弱のスタッフにインタビューを行い、彼／女らの環境意識と環境行動にジェンダー差が観られるかを調査した。

第三波の 2 つ目の特徴は、男性のエコフェミニズム研究者が登場し始めたことにある。既出の森岡や脇田、横山に加え、丸山正次（e.g., Maruyama, 2003[2000]）や山口裕司（2002）、吉田哲郎（2008）、筆者（e.g., Morita, 2006, 2007, 2010, 2013；森田, 2009, 2014, 2017）もこの時期に登場した男性エコフェミニズム研究者と位置付けることができる。

第三波の 3 つ目の特徴は、エコフェミニズムが文学批評に取り入れられた結果として登場した「エコフェミニスト批評」である。文学研究の一分野にエコクリティシズム（環境文学批評）という分野があり、これは、単純化して言えば、文学と自然界との間のあらゆる関係性を対象とする批評である（グロトフェルティ, 1996）。エコフェミニスト批評は、エコフェミニズムの観点から実践したエコクリティシズム、と言っていいだろう [18]。エコフェミニズムは上述のように 1970 年代に誕生したが、それが文学研究に取り入れられたのは 1990 年代のことであった（Gaard & Murphy, 1998）。日本の文脈に限って言えば、石井倫代（1996）は自身が邦訳したテリー・テンペスト・ウィリアムス著『鳥と砂漠と湖と』のエコフェミニスト批評を試みているし、その他、喜納育江（e.g., 2005, 2012）や筆者（e.g., Morita,

2013, 2017）もエコフェミニスト批評に取り組んでいる[19]。

　4つ目の特徴として、エコフェミニズムの宗教学への取り込みが挙げられる。一例として、天理大学おやさと研究所天理ジェンダー・女性学研究室の金子珠理が中心となって 2002 年 3 月に開催された「エコフェミニズムの可能性——フェミニズム・エコロジー・宗教」がある。同国際シンポジウムには米国を代表するエコフェミニスト哲学者の Karren J. Warren や、日本からは萩原なつ子らが招聘されている（天理大学おやさと研究所, 2003）。金子はその後も継続してエコフェミニズムに取り組んでいる（金子, 2011, 2019）。

（4）日本のエコフェミニズム第四波（2011.3.11〜現在）：上野の反省、エコフェミニズム再考／再興、そして災害女性学

　「日本のエコフェミニズム第四波」は、〈3.11〉を開始点とする。地震・津波・原発事故の“三重災害 triple disaster”と描写された〈3.11〉は、日本のフェミニストに対し、原発問題にも関心を寄せるエコフェミニズムをフェミニズム内で“二級市民”扱いしてきたことに対する反省と再考を促した。河上睦子（2020）も「近年、福島原発事故および東日本大震災を始めとした日本各地で起きている災害を通して、地球全体の気候変動問題、温暖化問題、環境汚染等の問題についての関心が広がり、環境運動が世界的にも大きくなり、エコフェミニズムにも関心が向けられている」（p. 1）と観察している。

　上野-青木論争で青木に“勝利”し、その意味で日本におけるエコフェミニズムの萌芽の機会を摘んでしまったとも言える上野千鶴子[20]は、〈3.11〉後、北田暁大との対話の中で後悔の色を見せている。少し長いが以下に引用する。

　　　八〇年代に私は、青木やよひさんらの「エコ・フェミニズム」と袂をわかったという個人史がある［中略］
　　　私の周囲には、「エコ・フェミ」がたくさんいましたし、一九八六年のチェルノブイリ事故に衝撃を受けて、反原発デモや、愛媛県の伊方原発三号機建設に反対して現地集会を呼びかけるひとたちも、身近にいました。私は彼女たちと、途中まで一緒にいたのに、いまから思えば「小異を立てて大同につかなかった」のです。

集会に行くと集まっているのは女性が大半で、そこでは「お母さん」とい
　う呼びかけが圧倒的です。母性主義そのものです。私は、母親ではない女は、
　ここに存在しないのかと反発しました。［中略］私の周囲にそういうひとた
　ちがいたからこそ、「小異を立てて大同につかなかった」んです。［中略］
　　反省しました。広瀬隆さんの本も読んでいるし、高木仁三郎さんも知って
　いたし、原発への警告はいやというほど聞いていた。実際にチェルノブイリ
　事故が起きたことにショックも受けていました。いまから思えば、「テクノ・
　オリエンタリズム」にも陥っていました。「技術水準が低くて管理がずさん
　なソ連のことだから事故が起こることもあるんだろう」という侮りがありま
　した。（北田・上野, 2018[2015], pp. 72-73）

上野はあるビデオ映像（上野, n.d.）でも「本当に 3・11 のとき『まさか、こんな
ことが起きてしまった』って。問答無用、言い訳無用、私も共犯者だったって、
思いましたから。」（04:36-04:49）と吐露している。
　また、日欧女性交流事業「女性・環境・平和」で中心的な役割を果たした 1 人
であるエコフェミニストの綿貫礼子（2012）は、〈3.11〉後に次のように語った。

　　二〇世紀においてエコロジーとフェミニズムは新しく提起された思想であ
　り、それが「エコロジカル・フェミニズム」として結びつき、さらに新しい
　思想を形づくっている。私はその流れを共有する女性である。日本を含め世
　界でも、このエコロジカル・フェミニズムの思想が底流に渦巻いている中で
　二一世紀に入り、衝撃的なフクシマ原発事故が発生したとみなしてもよいと
　思う。いまだ継続中のこの事故の体験から、日本で、そして世界中で生まれ
　出てきている「核のない世界を求める声」が、「脱原発の思想」という名の新
　しい思想として創造されることを私は願っている。（p. 203）

その原子力発電の調査分析等も行う IEA（国際エネルギー機関）の事務局長を務
めた田中伸男（2021）は、震災から 10 年の 2021 年に〈3.11〉を振り返り、「あの
事故は女性がトップであれば起こらなかったかもしれない」と述懐する。そして
その理由を「男性ばかりだと、周囲への忖度（そんたく）、過去の経緯から逃れら

れないのです」としている。実際、著名なエコフェミニストの Ariel Salleh（2011）
は、震災直後に「今こそ日本で女性がリーダーシップを取らなければならない」
と主張している。事実、震災の現場では、男性がリーダーシップを取り女性は炊
き出しを担当するという伝統的性別役割分業が観られていた。

　〈3.11〉を受けて、火が消えかかっていたエコフェミニズムを再考する動き・論
考がいくつか出ている。例えば近代女性文学研究者の長谷川啓（2012）は、〈3.11〉
から 1 年後のエッセイで、森崎和江、石牟礼道子、田中美津、金井淑子らの〈い
のち〉〈女〉〈母〉をめぐる作品や発言を紹介しつつ、こう結論付ける。

　　私たちは何と、自然や母性からの離陸を志向した近代主義的フェミニズムに
　　陥っていただろう。エコロジカル・フェミニズムとも通底する森崎・石牟礼・
　　田中・金井らの「いのちへの視座」は、三・一一以降のフェミニズムの方向
　　性を示すものであり、いのちの循環に立ち返って、家族や共同体、自然や母
　　性について考え直してみるフェミニズム批評をアジアの一点である日本か
　　ら、あらためて発信していきたい。（p. 99）

一方、福永真弓（2014）の論考は、「東日本大震災と福島第一原子力発電事故事件
の後、復興や再生という言葉が飛び交うなかで、生の感度をめぐる問題に苦しむ
人びととその言葉に出会った」経験から、「生への感度という言葉を手がかりに、
エコロジーとフェミニズムの交わるところから生まれた思想的可能性の現在を追
いかけ［て］」（p. 1）いる。また金子（2011）は、2011 年 11 月のエッセイで、〈3.11〉
後に放射線量の独自測定や関連サイトの立ち上げを行う母親たちによる活動や、
原発産業が原発を推進する際の母親的・保守的な女性を利用したイメージ戦略に
関してエコフェミニズムの視点からの再検討を促している。

　最後に、日本では阪神淡路大震災を機に誕生した災害女性学にも言及しておき
たい。2021 年に浅野富美枝と天童睦子が編集した『災害女性学をつくる』（生活思
想社）は主に〈3.11〉以降の災害と女性をめぐる論考のアンソロジーだが、その第
7 章「環境社会学と女性視点」（pp. 141-153）ではエコフェミニズムが取り上げら
れている。執筆者の長谷川公一は同章のセクション 5 のタイトルを「エコ・フェ
ミニズム論争をどう考えるべきか」とし、上野-青木論争を敷衍したうえで「環境

研究や災害研究におけるジェンダー視点の理論的・実践的意義を彫琢することは、今日なお避けて通ることのできない大きな課題である」（p. 147）と締めくくっている。

4．コーダ：ポスト〈3.11〉の日本のエコフェミニズムに向けて

　本稿では、セクション2でエコフェミニズムの概要を確認した後、セクション3では日本のエコフェミニズムの歴史化を試み、その40年を第一波〜第四波に腑分けし、各波の系譜を1つ1つ確認してきた。

　これまで論述したように、日本では上野-青木論争の結果、エコフェミニズムが大きく花開く機会は失われてしまっていた。米国の著名なエコフェミニスト Greta Gaard（1993）は、「エコフェミニズムはあらゆる抑圧形態に終止符が打たれることを求め、女性（または他のすべての被抑圧集団）を解放するためには、自然を等しく解放することなしには成功しない、と主張する」（p. 1；訳は筆者）と述べる。女性問題と環境問題は「必ずしも同一地平で論じられない問題をもっている」（河上, 2020, p. 2）ものの、Gaard が言うように、エコフェミニズムがあらゆる被抑圧集団の解放をめざし、平和な世界と構築していく思想だとしたら、環境破壊が進み、ジェンダーの問題が残る日本、引いては世界に欠かせない思想なのではないだろうか。

　ジェンダー平等の目標と環境保護の目標とが併存する SDGs（Sustainable Development Goals；持続可能な開発目標）においてもエコフェミニズムの意義を見い出そうとする動きもある（金子, 2019, p. 10）。社会で SDGs の機運が高まる今こそ、再度、日本でもエコフェミニズムの思想が見直されてよい。そしてそこから、ポスト〈3.11〉の日本のエコフェミニズムが花開いていくのだろう。

註

1) 本論の特に2－（1）〜3－（3）は、筆者が 2011 年に立教大学大学院 21 世紀社会デザイン研究科から博士号を授与された際の博士論文（Morita, 2010；指導教授は萩原なつ子教授）を大幅に改稿したものである。他には森田（2014）も参照している。

2) なお、エコフェミニズムは「開発と環境」のトピックとの関連でも取り上げられるが、本

稿のスコープは特に日本におけるエコフェミニズムの理論的展開に絞っているため対象外
としている。グローバルな「開発と環境」とエコフェミニズムに関する論考については、例
えば萩原（2001）、原（2011）、マーチャント（1994[1992]）、ミース・ベンホルト＝トムゼン・
フォン・ヴェールホフ（1995[1988/1991]）等を参照のこと。

3) 対義語は「エコマスキュリニズム ecomasculinism」である。

4) 同年、アメリカではカリフォルニア大学バークレー校で「女性と環境会議（Women and
Environment Conference)」が開催されている。

5) それ以前にも、アメリカ家政学の“母”であるエレン・スワロー・リチャーズや『沈黙の春』
のレイチェル・カーソン、ラディカル・フェミニストのシュラミス・ファイアストーンら、
エコフェミニズム思想を体現している者はいた。

6) 横山道史（2008）の論考は、四類型を一定程度認めつつも、「エコフェミニズムの最も基
底をなす問題構成である『女性支配と自然支配という支配の構造的連関』問題について究明
してきた多様な論者や理論を含むものではない」（p. 80）と述べ、その「多様な論者や理論」
の古代から近代に至る位置関係を整理し、見取り図を描く労作である。しかしその“複雑な
ものを複雑に”描いた見取り図（「図1」; p. 85）は実際に複雑で、マーチャントの四類型の良
さである“分かりやすさ”は失われてしまっている。

7) 筆者は修士論文（Morita, 2006）でカルチュラル・エコフェミニズムとスピリチュアル・
エコフェミニズムを分別し、マーチャントの四類型に後者を加えて五類型としてエコフェミ
ニズムを提示していた。

8) 大城・小野（2005）の主張も Ortner のものに近い。「身体とは、人間にとってもっとも身
近でありながら、もっとも恐るべき自然だったのです。この自分自身の身体に対する恐れが、
社会が身体を抑圧してきた理由です。そしてそのために、出産という自然に関わる女は、男
よりも下位に置かれ続けてきたのです。［中略］男が女を支配するべきだという考えは、人
間が自然を支配するべきだという考えを別の形で表現しただけで、実際には同じことを語っ
ているのです」（p. 148）。「（『自然を征服する文明』と『女を征服する男』が）同じものとし
て語られるなら、自然の復権と女の復権も同じ形で語られるだろう。そうして、自然保護の
思想とフェミニズムが結び付く」（p. 151）。

9) エコフェミニストの Ynestra King（1983）も、自然／文化の二元論や女性の環境的感受性
の社会構築性を疑問視しない Ortner を批判している。Ortner（1996）はオートナー図式の提
示後から約20年後に、その静的な並列性よりも男性-文化、女性-自然の繋がりの構築の政治

性により関心が向かうようになったと告白している。実際、文化人類学者 Celia Nyamweru（2003）のフィールドワークによると、ケニアのある農村の聖なる森に対するアプローチは男性と女性（460 人）で変わりはなかった。同様に環境政治学者の丸山正次（Maruyama, 2003[2000]）も、（脱構築）エコフェミニズムの思想は日本の神道には当てはまらず、したがって文化差を考慮する必要性を説いている。

10) 本論争以降の学術的な展開を踏まえて現在の地平から振り返れば、上野-青木論争は構築主義（上野）vs 本質主義（青木）を先取りした代理論争だった、と言ってもよいかも知れない。

11) ちなみに千田は 2015〜2021 年度にかけて「エコロジカル・フェミニズムの日米比較研究」（https://kaken.nii.ac.jp/ja/grant/KAKENHI-PROJECT-15K01925/）という題目で科研費を取得している。

12) 2012 年の時点でもエコフェミニズムは「イルカクジラに入れあげておかしなことになっている女だとか、草木染系［の服を着ている女性］と地続き」と曲解されている（湯山玲子の発言；上野・湯山, 2012, p. 83）。

13) そのような状況下、キャロリン・マーチャントとイネストラ・キングによるエコフェミニズムの論文が収載された『女性 vs テクノロジー』（ロスチャイルド, J.・編著, 綿貫礼子・加地永都子他・訳, 新評論［原著：1983 年］）が 1989 年に翻訳出版されているのは特筆に値する。同年にはエコフェミニストのマリア・ミース、クラウディア・V・ヴェールホ(一)フの論考が収められた『チェルノブイリは女たちを変えた』（ガムパロフ, M.・ミース, M.・シュトプチェク, A.・ヴェールホーフ, C. von. 他・著, グルッペ GAU・訳, 社会思想社［原著：1986 年］）や、同じくエコフェミニストのスーザン・グリフィン、イネストラ・キングらの論考が収められた『発言する女たち　地球の再生』（カルディコット, L.・ルランド, S.・編著, 奥田暁子・鈴木みどり・共訳, 三一書房［原著：1983 年］）も翻訳出版されている。

14) 脇田（2006）は長らく続く「冬の時代」（p. 26）と呼んでいる。

15) キングは 1980 年に米国マサチューセッツ州アマーストで開催された「女性と地球の生命：1980 年代のエコフェミニズム（Women and Life on Earth: Ecofeminism in the Eighties）」会議の主催者の 1 人である。

16) 森岡（1995）は、メアリー・メラー著『境界線を破る！エコ・フェミ社会主義に向かって』（壽福眞美・後藤浩子・訳, 新評論［原著：1992 年］）が翻訳出版された 1993 年から状況が変わり始めたと述べている。また翌年の 1994 年には『世界を織りなおす――エコフ

ェミニズムの開花』（ダイヤモンド＆オレンスタイン［編著］，奥田暁子・近藤和子・訳，
學藝書林［原著：1990 年］）も出版されている。

17) なお萩原は、翌年の 1995 年に同じく国際交流基金の「女性交流事業 〜女性・環境・
平和〜」で欧州に派遣され、現地のエコフェミニストらと交流を深めている（詳細は 1996
年 3 月発行の国際交流基金の同名の報告書を参照のこと）。

18) ビュエル，ハイザ，＆ソーンバー（2014[2011], p. 217）によると、エコフェミニスト批
評は「女性の支配と人間でないもの<ruby>（ノンヒューマン）</ruby>の支配との概念上のつながりを分析する」批評であり、
具体的には主に以下の 3 つを考察する。(1) 作家が自然をフェミニズムの空間としてどう描
いているか (2) 文学作品で女性と環境に係る言説が社会的不正義に関する議論とどう結び
ついているか (3) 作家および文学作品の登場人物による自然の描写・認知の男女差。

19) Gaard, Estok, & Oppermann（2013）はエコフェミニスト批評を一歩前に進めて、ポストコ
ロニアル・エコクリティシズム、動物研究、クィア理論、フェミニスト・ジェンダー研究、
通文化・国際的エコクリティシズムの視点を包含する「フェミニスト・エコクリティシズム」
を提唱している。

20) 上野は 1990 年の著書『家父長制と資本制——マルクス主義フェミニズムの地平』（岩
波書店）の中で「『市場』の外部に発見した二つの領域とは『自然』と『家族』であった」(p.
7) とし、「フェミニストが『市場』の外側に発見した『家族』という環境も、［同じく市場の
外部にある］『自然』と驚くべき類似性を持っている」(p. 8) と述べ、エコフェミニズムの
思想と近いところにはいたのだが。

参考文献

足立真理子（1986）．「エコロジカル・フェミニズムの地平をさぐる」社会主義理論フォ
　ーラム（編）『挑戦するフェミニズム』（113-125 頁）．新評論.

青木やよひ（1994a）．「フェミニズムの未来——上野千鶴子氏に答える——」『フェミニ
　ズムとエコロジー』〔増補版〕（207-236 頁）．新評論.［原著：1985 年］

青木やよひ（1994b）．「女性原理とエコロジー」『フェミニズムとエコロジー』〔増補
　版〕（189-206 頁）．新評論.［原著：1985 年］

馬場恭子（1993）．「ecofeminism（訳者解説）」H．ビアード・C．サーフ（著）『当世ア
　メリカ・タブー語事典』（35 頁）．文藝春秋.

Barry, J. (1999). *Environment and social theory*. London: Routledge.

ブクチン，M．（1996）『エコロジーと社会』（藤堂麻里子・戸田清・萩原なつ子・訳）．白水社．［原著：1990 年］

ビュエル，L．・ハイザ，U．K．・ソーンバー，K．（2014）．「文学と環境」（森田系太郎・監訳）『文学から環境を考える　エコクリティシズムガイドブック』（小谷一明・巴山岳人・結城正美・豊里真弓・喜納育江・編著，193-257 頁）．勉誠出版．［原著：2011 年］

Cuomo, C. J. (1998). *Feminism and ecological communities: An ethics of flourishing*. London: Routledge.

D'Eaubonne, F. (1974). *Le féminisme ou la mort*. Paris: Pierre Horay.

D'Eaubonne, F. (2000). What could an ecofeminist society be? *Ethics & the Environment*, *4*(2), 179-184.

Diamond, I., & Seidenberg, D. (1999). Sensuous minds and the possibilities of a Jewish ecofeminist practice. *Ethics & the Environment*, *4*(2), 185-195.

Eaton, H., & Lorentzen, L. A. (2003). Introduction. In H. Eaton & L. A. Lorentzen (Eds.), *Ecofeminism and globalization: Exploring culture, context, and religion* (pp. 1-7). Lanham, MD: Rowman & Littlefield.

江原由美子（1985）．『女性解放という思想』．勁草書房．

江原由美子（1990）．「フェミニズムの 70 年代と 80 年代」江原由美子（編著）『フェミニズム論争 70 年代から 90 年代へ』（1-46 頁）．勁草書房．

江原由美子（2021）．『増補　女性解放という思想』ちくま学芸文庫．

福永真弓（2014）．「エコロジーとフェミニズム：生（life）への感度をめぐって」『女性学研究』第 23 巻，1-26 頁．大阪府立大学女性学研究センター．

Gaard, G. (1993). Living interconnections with animals and nature. In G. Gaard (Ed.), *Ecofeminism: Women, animals, nature* (pp. 1-12). Philadelphia, PA: Temple University Press.

Gaard, G. (1997). Toward a queer ecofeminism. *Hypatia*, *12*(1), 114-137.

Gaard, G. (2002). Vegetarian ecofeminism: A review essay. *Frontiers: A Journal of Women Studies*, *23*(3), 117-146.

Gaard, G. (2017). *Critical ecofeminism*. Lanham, MD: Lexington Books.

Gaard, G., Estok, S., & Oppermann, S. (Eds.) (2013). *International perspectives in feminist ecocriticism*. New York: Routledge.

Gaard, G., & Murphy, P. D. (1998). Introduction. In G. Gaard & P. D. Murphy (Eds.), *Ecofeminist literary criticism: Theory, interpretation, and pedagogy* (pp. 1-13). Urbana, IL: University of Illinois Press.

Gifford, T. (1995). The social construction of nature. *Green voice: Understanding contemporary nature poetry* (pp. 1-25). Manchester, England: Manchester University Press.

グロトフェルティ，C．（1996）．「アメリカのエコクリティシズム　過去、現在、未来」S．スロヴィック・野田研一（編著）『アメリカ文学の〈自然〉を読む』（土永孝・訳，95-112頁）．ミネルヴァ書房.

萩原なつ子（1990）．「エコロジーとフェミニズムの結びつきについて」『社会運動』第124号，16-19頁.

萩原なつ子（2001）．「ジェンダーの視点で捉える環境問題——エコフェミニズムの立場から」長谷川公一（編著）『環境運動と政策のダイナミズム』（35-64頁）．有斐閣.

萩原なつ子（2006）．「環境問題・開発問題における女性の不可視化と周辺化——沖縄県石垣市新石垣空港建設問題の事例から——」『国際ジェンダー学会誌』第4号，33-56頁．国際ジェンダー学会.

萩原なつ子（2007）．「環境・開発とジェンダー」『立教大学ジェンダーフォーラム年報』第8号，101-105頁．立教大学ジェンダーフォーラム.

萩原なつ子（2016）．「環境とジェンダーの主流化の変遷　ストックホルム会議からSDGsへ」『NWEC実践研究』第6号，52-70頁．国立女性教育会館.

原ひろこ（2011）．「人口・環境・開発のジェンダー課題——『開発とジェンダー』研究の視点から」大沢真理（編著）『ジェンダー社会科学の可能性 第4巻　公正なグローバル・コミュニティを——地球的視野の政治経済』（95-120頁）．岩波書店.

長谷川啓（2012）．「3・11後のフェミニズムに向けて」新・フェミニズム批評の会（編）『〈3・11フクシマ〉以降のフェミニズム　脱原発と新しい世界へ』（94-99頁）．御茶の水書房.

平尾桂子（2010）．「環境と家事のあいだ——誰がごみを分別しているか——」『地球環境学』第5号，49-57頁．上智地球環境学会.

イリイチ，I．（1984）．『ジェンダー　女と男の世界』（玉野井芳郎・訳）．岩波現代選書.
　［原著：1983年］

石井倫代（1996）.「エコフェミニスト・テクストとしての『鳥と砂漠と湖と』」S. スロヴィック・野田研一（編著）『アメリカ文学の〈自然〉を読む──ネイチャーライティングの世界へ──』（391-408 頁）. ミネルヴァ書房.

金子珠理（2011）.「現代ジェンダー論展望（17） 今再びエコフェミニズムに学ぶ」『月刊グローカル天理』第 12 巻第 11 号（通巻 143 号；2011 年 11 月），10 頁. 天理大学おやさと研究所.

金子珠理（2019）.「おやさと研究所 NEWS 天理ジェンダー・女性学研究室・関西環境教育学会共催ワークショップ報告『SDGs に向けて──エコフェミニズムの意義』」『月刊グローカル天理』第 20 巻第 12 号（通巻 240 号；2019 年 12 月），10 頁. 天理大学おやさと研究所.

加藤尚武（1995）.「環境と文化──deep ecology 批判」『環境社会学研究』第 1 号，111-115頁. 環境社会学会.

河上睦子（2020）.「『エコフェミニズムの今日的意義』を考える」『環境思想・教育研究』第 13 号，1-5 頁. 環境思想・教育研究会.

喜納育江（2005）.「エコフェミニズム文学批評」『文学と環境』第 8 号，57-61 頁. ASLE-Japan／文学・環境学会.

喜納育江（2010）.「進化するエコ/フェミニズムとクイアエコフェミニズムの可能性」『水声通信』第 6 巻第 1 号（no. 33），149-152 頁.

喜納育江（2012）.「境域としての場所と身体 クイアエコフェミニズムとシェリー・モラガの演劇」『〈故郷〉のトポロジー 場所と居場所の環境文学論』（149-180 頁）. 水声社.

King, Y. (1983). Toward an ecological feminism and a feminist ecology. In J. Rothschild (Ed.), *Machina ex dea: Feminist perspectives on technology* (pp. 118-129). New York: Pergamon Press.

北田暁大・上野千鶴子（2018）.「政治的シニシズムの超え方──上野千鶴子との対話」北田暁大（著）『終わらない「失われた 20 年」 嗤う日本の「ナショナリズム」・その後』（59-111 頁）. 筑摩書房. ［原著：2015 年］

Maruyama, M. (2003). Deconstructive feminism: A Japanese critical interpretation. In H. Eaton & L. A. Lorentzen (Eds.), *Ecofeminism and globalization: Exploring culture, context, and religion* (pp. 177-201). Lanham, MD: Rowman & Littlefield. (Original work published 2000)

Mellor, M. (2000). Feminism and environmental ethics: A materialist perspective. *Ethics & the Environment*, 5(1), 107-123.

マーチャント，C．（1994）．『ラディカルエコロジー——住みよい世界を求めて』（川本隆史・須藤自由児・水谷広・訳）．産業図書．〔原著：1992 年〕

Merchant, C. (2007). *American environmental history: An introduction*. New York: Columbia University Press.

ミース，M．・ベンホルト＝トムゼン，V．・フォン・ヴェールホフ，C．（1995）．『世界システムと女性』（古田睦美・善本裕子・訳）．藤原書店．〔原著：1988/1991 年〕

森岡正博（1995）．「エコロジーと女性——エコフェミニズム」鬼頭秀一・戸田清・森岡正博・R．エバノフ（編著）『環境思想の多様な展開』（152-162 頁）．東海大学出版会．2021 年 6 月 25 日 http://www.lifestudies.org/jp/ecofeminism.htm より情報取得．

Morita, K. (2006). *A post-Kyoto proposal: Engendering the Kyoto Protocol with ecofeminist perspectives*. Unpublished master's thesis, Rikkyo University, Tokyo.

Morita, K. (2007). For a better environmental communication: A materialist ecofeminist analysis of global warming by a male Japanese ecofeminist. *Caligrama*, *3*(2) (Special Issue). Retrieved August 24, 2021, from https://www.revistas.usp.br/caligrama/article/view/65467/68085

森田系太郎（2009）．「日本の歴代女性大臣のエコフェミニスト分析」『21 世紀社会デザイン研究学会　2007 年度　第 2 回年次大会概要報告書』（147-153 頁）．立教大学・21 世紀社会デザイン研究学会．

Morita, K. (2010). *Ecological reflection begets ecological identity begets ecological reflexivity*. Unpublished doctoral dissertation, Rikkyo University, Tokyo.

Morita, K. (2013). A queer ecofeminist reading of "Matsuri [Festival]" by Hiromi Ito. In S. C. Estok & W.-C. Kim (Eds.), *East Asian ecocriticisms: A critical reader* (pp. 57-71). New York: Palgrave Macmillan.

森田系太郎（2014）．「エコフェミニズム（エコロジカル・フェミニズム、環境フェミニズム）」小谷一明・巴山岳人・結城正美・豊里真弓・喜納育江（編著）『文学から環境を考える　エコクリティシズムガイドブック』（267-268 頁）．勉誠出版．

森田系太郎（2017）．「『超身体性』で読み解く伊藤比呂美の『河原荒草』——『二つの自然』を超えて」野田研一・山本洋平・森田系太郎（編著）『環境人文学 I　文化のなかの自然』（271-289 頁）．勉誠出版．

日本女性学研究会一九八五年五月シンポジウム企画集団（編）（1985）．『フェミニズムはどこへゆく——女性原理とエコロジー——』ウィメンズブックストア松香堂．

Nyamweru, C. (2003). Women and sacred groves in coastal Kenya: A contribution to the ecofeminist debate. In H. Eaton & L. A. Lorentzen (Eds.), *Ecofeminism and globalization: Exploring culture, context, and religion* (pp. 41-56). Lanham, MD: Rowman & Littlefield.

落合恵美子（1987）．「『近代』とフェミニズム――歴史社会学的考察」女性学研究会（編）『女の目で見る』（233-258 頁）．勁草書房.

オコンナー，J.（1995）．「持続可能な資本主義はありうるか」戸田清・R．エバノフ（編著）『環境思想と社会』（戸田清・訳，187-193 頁）．東海大学出版会．〔原著：1991 年〕

大越愛子（1996）．「日本におけるフェミニズムとエコロジー」『闘争するフェミニズムへ』（157-179 頁）．未來社．〔原著：1991 年〕

大城 信哉（監修）・小野 功生（2005）．『ポスト構造主義』ナツメ社.

Ortner, S. B. (1974). Is female to male as nature is to culture? In M. Z. Rosaldo & L. Lamphere (Eds.), *Woman, culture, and society* (pp. 67-87). Stanford, CA: Stanford University Press.

Ortner, S. B. (1996). So, is female to male as nature is to culture? *Making gender: The politics and erotics of culture* (pp. 173-180). Boston, MA: Beacon Press.

Plumwood, V. (1993). *Feminism and the mastery of nature*. London: Routledge.

Power, C. (2016). *Multispecies ecofeminism: Ecofeminist flourishing of the twenty-first century.* Unpublished master's thesis, University of Victoria, Victoria, Canada. Retrieved August 24, 2021, from https://base.socioeco.org/docs/power_chelsea_ma_2020.pdf

Salleh, A.（2011）．「Fukushima : A Call for Women's Leadership」『環境思想・教育研究』第 5 巻，45-52 頁．環境思想・教育研究会．2021 年 8 月 3 日 https://systemicalternatives.org/2014/02/18/fukushima-a-call-for-womens-leadership/ より情報取得．

千田有紀（2009）．『ヒューマニティーズ　女性学／男性学』岩波書店.

清水和子（1986）．「フェミニズムにおける近代批判　＊エコロジカル・フェミニズムの全体性へ向けて」社会主義理論フォーラム（編）『挑戦するフェミニズム』（101-112 頁）．新評論.

Starhawk (1989). Feminist, Earth-based spirituality and ecofeminism. In J. Plant (Ed.), *Healing the wounds: The promise of ecofeminism* (pp. 174-185). Philadelphia: New Society.

Strathern, M. (1980). No nature, no culture: The Hagen case. In C. P. MacCormack & M. Strathern

(Eds.), *Nature, culture and gender* (pp. 174-222). Cambridge, England: Cambridge University Press.

武田一博（2005）．「エコフェミニズム」尾関周二・亀山純生・武田一博（編著）『環境思想キーワード』（8-9 頁）．青木書店.

田中伸男（2021.3.10）．「東日本大震災 10 年 何が残り、何を遺すか：2 発想転換 次世代炉の開発を」『朝日新聞』〔朝刊〕，13 頁.

天理大学おやさと研究所（編）（2003）．『2002 シンポジウム報告集（英訳付） エコフェミニズムの可能性』天理時報社.

戸田清（1994）．『環境的公正を求めて 環境破壊の構造とエリート主義』新曜社.

上野千鶴子（n.d.）．「上野千鶴子さんインタビュー⑤ 研究と運動や政治との関係」『国立大学法人 一橋大学大学院社会学研究科 ジェンダー社会科学研究センター』．2021 年 8 月 19 日 http://gender.soc.hit-u.ac.jp/sentanken14/inheritingGS_ueno.html より情報取得.

上野千鶴子（1986a）．「近代産業社会を超えるものとしてのフェミニズム」朝日新聞社（編）『国際シンポジウム 女は世界をどう変えるか』（98-107 頁）．朝日新聞社.

上野千鶴子（1986b）．「女は世界を救えるか——イリイチ『ジェンダー』論徹底批判」『女は世界を救えるか』（117-161 頁）．勁草書房．〔原著：1985 年〕

上野千鶴子（1995）．「オリエンタリズムとジェンダー」加納実紀代（編著）『ニュー・フェミニズム・レビュー』（108-131 頁）．学陽書房.

上野千鶴子・湯川玲子（2012）．『快楽上等！ 3.11 以降を生きる』幻冬舎.

脇田健一（2001）．「地域環境問題をめぐる"状況の定義のズレ"と"社会的コンテクスト"」舩橋晴俊（編著）『講座 環境社会学 第 2 巻 加害・被害と解決過程』（177-206 頁）．有斐閣.

脇田健一（2006）．「エコフェミニズムとコモンズ論」『国際ジェンダー学会誌』第 4 号，9-31 頁.

綿貫礼子（2012）．「結 伝え続けたい言葉」綿貫礼子（編著）吉田由布子・二神淑子・サァキャン，リュドミラ（著）『放射能汚染が未来世代に及ぼすもの 「科学」を問い、脱原発の思想を紡ぐ』（200-205 頁）．新評論.

山口裕司（2002）．「エコフェミニズムの論点とその可能性——C・マーチャントを手がかりに」『宮崎公立大学人文学部紀要』第 10 巻第 1 号，303-316 頁.

横山道史（2007）．「日本におけるフェミニズムとエコロジーの不幸な遭遇と離別——フ

ェミニズムとエコロジーの結節点に関する一考察——」『技術マネジメント研究』第 6
号（2007 年 3 月），21-33 頁．横浜国立大学技術マネジメント研究学会．2021 年 7 月 19
日

https://ynu.repo.nii.ac.jp/?action=pages_view_main&active_action=repository_view_main_item_
detail&item_id=5044&item_no=1&page_id=59&block_id=74 より情報取得．

横山道史（2008）．「女性の自然化／男性の文化化——女性支配と自然支配の根源性と布
置連関——」『国際ジェンダー学会誌』第 6 号，79-100 頁．国際ジェンダー学会．

吉田哲郎（2008）.「エコロジズムとジェンダーとの関係性——『本質主義』と『自然主
義』との異同にふれて——」『唯物論研究ジャーナル』第 1 巻，83-86 頁．唯物論研究協
会．2021 年 8 月 19 日 http://www.zenkokuyuiken.jp/contents/journal/08journal/08yoshida.pdf
より情報取得．

第4章　環境とジェンダー
～原発事故によって奪われた言葉、女性たちの抵抗～

菊地 栄

1．序章
（1）はじめに

　2011 年以降、筆者は東京電力福島第一原子力発電所（以下、原発）立地地区である福島県浜通りを何度となく訪れてきた。その度に海岸線の景観は様変わりし、まさに目を見張るようである。2021 年 3 月には津波対策のための湾岸工事が終わりに近づき、海岸線はコンクリートの無機質な堤防で覆い尽くされていた。海岸は高さ 7〜8 メートルの堤防に遮られ、人々の生活空間から海は見えなくなってしまっている。コンクリートに覆われたその情景はあまりにも無機質で温かみが失われ、「昔のままの故郷を戻してほしい」という住民の願いとは大きくかけ離れている。原発の安全神話を信じさせられてきた福島県民は、事故によってそれが化け物のような巨大な被害をもたらす厄災であることを目の前に突きつけられた。そして今また、イノベーション構想による都市型の巨大な建造物で海岸線が破壊されているのである。

　2013 年に当時の安倍首相が「福島原発はアンダーコントロールされている」と世界に向けて堂々と発言し、復興五輪と位置付けられ招致した東京オリンピックは 2021 年 3 月、福島県浜通りから聖火リレーがスタートした。それを前に、脱原発運動に関わる市民たちは「福島県はオリンピックどごろでねえ」という街頭活動を、聖火リレースタート地点の J ヴィレッジで行っていた。プラカードをもった人々が県内外から詰めかけ、福島県は復興とは程遠い状況にまだ置かれていると訴えた。その陰で原発の廃炉作業がオリンピック・パラリンピックの期間中ほぼすべて停止されていたことは、多くのメディアが発信してこなかった事実である。東電は「リスク回避のため」と説明しているが [1)]、世界の注目が一挙に集まる

開催期間中に「アンダーコントロール」発言を揺るがす事態が万が一にも起こらないようにするためのリスク回避だったのだろうか。

（2）背景と目的

　アメリカのフェミニスト、グレース・ペイリーは1990年に出版されたエコフェミニズムの本の冒頭で、「わたしたちはいま、大海にプラスティックが散乱し、樹木が酸性雨を浴びて死にかけ、核の恐怖の大網が全世界にかぶせられているのを見ている。［中略］しかし、わたしたちには別の理解のし方がある。それはわたしたちがフェミニスト理解とか、エコロジカル理解と呼ぶ革命的な理解のし方である」（ペイリー 1994:巻頭）と述べている。

　30年前にエコフェミニストたちはすでに、海洋プラスティックや気候変動、核問題について言及していた。彼女はこの本を科学者レイチェル・カーソンに捧げると記しているが、カーソンが『沈黙の春』を出版したのは1962年。その後欧米では70〜80年代にすでに現在のSDGsにつながる環境問題への提言がなされていた。とりわけエコフェミニストと呼ばれる人たちの中には、反資本主義を唱える論者が少なからず存在していた。日本では1956年に水俣病が公式発見されてから、高度成長時代の産業廃棄物による公害問題がいくつも発生し、1974年には作家の有吉沢子が小説『複合汚染』で食品添加物や農薬、環境汚染に対する警告を発した。環境問題について論じ、環境保護への関心を高めていった中心人物がカーソンや有吉など、女性であったことは偶然ではない。

　女性たちが環境問題に親和性が高いのは、「主婦・母親」というジェンダー役割を担ってきた結果として、日常的に環境破壊の状況や健康被害を実感できる立場にあったからだといわれてきた（萩原 2002:87）。加えてエコフェミニズムは、人間による自然の支配と男性による女性の支配には重要な関係があるという洞察から、環境へまなざしを向けてきた（同:44）。

　日本でエコフェミニストの立場からいち早く原子力発電や核問題に言及したのは、1980年代の青木やよひである。青木は、環境汚染やチェルノブイリ原発事故、生殖医療の先端的科学技術に言及し、男女平等を目的に女性の男性型社会への参入を目指す「近代主義的フェミニズム」に対して批判的に論じた。これに対し上

野千鶴子が、青木の論調を「反近代主義」「母性主義」的であると反論し、1980年代後半に"エコフェミ"論争が展開された。青木の主張は当時、男性と同様に社会進出を果たそうとする多くのフェミニストたちには受け入れられず、母性を語ることは女性を「産む身体」に縛り付ける論として退けられることになった。しかし、青木の「『男並み』を目指すかぎり母性機能はマイナスの評価の対象でしかない」（青木 1994:ii-iii）という指摘は、皮肉にもその後の日本の少子化現象を予言することになっていく。このエコフェミ論争後、日本のフェミニズムはエコロジーについての議論が限定的となり、とりわけリプロダクション（次世代の再生産）について言及しにくい雰囲気が生まれたことは残念である。

　チェルノブイリ原発事故以降、日本でも脱原発の市民活動が活発となり、とりわけ女性たちは「女のキャンプ」などを展開してきた。しかし現在フクシマ [2]で活動している女性たちは、フェミニストであることをあえて自認していない。フェミニズムには多様な理論が存在するにもかかわらず、日本ではエコフェミ論争以降、環境やリプロダクションを語ることが、あたかも母性機能に依拠して性別役割分担を是認する「母性主義」であるかのようなレッテルを貼られることがあった。フクシマの女性たちが環境運動を牽引しながら自らフェミニストを語らないのは、そうしたレッテル貼りによる分断を避けるためなのか、あるいは道路に座り込みをする土臭い女性たちは、「男並み」を目指す都会のキャリア志向の女性たちと距離を置こうとしているのだろうか。

　原発事故以降、フクシマの女性たちの活動は母子避難を皮切りに、食品や通学路などの放射線量の計測、安全な食材の購入、甲状腺がん検診など、子どものいのちを第一に守るための行動が中心となってきた。しかしながら萩原なつ子が指摘するように、女性たちは環境保全・保護や生態系の管理者として重要な役割を担っているにもかかわらず、その活動はこれまでほとんど認知されてこなかった（萩原 2016:55）。環境運動に関わる女性たちの活躍が周辺化されてきたのは、どのような理由からなのだろうか。

　本論では環境とジェンダーの視点を通して、原発事故以降のフクシマに暮らす女性たちが置かれてきた状況と、環境問題に取り組む女性たちに注目する。はじめに子どもを守るために行動した母親たちの避難生活の困難や、災害によってあ

ぶり出されたジェンダーバイアスを確認する。その上で原発事故以降、脱原発運動の中心にいる 2 人の女性に焦点を当て、彼女たちが何に対して戦いを挑んでいるのかをみていく。本論の目的は、環境とジェンダーの理論と実践をフクシマを通して明らかにすることである。

（3）研究方法と対象

　筆者は 2011 年夏から福島県に足を運び、2016 年から本格的に調査を開始し、年 3～4 回、中通りや浜通りを訪れてきた。2018 年 2 月には東京電力福島第一原子力発電所内を見学するツアーにも参加している。これまで避難指示区域から避難した人や、中通りに暮らす人々、県外に避難した人々などから話を聞いてきた。とりわけ 2011 年から 2014 年までに出産した女性とそれを支援した助産師の聞き取り調査では、妊産婦たちが度重なる避難や極度な不安から、切迫早産や産後出血、メンタルヘルスなど、心身に大きな負担がみられたことが明らかになった（菊地 2019a,b）。

　本研究では、2021 年に現在活動中のリーダー、片岡輝美さんと武藤類子さんにインタビュー調査を実施した。全国的に新型コロナウィルスの影響による緊急事態宣言や蔓延防止措置が取られる最中であったことから、福島県内に出向いた面接は武藤さんのみで、片岡さんについては 2016 年 4 月の対面インタビューを元にZoom で改めてインタビュー調査を行った。

２．奪われた言葉
（1）災害とジェンダー

　災害時の避難生活の改善や支援活動に女性の視点が反映されるようになったのは阪神淡路大震災以降である（池田・柘植 2016:47）。東日本大震災女性支援ネットワークの調査では、避難所における女性に対するセクハラや性被害・暴力が確認されていた（吉浜ら 2014）。また避難所では男性が当然のように意思決定権を握り、女性たちは「嫁役割」を担わされ、炊き出しや掃除などの作業を行なっていたという証言は多い。意思決定の中心が男性であることにより、女性特有の問題である着替える場所の確保や、生理用品の配布、授乳や子どもへの配慮などの

イシューが避難所では重要課題として取り上げられることが非常に少なく、そうした中で性被害が起こっていたと報告されている[3]。災害時における女性への暴力は、①潜在している構造的格差が拡大される（男性の優位性が増強）、②女性や子どもの脆弱性が表面化、③性別・ジェンダーに基づく規範が強まる、④女性の客体化、⑤性に基づく暴力への許容度が高まる、⑥災害対応に関する意思決定の場に女性が参画できず女性の声が届かない、といった要因が複雑に絡まり合い、経済的にも社会的にも弱い立場にある女性が搾取の標的になりやすいと報告されている（吉浜ら 2014）。

　こうしたハラスメント以外にも、日常生活における差別的な発言に傷ついたという女性たちの声は多く聞かれた。清水奈名子は県内外に避難した女性たちへの聞き取り調査から、原発事故によって構造的なジェンダー抑圧が可視化されたと述べている。女性たちは被ばくによる健康影響についての不安を口にできず、「被害を主張する女はヒステリー」「福島から嫁はいらない」などの言葉に傷つき、口をつむがざるを得ない状況に置かれていた（清水 2018）。

　筆者の福島県内におけるインタビュー調査でも、放射能や原発についての話題は口にできないという女性たちの証言は多く聞かれた。県内では不安を言及する人を「放射脳」「隠レ気ニシタン」と揶揄する言葉が存在し、気にする人／気にしない人、語る人／語らない人の間に分断が生じ、「分断を避けるために口を閉ざすことが県民間での"思いやり"となっている」という指摘もあった。

　実際に被ばくによる健康影響を理由に結婚への差別を受けるのではないかという不安はつきまとっている（山本ら 2015:36）。また実際に要職にある人物による差別的発言もあり[4]、福島県民、とりわけ女性に対する偏向した考えは存在しているのである。

（2）リスクコミュニケーションのパターナリズム

　チェルノブイリ原発事故以降、国の政策として原発の安心・安全キャンペーンとして語られるようになったのが「リスクコミュニケーション」という概念である。リスクを科学的に正しく理解し、余計な心配や不安を払拭しようとする「リスクコミュニケーション」は一方で、問題の所在そのものを軽視し、住民が抱え

ている被害を見えにくくし、リスクを福島県に限定してしまう場合がある（清水
2018）。また脱原発の動きに脅威を感じた企業家や官僚たちが、運動を統治する
手法として使い始めたという指摘もある（安藤 2019:205）。

　福島県産の農産物・魚介類の不買や県民に対する差別を払拭するための言葉で
ある「風評被害」も、国や東電への批判をかわす都合のいい言葉として多用され
ており、2021 年には「風評加害」というより堅固な言葉が登場するようにもなっ
た [5]。

　「風評被害」は主体が県民や県側であったのに対し、「風評加害」は県に対して
“モノ申ス者”が主体とされ、県民が被害に合うことを隠れ蓑にしながら、実際
には国や県の意向に沿わない者の口を封じる言葉として戦略的に使用されてい
る。このように公権力のガバナンスによる「アンダーコントロール」への道は、
着々と進められているのである。

（3）母子避難バッシング

　原発事故によって、福島県内に限らず首都圏からも多くの母親たちが子どもへ
の被ばく影響を心配してより遠くへと避難した。避難指示区域外からのいわゆる
自主避難の多くが「母子避難」と呼ばれる子どもと母親たちである。母親たちは
子どもを守るため反射的に避難行動をとったが、歳月が経つにつれ、福島県内に
残った家族や親族、あるいは近所のコミュニティの人々に理解されにくくなり、
苦難に遭遇することになった（吉田 2016、菊地 2019a,b）。

　避難指示区域外からの母子避難の場合は、国からの賠償は受けられず、引っ越
しや夫が残る地元との往来などで経済的に大きな負担を強いられた。首都圏など
の自治体では自主避難者へ住宅の無償提供が行われていたが、2017 年 3 月に住宅
支援は全面的に終了し、多くの母子たちがこれを機に地元へ戻らざるを得なかっ
た。しかしながら避難から 5〜6 年が経過し、子どもの学校や母親の仕事など、避
難先での生活が定着し、地元に帰ることを選択できない家庭もあった。

　家族離散状態が 1 年、2 年と経つうちに夫や夫の実家からの理解を得られない
状態も生じていた。夫の実家から見れば母子避難は、嫁が孫を連れて逃げた構図
にみえる。そのうち親族らと齟齬が生じ、生活費の支援が得られないなど離婚に

至るケースがあった。また自治体からの賠償金や見舞金が世帯ごとに振り込まれたため、別居先の妻の口座に直接振り込まれない（吉田 2016）など、男性の庇護の元にない女性たちは不利な立場に立たされていた。

　ひとり親家族が社会的に排除される傾向は、フクシマに限ったことではない。家族主義やジェンダー規範が強いほど、標準家庭でないことはマイナス評価を受けやすくなる（神原 2007:21）。そうした困難を乗り越えて、ようやく地元に戻る選択をした女性たちもいたが、そこには新たな分断現象が待ち受けていた。

　2015 年秋、筆者がいわき市を訪れたとき、町全体にまだピリピリとした緊張状態が漂っていた。事故からすでに 4 年が経過したこの頃でも、給食の地産地消に疑問を感じ、弁当を持参させている親がいた。子どもを外で遊ばせない親は多く、子どもたちは県が設置した屋内の遊び場で遊んでいた。この時期に見られたのが「ままカフェ[6]」である。月に 1 回ほど開催される「ままカフェ」に参加するのは、県外避難から戻ってきた母親たちだ。避難した人、避難しなかった人、避難したが戻ってきた人とでは、立場の違いからママ友として率直な会話ができないという課題が生じ、それに応えるために NPO が県内各地で開催していた。避難から戻った母親たちにとって「ままカフェ」は唯一、放射能の不安を口にできる場所となっていた。

　子どものいのちを守ろうと咄嗟に逃げる避難行動は、動物の親としては当然のことである。しかしそうした女性たちがバッシングを受けることになったのは、女性が担ってきた妊娠・出産・育児などの再生産の営みが婚姻という「イエ」制度に縛られ、男性の庇護の元にあることを前提とする社会構造に反する行為とみなされたからだろう。女性たちはこうした家父長制の中で、ママ友同士ですら自由に思いを話せない状況に置かれていたのである。

3．女性たちの抵抗

（1）声をあげる女性たち

　「放射能について話さないのが互いの思いやり」、「東北の女性は我慢強く、口に出してモノを言わない」という言説が語られる福島県内だが、原発事故後、積極的に市民活動をはじめた女性たちがいる。その多くは子どもの被ばくへの不安

から止むに止まれず活動をはじめた人々である。地域で空間や食品の放射線量の計測をはじめたグループや相談窓口を開いたグループ、学校や自治体に学校給食に関する要望書を提出する人たちもいた。それらの中には原発の是非についてはとくに言及しないグループがある一方で、はっきりと脱原発をうたい自治体や政府に要望書を出したり、デモや裁判に訴える人々が存在し、活動内容や目的はさまざまである。

　県内で活動している代表的な人々としては、福島原発告訴団団長・武藤類子、会津放射能情報センター・片岡輝美、NPO いわき放射能市民測定室たらちね・鈴木薫、NPO はっぴーあいらんど☆ネットワーク・鈴木真里、いわきの初期被曝を追及するママの会・千葉由美、個人被ばく線量計データ利用の検証と市民生活環境を考える会・島明美、NPO ふくしま 30 年プロジェクトで市議会議員・佐原真紀、NPO しんぐるまざあず・ふぉーらむ・福島・遠野馨などが挙げられる[7]。

　県外では NPO 3・11 甲状腺がん子ども基金・崎山比早子や、ジャーナリストの青木美希（朝日新聞）、片山夏子（毎日新聞）、白石草（OurPlanetTV）、おしどりマコ（芸人）、フリーランスライターの吉田千亜、棚澤明子、作家の渡辺一枝などが丹念に取材を重ね、インターネット動画や SNS、書籍などを通じて発信を続けている。

　福島原発事故以降、脱原発に関わる運動は、かつての左翼系や労働系、あるいは過激派[8]といわれた組織形態とは異なり、組織的背景を持たない一般の女性たちが市民活動を行っていることが特徴的である。

　安藤丈将（2019）は著書『脱原発の運動史　チェルノブイリ、福島、そしてこれから』で、チェルノブイリ原発事故以降、日本における脱原発運動の多くは女性たちが牽引してきたと指摘している。チェルノブイリの事故をきっかけに、日本国内でも原発問題に関心を寄せる女性たちが各地で勉強会を開催したり、六カ所村の核燃料廃棄物処理反対運動へと集結していく人々もいた。こうした運動が福島原発事故以前からすでに存在していたのである。

　次項でとり上げる片岡輝美、武藤類子たちもまた、チェルノブイリ事故以降、核廃絶運動に何らかの形で関わっており、彼女たちの持つノウハウが原発事故直

後の自主避難に関する情報発信や、線量測定、相談活動など、県内の若い世代の女性たちの活動につながっていったと考えられる。

　前セクションの2．では、福島県の女性たちが家父長制が色濃く残るジェンダー規範の中で、嫁という立場を与えられ、被災者・弱者として扱われてきたことを見てきた。本セクションの3．では、原発事故後の混乱の中で力強く活動している女性たちが、どのように運動を展開し、社会の何に対して抗っているのかを検討していきたい。

（2）会津放射能情報センター代表、子ども脱被ばく裁判の会共同代表：片岡輝美

　セクション2．でみてきたように、女性たちは放射性物質から子どもを守ることを第一に考え、目の前の課題を公的に議論されるべきアジェンダとして設定し、社会問題として可視化してきた。当時県内では、小学生の首に下げて空間線量を測るガラスバッジ、通学路などのモニタリングポスト、学校給食、プールや運動会、甲状腺がん検査など、子どもの健康をめぐる不安材料や検討課題が山積していた。子どもたちが「無用な被ばくをさせられた」という市民の憤りが結集し、裁判に訴えたのが「子ども脱被ばく裁判」だ。この裁判の共同代表を務めるのが、会津放射能情報センターの代表・片岡輝美である。

　「子ども脱被ばく裁判」は、2014年に福島県に在住あるいは避難指定区域外から自主避難した子どもや親が原告となり、国と県、自治体 9)を相手取って訴訟を起こした裁判である。原告たちは、①安全基準年間 20 ミリシーベルト問題、②低線量・内部被曝の危険性、③小児甲状腺がん、④国は子どもや妊婦を避難させず無用な被ばくをさせ、安全に暮らす権利を奪った責任、について訴えている。この裁判は 2020 年までに福島県内で 26 回の口頭弁論が行われ、2021 年 10 月には仙台高裁に持ち込まれた。

　20 ミリシーベルト問題は、環境基準として大きな争点となっている。チェルノブイリ原発事故以降、住民の被ばく基準は年間 1 ミリシーベルトと定められてきたが、2011 年 4 月、国はその基準を 20 ミリシーベルトに引き上げ、20 ミリシー

ベルト以内であれば安心して子どもを居住させることができると言明した。しかしこれは専門家の間でも見解が分かれ大きな問題となった[10]。

　片岡は震災直後、子どもと共に関西方面に一時避難したが3月末には地元に戻り、5月に「放射能から子どものいのちを守る会」を設立。その後「会津放射能情報センター」を開設し、いち早く放射線測定器を設置して、持ち寄った食品や衣類を測れるように市民に開放した。医師による相談会や、人々が集う「しゃべり場」など、不安な気持ちを話せる場を提供している。また子どもたちが定期的に県外を訪れ、のびのびと遊び、身体を癒す保養事業を北海道や新潟県ですすめてきた。片岡は会津放射能情報センターの代表として活動の趣旨を次のように述べている。

　　　今、ひとり一人の生き方が問われています。自分が生きる社会の課題に余りにも無関心であった私自身を問い直しましょう。そしてどの生命も大切される［中略］社会をここから一緒に作り出していきましょう。もはや国にこの生命を預けない。私の生き方は「私」が決めるのです。（片岡　2015）

　どのいのちも大切にする、国にはいのちを預けることはしないというきっぱりとした宣言は、国や東電に対する強い憤りから発せられた言葉である。加えてこれまで社会課題に無関心だった自分たちの姿勢を反省してもいる。

　片岡は2019年、モニタリングポスト削減に対する反対運動に取り組んだ。原発事故以降、福島県内には3000台ほどのモニタリングポストが設置され、その場所の空間線量が表示されてきたが、オリンピック・パラリンピック前に、そのうち8割を撤去する案が検討されていた。片岡たちは日頃から通学路などの線量を計測してきた経験から、まだ線量が高い場所が随所にあることを知っている。モニタリングポストの撤去は、放射性物質があたかも町から消えたかのようにみせようとする県や国の戦略であると考え、彼女は他の女性グループのリーダーたちと協力して市民の会を立ち上げた。要望書を準備し、原子力規制庁との交渉のため会津若松から参議院議員会館に4回足を運んだ。撤去反対の嘆願は他の団体の動きとも重なり、結果的に今後10年間の継続が決まった。その後、市民の会は復興

庁と菅総理大臣（当時）宛に、「この度の決定を高く評価する」という内容の書簡を送っている。

　モニタリングポスト撤去反対に関しては、県内各地で活動しているグループやリーダーが柔軟にネットワークし問題解決に取り組んだ。復興庁への交渉は周到な準備をして臨んだというが、彼女たちは軽い足取りで霞ヶ関に行く。片岡がある日、紺のジャケットを着ていくと、他のメンバーたちはまるで銀座に買い物に行くようなおしゃれな出立ちをしていたと振り返る。黒づくめの官庁の人々との交渉に、カラフルでカジュアルな服装で臨む女性たちは、相手の土俵には乗らないという自らの意志をファッションという身体性で示しているかのようである。

（3）福島原発告訴団団長：武藤類子

　原発事故が起こった年の秋、東京の明治公園で開催された「9.19 さよなら原発集会」には、およそ6万人もの人々が溢れかえっていた。その群衆の前でマイクを握って発言したのが、福島県から仲間と一緒に上京した武藤類子だった。

　　　私たちは、静かに怒りを燃やす東北の鬼です。［中略］この事故によって、
　　　大きな荷物を背負わせることになってしまった子どもたち、若い人たちに、
　　　このような現実をつくってしまった世代として、心から謝りたいと思います。
　　　ほんとうにごめんなさい。（武藤・森 2012）

福島県民であり被害者であるにもかかわらず、武藤は大人としての責任を感じると訴えかける。浜通りの人々の暮らしを破壊し、子どもたちの健康を揺るがしかねない原発事故への憤りである。

　彼女はいつも、ロングヘアをゆるやかに後ろで結び、風に揺れるゆったりとしたブラウスやワンピースに身を包んでいる。柔らかい面持ちで、語り口調はあくまでソフトだ。どこからその粘り強い「東北の鬼」の魂が出てくるのだろうと思わせる。各地のデモや裁判所の前、聖火リレーがスタートしたJヴィレッジでの集会でも、常に先頭を切ってプラカードを掲げてきた。

武藤は現在、東京電力の事故責任を問う裁判「東電刑事裁判」の告訴人「福島原発告訴団」の団長を勤める。この裁判の被告人は東電の元会長・勝俣恒久、元社長・武黒一郎、元代表取締役・武藤栄であり、過酷事故の責任を正面から問う裁判だ。福島原発告訴団が出した最初の声明文には次のように記されている。

　　この国に生きるひとりひとりが大切にされず、だれかの犠牲を強いる社会を問うこと。事故により分断され、引き裂かれた私たちが再びつながり、そして輪をひろげること。［中略］それが子どもたち、若い人々への責任を果たすことだと思うのです。声を出せない人々や生き物たちと共に在りながら世界を変えるのは私たちひとりひとり。決してバラバラにされず、つながりあうことを力とし、怯むことなくこの事故の責任を問い続けていきます。
　　（福島告発原告団　第一次声明文 2012.6.11[11]）

武藤が書いたこの宣言はソフトな文面ではあるが、この闘いが決して被害者だけのものではなく、弱者や生き物、ひいては環境をも包摂し、人権や環境意識に根ざしていることを力強くうたっている。2017 年 6 月 30 日から始まった東京地裁での公判に、武藤はこれまで 38 回の傍聴を重ねてきたが、最終公判の 2019 年 9 月 19 日には、被告人 3 人の無罪という判決が下された（2021 年 11 月現在、控訴審継続中）。

（4）女たちの闘い

　武藤はチェルノブイリ原発事故をきっかけに、脱原発運動に関わるようになった。チェルノブイリ以降、日本各地で脱原発運動が盛り上がっていたが、それらはかつての左翼系などの運動とは様相を異にし、女性の割合が明らかに高くなっていた。そうした背景には、世界的に広がっていた女性たちの脱原発運動の影響がある。1980 年代、イギリスではグリーナムコモン米軍基地への核ミサイル配置に反対する運動で女性たちがピースキャンプ行動を起こしていた。女たちのピースキャンプは平和と差別、核のない世界を目指す、非暴力によるフェミニズム運動だった。

この運動が書籍や映画で広く紹介されたことで、日本の脱原発運動に関わる女性たちにも大きな影響を与え、1991 年の青森県六カ所村の核燃料サイクル反対運動に設置された「女のキャンプ」につながった。武藤はそのキャンプに参加したひとりだ。女性たちは食事を作り、歌を作り、歌い、夜毎に話し合いを重ねた。そこでは公的な話ばかりではなく、ごく私的な話も交わされる。どうしてこのキャンプに参加しようと思ったのか、どのようにしてこれまで生きてきたのか。こうした会話の中で、女性たちは自らの身体に貼られてきた母性やセクシュアリティについても議論することになった。

　活動を共にするメンバーたちは母親であるものもいれば、結婚や子どもを持つ選択をしない人々も当然含まれる。「女のキャンプ」では女性が妻や母親という「母性」のレッテルに還元されることなく、多様性を尊重した「ひとりの女」としてここにいることが確認された（安藤 2019:99）。産む・産まない・結婚する・しないの境界をとり払い、1980 年代の母性主義論争によって生じていた女性同士の分断に終止符を打とうとしたのである。

　こうした行動が、2011 年 10 月 27 日の経済産業省前「原発いらない福島の女たち　100 人の座り込み」につながっていく。福島からバスを連ねて 111 人の「福島の女たち」がつめかけたこの行動は、その後「全国の女たち」として 10 日間続き、2000 人ほどの女性たちが参加した。女性たちは手に色とりどりの毛糸を持ち、編んではつなげ、経産省を取り囲んだという。武藤は「わいわいとそこで食べたり飲んだり、笑ったり話したり。日々の暮らしをしたかった」という。彼女たちは政治行動と暮らしは乖離したものではなく、延長線上にあることを経産省前の路上で実践したのである。

（5）既存の社会構造にとらわれない力

　ここまで、行動する女性たちが日々の暮らしを基盤として社会にまなざしを向けてきたのをみてきた。本項では女性たちの活動方法とその基盤が既存の社会構造とどう異なっているのか、ジェンダー的視点から相違をみていこう。

　先に示した「子ども脱被ばく裁判」[12]で 2020 年 3 月に参考人として発言したのは、長崎大学教授の山下俊一氏である。まずこの日参考人が問われた 2011 年 3 月

21 日の福島市での講演を確認する。彼は当時、福島県放射線アドバイザーとして以下のように発言していた[13]。

> 100 マイクロシーベルトを超えなければまったく健康に影響を及ぼしません[14]。[中略] 皆さんが信用すべきは、原子力産業を支えてきた民主主義国家である国の方針であり国から出る情報です。[中略] 逃げるのは妊婦と子どもでいい。男はここで戦わなければ。会津の白虎隊です。そのくらいの覚悟があって然るべき。[中略] 放射線の影響は微々たるものです。クヨクヨしている人に来ます、ニコニコ笑っている人には来ません[15]。

当時、この発言を聞いて安心したという県民がいた反面、子どもを持つ親からは不信感をあらわにする声が上がっていた。原子力産業を支えてきた国を信用するように諭すこの発言の背景に、ジェンダー規範が強く示されている点に注目したい。次の記述は、山下がそのときの裁判で準備した意見書からの一部抜粋である。

> 私はこれまで [中略] 放射線災害医療の専門家として、科学的な根拠に裏打ちされた研究成果と国際機関によるガイドラインに沿った説明を行ってきたものであり、科学的な妥当性を欠いたり、非人道的な説明は一切していない。(山下 2020)

19 ページに渡るこの意見書は、まず 2 ページに渡る山下の経歴の列挙からはじまる[16]。山下は輝かしい組織内役職を基盤に専門家であることを強調し、自らの発言は科学的に裏打ちされたものであると、もっぱら保身に専念した。しかし、これまでも専門家たちが提示した科学的データに隠蔽や改ざんが認められたという複数の報告があり(黒川・島 2019、菊地 2019a)、専門家が科学的かつ政治的に利益相反のない立場で公正に発言しているとは限らないことは知られている。むしろ真に科学的な立場とは、政治や権力から独立した自律性にあるはずである。

　山下は県の放射線アドバイザーとして、妊婦と子どもを逃がし、男は戦い、原子力政策をすすめてきた国を信じてニコニコしていれば被ばく影響はなく、それ

が科学的根拠に基づいた意見であると主張する。山下の科学と国に寄せる絶対的信頼と自信は、原発事故が起こった後も揺るぎなく、そこには強固なジェンダー規範が滲み出ている。そのパターナリズムは女性のみならず男性にも向けられている。「男は残り戦うべき」という発言は、母親と子どもの避難に際して夫は逃げるべきではないというメッセージを、県民に伝える狙いがあったようにも感じられる。母親たちは仕事をやめてでも子どもを守ろうとしたが、父親がなぜ仕事を放棄して避難することを選択できないのか。それを問う機会さえ男性には与えられていないのである。

（6）女性たちの規範

　専門家たちの態度とは対照的に、女性たちの闘いは「いのち」を最重要視する。すなわちマイノリティを含めたすべての人々の身体の安全と権利の確保が、何よりも優先すべき課題であるとする。彼女たちは中央ではなく地方から、イノベーション構想の都市に対し土の匂いのする大地から、環境を破壊する男性的で強固な社会のあり方に"NO"を突きつけ、挑んでいるのである。

　先にあげた片岡と武藤が市民活動を積極的にすすめてきた背景には何があるのだろうか。彼女たちは地元出身であり、自由な思想を持つ両親に育てられたことが共通項としてあげられる。

　片岡輝美は牧師の娘として生まれ、会津若松市の伝統ある教会で育った。現在は夫と共にその教会を拠点にして、地域に根ざしたさまざまな活動を行っている。武藤類子もまた教育者であった父親の影響を受けている。70年代後半の学生時代には和光大学で日本の第二波フェミニズムの先駆者の1人である井上輝子氏の授業を受講し、ウーマンリブの洗礼を受け、自身も婚姻制度に縛られることのない事実婚を選択してきた。

　加えてふたりが口を揃えて語るのが仲間の存在だ。原発問題に取り組んでから、ネットワークは県内外をはじめグローバルに広がり、そうした仲間たちの力にエンパワーされているという。しかもそれらのつながりは従来の会社や団体の組織形態ではなく、緩やかにつながった市民ネットワークである。さらにかたわらにいるパートナーのサポートも大きな力になっているという。

これまで原発を推進する企業家や政治家、官僚などのエリートたちは、脱原発運動に参入する女性たちを感情的な素人集団と斥け、周辺化してきた。しかしながら女性たちが一気に表舞台に躍り出てきた姿は、すでに無視できる存在ではなく、明らかに脅威となっている。女性たちは組織を持たず、状況に応じてネットワークをつなげ、SNSやインターネット動画で活動を発信し、非暴力を盾にすぐには崩せない壁となっているのである。

　武藤は語る。「反原発運動の中心に女性がいるのは、原発は男性社会の産物であったことがありありとわかったからです。いのちはもっとも大切なことだと、真っ先に子どもを避難させたのは女性です。だから女性のリーダーシップが必要なのです。男に任せておいてはいけない」［インタビュー　2021］。

　暮らしに根ざした思考と行動は、従来の男性社会の視点からは、か弱く非力に見え、周辺化されてきたが、そうした「弱さ」をあわせ持つことが、実は他者や弱者、自然に寄り添える粘り強さになっているのである。

４．結論

　以上、原発事故以降のフクシマにおける女性たちのジェンダー課題と脱原発運動を担う女性たちの活動を考察してきた。福島県民は原発被災地として他県からは差別的な目線が向けられ、県内においても放射性物質への対応や考え方などで市民間の分断が起きていた。加えて女性であることによる母子避難や避難所でのハラスメントも顕在化した。そうした一方で、県内在住の女性たちは脱原発運動を中心的に牽引している。しかし彼女たちはエコフェミニストという枠に自分たちを当てはめることはせず、非暴力による行動原則に則り、必要なときに連帯して、緩やかなネットワークを築きながら行動している。

　こうした行動様式は、世界各地に広がる気候危機運動やLGBTQによるレインボーパレードの柔軟な方法論に似ている。このように人々のネットワークはグローバルに変容しているにもかかわらず、原発推進企業や関連エリートたちのパターナリズム体質は岩盤のように変わらないままである。山下発言に象徴されるようなパターナリズムは、ジェンダーギャップ指数を押し上げることのできないこの国の閉じられた闇につながっている。

辻内琢也は、原発事故で生活・人生・環境に関わるすべてが根こそぎ奪われ、それによって不正義・不平等・格差・差別が露呈した状況を「構造的暴力」という言葉で表現している（辻内 2017:12）。事故による被ばくを矮小化し、浜通りを都市化するイノベーション構想を正当化するのは構造的暴力そのものであり、それは女性の身体と自然を支配してきた家父長制の権力構造と同根といえよう。

気候危機が叫ばれている社会では今、性差を超え、国や人種を超えて、子どもや弱者、あるいは自然や動植物までも包摂したまなざしが生まれている。それはいのちとそれを取り巻く環境そのものの保全である。こうしたまなざしは、女性固有のものではなく、ケアを担う人々や自然保護を生業とする人々の間で共有されてきたものだ。

女性／男性、私／公、自然／科学という二極枠組みを超え、地球環境を主軸に捉えるジェンダー思想は社会変革を促す市民活動の中心的概念となっていくのではないだろうか。同じ地球に生きていることを共有し、人間に独占された民主主義や人権、ジェンダー意識を動植物や環境にまで広げる視点が社会に広がっていくことを期待したい。

註

1) 県民健康調査検討委員会を「検討」する会第 11 回、おしどりマコによる発言。東電による「リスクのある作業を中止する」という説明は、作業そのものが放射線漏れのリスクがあることを示している。県内在住の住民は「リスクを常に抱えている土地に私たちは暮らしているのか」と語っている。https://www.youtube.com/watch?v=FjzieSKw3fM&t=336s（最終回覧 2021.9.24）。

2) 「フクシマ」というカタカナ表記はヒロシマ、ナガサキと同様に、核により被ばくがもたらされた地名を世界的な被災地として捉える際に使用される。国は「被ばく」を認めたくないという理由から、また被ばくした土地というスティグマを背負いたくないという県民感情もありカタカナ表記を避ける傾向もあるが、本稿ではあえてカタカナ表記とする。

3) 避難所に限らず被災地では性被害が通常以上に起こっていた。筆者自身、事故から 5 年経過した飯舘村と南相馬市で同様の話を耳にしている。すでにこの時期、避難所は閉鎖さ

れ被災者は仮設住宅や復興住宅などに転居していたが、浜通りには除染や廃炉に携わる県外からの労働者が多く、60 歳の女性が性暴力被害に遭ったという噂話があった。2 人の地元住民の口から同時期に別々に語られたその事件は耳を疑うものであったが、地元の 60 代女性は「私も気をつけなきゃね」と言い、南相馬市の男性は調査に入っていた当時 50 代後半の私を「夜は一人で歩かない方がいい」と気遣ってくれた。

4) 2012 年 7 月、日本生態系協会会長が同協会主催の講演会で「放射能雲が通った地域の人々は結婚しない方がいいだろう。結婚して子どもを産むと奇形発生率が上がる」と発言した。https://www.minpo.jp/pub/topics/jishin2011/2012/08/post_4907.html（最終回覧 2021.11.17）

5) 2021 年 5 月 23 日に開催された復興省主催のシンポジウム内で開沼博氏（東京大学准教授、福島伝承館副館長）が発言した。https://www.youtube.com/watch?v=GWOiEXFX24Q（最終回覧 2021.10.7）

6) 主催は福島県・東日本大震災中央子ども支援センター福島窓口。ままカフェの運営はNPO ビーンズふくしまが担っていた。

7) ここにあげたグループの原発政策に対する考え方は多様である。

8) 警視庁資料、2013、「原子力発電所をめぐる警備情勢　過激派の動向」https://www.npa.go.jp/archive/keibi/syouten/syouten282/pdf/03_6-9P.pdf（最終回覧 2021.9.26）

9) 被告自治体は福島市、伊達市、川俣町、会津若松市、郡山市、田村市および福島県で、学校周辺の線量が高いにもかかわらず、生徒に学校生活を送らせていることへの責任の所在を問われている。

10) 年間 20 ミリシーベルトは、IAEA（国際原子力機関）や WHO（世界保健機関）が示す疫学的科学的基準に照らし合わせた基準値とされるが、当時の内閣官房参与で原子力の専門家である小佐古敏荘は、世界の基準値に照らし合わせて福島の子どもたちに 20 ミリシーベルトを押し付けることは「とんでもなく高い数値であり、容認したら私の学者生命は終わり。通常の放射線防護基準に近い年間 1 ミリシーベルトで運用すべきだ」として役職を辞任する記者会見を開いた。http://www.asahi.com/special/minshu/TKY201104290314.html（最終回覧 2021.11.15）

11) 「福島原発告訴団」告訴声明 2012 年 6 月 11 日 http://kokuso-fukusimagenpatu.blogspot.com/p/blog-page_17.html（最終回覧 2021.10.8）

12)　「子ども脱被ばく裁判」には「子ども裁判」と「親子裁判」があり、「親子裁判」では国と福島県を相手取り、職務上の義務を怠ったとして原発事故を発生させた責任を追求している。①情報の隠匿、②子どもたちに安定ヨウ素剤を服用させることを怠ったこと、③児童生徒に 20 ミリシーベルト/年までの被ばくを強要したこと、④子どもたちを直ちに集団避難させることを怠った違法である。

13)　裁判ではこうした発言に対し、山下氏は「事故直後の危機的な状況の中で、住民を安心させるために発言したのであり、誤解を招いたようなら申し訳なく思う」と述べている（鈴木博喜、2020.3.5、「民の声新聞」BLOGOS のホームページ、https://blogos.com/article/440678/〔最終回覧　2021.10.2〕）

14)　のちに 10 ミリシーベルトの言い間違いだったと撤回している。

15)　動画「福島県放射線健康リスクアドバイザーによる講演会　福島原発事故による放射線健康リスクについて」https://www.facebook.com/watch/?v=570098366503072（最終回覧 2021.10.8）

16) 1978 年長崎大学医学部卒業。同大原爆後障害医療研究施設教授としてチェルノブイリの医療チームと協力研究。WHO の専門科学官。2011 年 3 月から福島県放射線健康リスク管理アドバイザー。福島県立医科大学副学長。内閣官房原子力災害専門家グループ一員。

参考文献

安藤丈将、2019、『脱原発の運動史　チェルノブイリ、福島、そしてこれから』、岩波書店

青木やよひ、1994、『フェミニズムとエコロジー』（増補新版）、新評論

萩原なつ子、2002、「エコロジカル・フェミニズム」「環境と女性」、井上輝子他監修『岩波女性学事典』、岩波書店

―――2005、「『環境とジェンダー』の交錯　〜自然と人間の共生をめざして」、原ひろ子監修『ジェンダー研究が拓く地平』、文化書房博文社

―――2016、「第 3 章　環境とジェンダーの主流化の変遷　〜ストックホルム会議から SDGs へ」、『NWEC 実践研究』6：52-70

池田恵子・柘植あづみ、2016、「東日本大震災　女性支援ネットワークによる支援者調査」、『BIOCITY』67：46-56

神原文子、2007、「ひとり親家族と社会的排除」、『家族社会学研究』18(2)：11-24

片岡輝美、2015、「代表あいさつ」、会津放射能情報センター　放射能から子どものいのち
　　を守る会ホームページ、https://www.aizu-center.org/message/（最終回覧 2021.11.18）

菊地栄、2019a、「東京電力福島第一原子力発電所事故がもたらしたリプロダクションへの
　　影響と課題　〜避難地域から避難した妊産婦とそれを支援した助産師の語りを事例に」、
　　『社会デザイン研究』17：7-18

―――2019b、「大災害後の地域助産師による妊産婦支援活動と助産師会の役割　〜福島県避
　　難指示区域から避難した母親とそれを支援した医療従事者への調査を事例に」、2017 年
　　度日本助産学会研究助成（奨励研究 B）論文

黒川眞一・島明美、2019、「住民に背を向けたガラスバッジ論文――7 つの倫理違反で住民
　　を裏切る論文は政策の根拠となり得ない」、『科学』、岩波書店 89(2)：152

武藤類子・森住卓（写真）、2012、『福島からあなたへ』、大月書店

武藤類子、2015、「福島のいまと放射能汚染」、『東西南北 2015』、和光大学総合文化研究
　　所年報 14-22

―――2020、「原発事故から 10 年　『福島の今』」、『NO NUKES PRESS』35：2-3

―――2021、巻頭エッセイ「大人として責任を果たしているの？」、『子どもの本棚』8：1

ペイリー、グレース、1994、「冒頭の挨拶文」、アイリーン・ダイアモンド、グロリア・フェ
　　マン・オレンスタイン編、『世界を織りなおす　エコフェミニズムの開花』、學藝書林

清水奈名子、2018、「原発事故被害とジェンダー　〜『差別』をめぐる問題を手掛かりとし
　　て」、第 22 回原子力市民委員会 2018.12.2 資料

辻内琢也、2017、「原発災害が被災住民にもたらした精神的影響」、『学術の動向』、公益
　　財団法人日本学術協力財団　4：8-13

牛島佳代・成元哲・松谷満、2014、「福島県中通りの子育て中の母親のディストレス持続関
　　連要因　原発事故後の親子の生活・健康調査から」、『ストレス科学研究』29：84-92

山本薫子・高木竜輔・佐藤彰彦・山下祐介、2015、『原発避難者の声を聞く　復興政策の何
　　が問題か』、岩波ブックレット 927

山下俊一、2020、「意見書」『脱被ばく裁判の記録（証拠）』、子ども脱被ばく裁判弁護団、
　　https://www.dropbox.com/s/k7xdut9hyvb0yh1/丙Ｂ８.pdf?dl=0（最終回覧 2021.9.25）

吉田千亜、2016、『ルポ母子避難　消されゆく原発事故被害者』、岩波新書

―――2018、『その後の福島　原発事故後を生きる人々』、人文書院

吉浜美恵子・柘植あづみ・ゆのまえ知子・池田恵子・正井禮子、2014、「東日本大震災『災害・復興時における女性と子どもへの暴力』に関する調査報告書」、東日本大震災女性支援ネットワーク、男女共同参画会議監視専門調査会防災・復興ワーキング・グループ（第 3 回）追加資料 6-2

第5章　ジェンダー平等な AI 社会を
デザインするには

佐野敦子

　デジタル技術とデータ、そしてそれらをもとに機能する AI の活用が進むことで、私たちの社会・産業・生活のあり方は根本から革命的に変わろうとしている。そして、このような時代の変わり目をデジタルトランスメーション（DX）とよび、各国で産業・組織・個人の大転換が図られている（経済団体連合会 2020）。

　だが DX は誰にでも平等にメリットをもたらすのだろうか。女性に関わる提言を先進国首脳会議（G20）に行うエンゲージメントグループ Women20（W20）は、デジタル・ジェンダーギャップに取り組まなければ、デジタル技術はジェンダーの不平等を解消するどころか、むしろ悪化させる可能性があると警告している（Kuroda・Lopez・Sasaki・Settecase 2019:2）。そして G20 を含む多くの国では、所得、教育、雇用機会等の構造的な不平等が、デジタル技術へのアクセスと利用の障壁となっていると主張している（同上 2019:2）。そして日本の最新の第 5 次男女共同参画基本計画（以下、「5 次計画」）では、はじめて AI について言及がなされたが、その開発を担う理系分野の女性研究者の割合が世界に後れをとっていることも認めている。その一方で国連の世界目標「持続可能な開発目標（SDGs）」の「目標 5：ジェンダー平等」では、ICT 等の活用能力を強化することは女性のエンパワメントを促進するとある（UN Women 2017）。つまり、デジタル技術は活用如何でジェンダー平等推進の敵にも味方にもなるはずである。

　そこで本稿では、デジタル化や AI の導入によってもたらされる社会の転換をジェンダーの視点から捉え直し、そのあとに訪れる未来がジェンダー平等になるにはどのようにしたらいいのかを考察する。具体的には「バイアス」をキーワードに、ジェンダー平等を推進する側と技術開発側からの社会への影響の捉え方、および両者の交差点ともいえるデジタル分野の女性研究者の取組について概観する。さらにこのような動向を受けて提示された、デジタル化をジェンダー平等な方向

にする 101 の提言を盛り込んだドイツの第 3 次男女平等報告書
（ Sachverständigenkommission für den Dritten Gleichstellungsbericht der
Bundesregierung 2021、以下、「第 3 次報告書」）を紹介する。そして、ドイツの提
案のように、日本がデジタル化／AI の導入とジェンダー平等推進が両立する社会
をデザインするためにはいかなる課題があるかを述べる。

1．デジタル化／AI 社会への移行と女性のエンパワメント
（1）ジェンダー視点でのデジタルや ICT を巡る議論
　デジタル化や ICT は近年の現象と考えがちであるが、女性運動やジェンダーの
視点では、女性のエンパワメントとの関連で以前から言及がある。最初に明確に
記されたのは 1995 年の第 4 回世界女性会議の北京宣言・行動綱領であろう。12 の
重大問題領域のひとつ「J. 女性とメディア」のなかに、「J.1. メディア及び新たな
通信技術等を通じて表現及び意思決定の場への女性の参加とアクセスを高めるこ
と」が盛り込まれた。そこでは、政府が取るべき行動として、電子ネットワーク
や新たな通信技術を含むメディアによる女性のネットワーク形成と国際的レベル
も含めた情報の普及及び意見交換の手段としての奨励、それらを利用して活動す
る女性団体の支援、パイロットプロジェクトへの資金調達、新しい通信技術やサ
イバースペース及びインターネットの利用を含む教育・訓練プログラムの開発奨
励、及びより一層の情報技術の利用を促す女性への教育訓練の提供が挙げられて
いる（内閣府男女共同参画局 HP, UN Women HP）。例年 3 月に開催される国連女
性の地位委員会（United Nations Commission on the Status of Women：CSW）では、
行動綱領から 1 ないし 2 項目を取り上げ、その進捗状況を議論し、今後取り組む
べき課題を合意結論 [1]に盛り込む（国連 NGO 国内女性委員会 2017:37-38）。2003
年の CSW47 と 2018 年の CSW62 では女性とメディアがテーマに取り上げられた
[2]。
　さらに北京宣言から 20 年後にあたる 2015 年に採択された SDGs[3]にも「5.b. 女
性のエンパワメント促進のため、ICT をはじめとする実現技術の活用を強化する」
と言及がなされ、女性のエンパワメントと ICT の関係がさらに明確になっている。
なお、北京宣言・行動綱領の「J. 女性とメディア」の戦略目標には、J.1.の他に「J.2.
メディアによる固定観念にとらわれない男性及び女性の描写を促す」がある。戦

略目標全体としては、社会的慣習と女性のステレオタイプ化と不平等の解消が目指されており、後述のドイツの第 3 次報告書の提言は、この J.2. も含んだものとなっている。

（2）W20 の主張とデジタル・ジェンダーギャップへの対応

前述の（1）に加えて、「デジタル包摂（digital inclusion）」が大きな柱に据えられている W20 の提言も注目に値する。W20 とは、G20 のエンゲージメントグループのひとつであり、女性に関する政策提言を G20 に向けて行う組織体である。2014年の G20 ブリスベンサミットをきっかけに発足した。W20 が目指すのは、ブリスベンで合意した"25 by 25"、つまり 2025 年までに就労率の男女差を 25%縮小するという目標の達成である。

デジタルとの関わりは W20 で一貫して言及されている[4]。2019 年に日本で開催された際には、政策概要『デジタル・ジェンダーギャップ』が提示された。概要によればこのギャップは、①デジタル技術およびインターネットのアクセスと利用、②デジタル技術を利用し、設計や製造に関与するために必要なスキルの開発、③デジタル分野において女性を意思決定する役割・表にたつリーダー的な立場に押し上げることの 3 つの構成要素がある（Kuroda・Lopez・Sasaki・Settecase 2019:2）。

つまり就労率のジェンダーギャップの縮小を目指す 25 by 25 を達成するためにはデジタル包摂が鍵となり、それを進めるにあたってデジタルにおけるアクセス・スキル・リーダーシップのジェンダー差への対応が肝要という認識が、W20 を通じて主要国で共有されているということになる。

（3）第 5 次男女共同参画基本計画に記された AI の懸念と具体的な事例

そのような国際的潮流の中で 2020 年 12 月に公表となった第 5 次男女共同参画基本計画にも変化がみられた。第 4 次の基本計画のデジタルや ICT 化に関する記述は、働き方改革と結びついたテレワーク等のポジティブな利用や SNS 等を悪用したオンライン上の暴力防止や啓発活動等への活用のみであった。それらに加えて、5 次計画では初めて AI への言及がなされたのである。AI によるビックデータ解析の活用によってデジタル技術が日常生活に深く浸透しつつあること、そして後述するアンコンシャス・バイアスを強化しかねない AI の短所についてである

5)。

　では、デジタル化や AI の短所は、ジェンダーからみるとどのような悪影響を及ぼすのか。具体的には、採用に AI を導入したら偏りのある過去の採用データを反映して女性に差別的な採用システムとなり運用をやめた（Dastin 2018）、三人称に主語がない言語から英語への自動翻訳を開発したら人間のジェンダーバイアスが反映されて医者はすべて男性主語の he に置き換えられた（佐藤 2018）といった事例がまず挙がるだろう。これは元となるデータに含まれていたバイアスが、AIによって強化されて出力されるためといわれている。社会に与えるその他の影響への懸念もすでに指摘されている。世界経済フォーラムは女性の失業者が多く生まれることに言及している。女性に対して労働市場への参入機会を提供してきた職種は AI で自動化されやすいためである（シュワブ 2016:63-64）。さらに国際通貨基金の調査によると、日本は AI による失職リスクの男女差が OECD の 30 カ国の調査対象国の中で最大で、女性は男性の 3.4 倍の 12%に達することが明らかになった（日本経済新聞 2019）。

　コロナ禍によってデジタル化が進んだ結果、AI が男女の収入差に影響を及ぼす現実的な事例も現れている。例えばアニタ・グルマーシーが日本での講演で共有したインドでのオンライン・プラットフォームを通じた仕事の発注がある（Lim 2021, B'AI Global forum 2021）。保安上の観点から女性がウーバー等の配車サービスの仕事を請け負う場合、遠距離や夜間の受注は難しい。だが、AI による業務配分は、ドライバーがタスクを引き受けなければ行き先が表示されないため受注しづらい。また理由が明示されないまま自動的にドライバー登録が停止されるケースもあったが、顧客の評価や受注履歴が AI による仕事の割当にどう影響を及ぼすか不透明であるという。アマゾンに関連する仕事の発注については、COVID-19 で高額の仕事が減り、かつ親の介護で在宅ワークとなったコンピュータ工学の学位を持つインド在住の女性の例が紹介された。収入が半分以下に激減した状況なのに、アカウントが登録できないため、いとこに報酬の半分を支払いながらアカウントを借用しているという。アカウント申請が拒否された理由が明確でないだけでなく、アメリカ居住者に優先的に仕事が回されてインドには 2 割程度しか配分されないという国籍による差別が行われているとも訴える。グルマーシーは、AIを動かすアルゴリズム（コンピュータによる計算方法）は、プラットフォーム内

部で労働条件を整序・構造化するのみならず、働き方や生活様式、ひいては社会全体までをも規定すると指摘する。

　つまり、デジタルとAIは使い方によっては女性のエンパワメントに繋がるが、ジェンダーの不平等を悪化させる怖れもある。W20の提示したデジタル・ジェンダーギャップで示したとおり「ICTは『諸刃の剣』（ICTs are a "double-edged sword"）」（Kuroda・Lopez・Sasaki・Settecase 2019: 2）なのである。

２．AIとバイアス拡大の懸念

　ここまでは、ジェンダー平等推進の立場からデジタル化について論じた。つまり、デジタルやICTは女性のエンパワメントの有効な手段として期待が寄せられる一方で、デジタル上のアクセス・スキル・リーダーシップのジェンダー差が大きな壁となっていること、その課題はG20を通じて主要国の共通認識となっていること、日本のジェンダー平等推進の基本方針である男女共同参画基本計画にもその影響が記されていることを確認した。さらにコロナ禍により、AIやデジタル技術が日常生活へ急速に浸透し、AIのアルゴリズムが実社会のジェンダー格差拡大にも影響が及ぶようになった事例を紹介した。

　それとは別に、実際にシステム開発に直接携わる技術者は、AIやアルゴリズムが与えかねない格差の拡大のような社会に与える悪影響に対していかなる認識や懸念を抱いているのか。結論を先取りすれば、データ及びデータの処理・分析に用いられるアルゴリズムによって生じる「バイアス（bias）」の影響が危惧されており、その対応が議論されている。加えて最近のAIは、インターネット等の利用を通じて集積された検索履歴や位置情報のようないわゆるビックデータを活用し、その大量データを機械学習やディープラーニングで処理・解析している。その仕組みはバイアスをさらに増幅する危険性があり、ジェンダーも含めた実社会の格差の拡大や差別の助長につながりかねないという認識も広がっている。並行して、OECDやEUのような国を跨いだ組織を中心に、AIの開発や使用上の倫理に係る共通枠組みの作成も進み、悪影響を阻止する国際協調も進んでいる。

　その一方で、ジェンダー平等推進でも「アンコンシャス・バイアス（unconscious bias）」の改善というキーワードが話題にあがる。実は、ジェンダー平等を推進する上でのアンコンシャス・バイアスの改善と、技術開発の分野でのバイアスの影

響を防止する取組は、方向性が一致しているのではなかろうか。

　そこでここでは、ジェンダー平等を推進する側と技術開発側の両者の懸念が接続しそうなバイアスをキーワードに、双方がバイアスをいかにとらえて対応を進めようとしているかを考察し、通じる点を模索する。

（1）ジェンダーの視点からみたアンコンシャス・バイアスの課題

　まず、ジェンダー平等推進の立場からみてアンコンシャス・バイアスはいかなる問題をはらむかを確認する。日本においてアンコンシャス・バイアスは「無意識の偏見」と訳され、5次計画には、「誰もが潜在的に持っている思い込みのこと。育つ環境、所属する集団の中で無意識のうちに脳にきざみこまれ、既成概念、固定観念となっていく」（内閣府男女共同参画局　2020:156）とある。さらにこの5次計画では、アンコンシャス・バイアスを、政治分野の女性のリーダー割合向上や働き方・暮らし方の変革、及び女性医師のキャリア形成の障壁とみなし、メディアとも連携しながらそれを生じさせないように広報啓発等に取り組みを促進する、とある（同上　2020:1・7・14・96）。つまり「アンコンシャス・バイアス」は、ジェンダー平等にまつわる喫緊の社会的課題の根底にある要因と解釈されている。

　加えて5次計画には、AIとアンコンシャス・バイアスとの関連についても記述されている。AIの短所の中でも、「データやアルゴリズム（コンピュータによる計算方法）にバイアスが含まれている場合があること」を「開発者と利用者の双方が認識する必要がある」とし、「無意識の思い込み（アンコンシャス・バイアス）を強める方向で使われることの無いよう、男女が共に開発や利用に参画し、多様な視点でバイアスを改善することが重要である」（同上　2020:10）とあり、そして理工系分野や研究者の女性の割合向上を成果目標に設定している（同上　2020:57）。

（2）技術開発側からみたバイアスの悪循環の認識と対応

　それでは技術者からはバイアスはどのように捉えられているのだろうか。ここではBAEZA-YATEの「Bias on the Web」（BAEZA-YATE 2018）を用いて考察したい。彼は多様な角度からバイアスを捉えている。まず、統計学の観点からは、不正確な推定やサンプリングのプロセスによって引き起こされる体系的な偏差（バイアス）と、その結果生じる、元の母集団の分布に対する特定の変数の分布のバ

イアス、さらにそのバイアスの原因がときに「解明できない可能性（possibly unknown）」もある点である。加えて開発者やユーザーが個々に持つ信条の志向による文化的なバイアスや、行動や意思決定の方法に影響を与える「認知バイアス（cognitive biases）」もある（同上 2018:54）。

　そうしたさまざまなバイアスが、インターネットの利用の拡大によっていかなる悪循環を起こし、影響を及ぼしているかを示したのが図1である。

【図1】 Web 上のバイアスの悪循環（The vicious cycle of bias on the Web）
（BAEZA-YATE 2018:56）

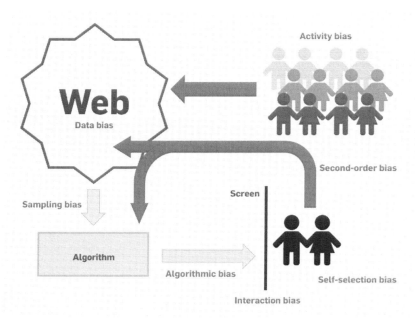

　特にこの図1の中で注目したいのは「二次的なバイアス（Second-order bias）」である。昨今のAIは、インターネットを通じて集積されたデータをもとに処理を行い、さらにその結果をもとに自動的に性能をアップデートしていく機械学習を用いたものが主流である。具体例をあげれば、ショッピングサイトで過去の購入履歴から商品の推薦を行い、その推薦に基づいて商品が購入されれば、その結果が

追加されたデータから AI はさらに「学習」し、自動的に他の閲覧者にも同様に推薦するようになる。

　だが、AI に活用される Web で集積されたデータには、すでに人々の行動によって生じた「アクティビティ・バイアス（activity bias）」が反映されている。それだけでなく、データのサンプリングやアルゴリズムでの処理の過程でもバイアスは発生する。さらにその処理結果をみたユーザーが Web 上で行うクリックや推薦コメントの記載等や選択にも文化的なバイアスがある。ユーザーがクリックしやすい表示の位置は、母語が右から左に読む言語か、左から右に読む言語かという文化的な差異も大きく影響する。そのようなユーザーの行動の差異を反映して出力されたデータは二次的なバイアスを含んで再び元の Web データに加わり、機械学習によってデータとアルゴリズムの循環に取り込まれていく。

　BAEZA-YATE はこのバイアスの悪循環を、「アクティビティ・バイアス」、「データ・バイアス」、「アルゴリズム・バイアス」、そしてユーザーとのやりとりによって生じる「インターアクション・バイアス」の 4 つにわけて論じている（BAEZA-YATE 2018）。そして、ジェンダーに関する事例も交えながらバイアスへの対処について述べている。例えば、ウィキペディアの女性の書き手が全体で 11%と少ないだけでなく、地理は 4%で人物紹介（biography）は 12%と分野によって男女の比率に偏りがあること、Google 翻訳で「surgeon（外科医）」という英単語をフランス語に翻訳すると従来は男性の外科医を示す「chirurgien」しか表示されなかったこと、元データとなる可能性の高いニュース記事を書くアメリカの影響力のあるジャーナリストの約 7 割が男性であること等から受ける影響を分析している。

　なお、現在の Google 翻訳は改良がなされ、英語からフランス語に翻訳すると、図 2 のように女性と男性の 2 つの選択肢が示されるようになっている。

【図 2】英語からフランス語に外科医（surgeon）を Google 翻訳した画面

（3）アンコンシャス・バイアスとバイアスへの取組との差異と共通性

　ジェンダーのアンコンシャス・バイアスと技術開発側のいうバイアスとの接点にはあるのだろうか。おそらく AI の短所への懸念は両者で一致する。アルゴリズムの出力や Web 上のユーザーとのやりとりで生じた二次的なバイアスが、現在の AI の主流である機械学習の仕組みでは、元のデータに再度包摂されていき、バイアスを含んだデータが出力されるのを繰り返す、つまりアルゴリズムによってバイアスが強化される懸念である。さらに両者はアンコンシャス・バイアスの影響も共有しているといえる。BAEZA-YATE は、Web 上のバイアスは我々自身のバイアスを反映している（同上 2018:54）、バイアスをなくす最初のステップはバイアスの存在を認識することと述べている（同上 2018:54）。つまり Web デザイナーや開発者自身も文化的・認知的バイアスによってすでにバイアスを持っている可能性がある。その存在を知ってこそ、バイアスに対処し、可能であれば修正することができるからという（同上 2018:61）。いいかえれば、Web デザイナーや開発者自身が持つアンコンシャス・バイアスをも射程に入れている。

　だが、同じ懸念を共有している両者の取り組みは一致しているだろうか。BAEZA-YATE は、ユーザーとのやりとりから生じる様々なバイアスはシステムを介して積み重なっていて複雑で、ウェブ開発者がそれらを分離するのは非常に困難であり、インターフェイスやアルゴリズムの改良という手段によっていかにバイアスを低減するかを主に論じている。だが、その処理が公正であるかをいかに

判断するかという点は明言を避けている。

　一方、ジェンダー平等を推進する立場からはどうであろう。まずいえるのは、W20 が取り組みを求めるデジタル分野のアクセス・スキル・リーダーシップのジェンダーギャップの解消は、ユーザー側のアクティビティ・バイアスやインターアクション・バイアスの低減と関係が深い。そもそもアクセスができなければ積極的な活用や書き込みは難しい。アクセスできたとしても、使いこなすスキルがなければ、Web を閲覧しているだけのサイレント・マジョリティとなり、スクロール等をして他の選択肢も見ることもなく一番わかりやすい位置に表示されたボタンをつい押してしまうかもしれない。また、そのような様々なバイアスの存在を前提にしながらも、影響を最小限にするような Web サイトやアルゴリズムをつくるには、開発側での女性のリーダーシップも有効であろう。

　つまりバイアスに対しての課題と難しさはジェンダー平等を推進する側と技術開発側ともに共通認識としてあるが、解決を図ろうと対象にしているバイアスは異なるのではないか。だがその一方で、技術開発者が持つアンコンシャス・バイアスへの懸念と、女性のリーダーの不足という課題の重要性はかろうじて一致していそうである。

３．AI の開発に多様な視点が入る重要性

　１−（２）で言及したように、W20 が政策概要『デジタル・ジェンダーギャップ』であげている 3 つの課題のひとつが「デジタル分野において女性を意思決定する役割・表にたつリーダー的な立場に押し上げること」（Kuroda・Lopez・Sasaki・Settecase 2019:2）である。では、デジタル分野でリーダー的な役割を担う女性の割合を増やすことでいかなる変革がもたらされるのであろうか。ここでは女性が AI をはじめとしたデジタルの分野でキャリアを形成するにあたってすでに指摘されている壁について言及するとともに、その課題を克服することで AI 社会の未来にいかなる展望が開けるかを、女性研究者等からの提言と、デジタル社会を見据えたドイツの男女平等報告書の内容から考察する。

（1）デジタル分野における女性のキャリア形成の課題

　なぜ女性の技術者が少ないのか。国連アジア太平洋経済社会委員会（ESCAP）

から提示された日中韓の比較調査「テクノロジー産業におけるジェンダー平等」には、職場におけるジェンダー平等推進の主要な阻害要因として、いくつかの項目が目次に挙がっている。列挙すると、雇用プロセス、職場状況（賃金ギャップ、職場環境、ハラスメント）、（家事・育児等との）二重の負担、キャリア形成（昇進、リーダーシップ）である（UN ESCAP 2021: ⅲ）。

　加えて電気・情報工学分野の世界的な学術研究団体 IEEE（Institute of Electrical and Electronics Engineers）は 4,579 人の女性から回答を得た調査でより具体的な状況を明らかにしている。73%が女性であるがゆえにキャリア形成においてネガティブな結果がもたらされた、71%が自分に向けられるべき質問やコメントが男性に向けられた経験がある、と答えている。他にも、58%が面接で不適切な質問をされた、39%が低レベルの仕事を割り振られた、28%が同僚や上司、顧客から望まない性的な誘いを受けたと回答している（IEEE 2018:2）。

（2）女性研究者からの提言

　だが多くの壁を乗り越えてデジタル分野で活躍する女性の研究者は確実に増えている。そうした女性たちは現状を打破するためにどのような研究や提言を行っているのだろうか。AI の現場に多様な視点が入ることで、いかなる未来がもたらされるのかを占う兆しとして、いくつか挙げてみたい。

①データ・バイアスは世界が男性のためにデザインされている証左――ペレス著『存在しない女たち』

　BAEZA-YATE は、Web 上のデータに多くのバイアスが含まれていることを示したが、キャロライン・クリアド＝ペレスは収集されたデータ自体がそもそも男性が基準であると強烈に批判している。「データにおけるジェンダーギャップは、人間＝男性と想定するのが当たり前のような思考停止の原因でもあり、結果でもあるといいたい」（ペレス 2020:11）と述べ、上記の書籍では、男性基準のデータをもとに進められて弊害が出た経済、都市計画、医療等の様々な分野の多数の事例が挙げられている。原タイトル "Invisible Women: Exposing Data Bias in a World Designed for Men" の副題を直訳すると「男性のために設計された世界におけるデータ・バイアスの暴露」となり、本の内容を如実に表しているといえるだろう。

**②Catherine D'Ignazio & Lauren F. Klein 著『Data Feminism』——7 つのアクショ
ンの提言**

　クリアド＝ペレスに応えるように、不釣り合いなパワーバランスにどう挑むか
の 7 つのアクションを提案したのが、Catherine D'Ignazio と Lauren F. Klein による
『Data Feminism』（2020）である。7 つの提言とは、以下となる。

１．データの持つパワー（権力）を検証する（Examine power）

２．パワー（権力）に挑戦する（Challenge power）

３．感情を高め、具現化を進める（Elevate emotion and embodiment）

４．二項対立やヒエラルキーを再考する（Rethink binaries and hierarchies）

５．多様性を大事にする（Embrace pluralism）

６．文脈を考える（Consider context）

７．労働を可視化する（Make labor visible）

③アルゴリズム・バイアスによる不平等の固定化

　本章冒頭でも言及したように、ICT 等による女性のエンパワメントは国連の世
界目標 SDGs にも記されている。つまりは、データ・バイアスの課題は、先進国
だけではなく、世界の不平等にも直結するグローバルな問題である。

　１－（３）で登場したインドの NGO「IT for Change」でエグゼクティブ・ディ
レクターを務めるアニタ・グルマーシーは、デジタルとフェミニストを巡る様々
な共同研究を主催するアクティビストである。テーマは、プラットフォーム経済、
データと AI のガバナンス、デジタル時代の民主主義、デジタル正義に関するフェ
ミニストのフレームワーク、女性の工学分野への進出等、多岐に渡る（B'AI Global
forum 2021, United Nation HP）。日本で行われた講演で彼女は、コロナ禍でインド
の女性たちがいかに不利な状況でプラットフォームを介して仕事を得ているかい
くつかの事例をあげ、アルゴリズムが女性と社会に与える影響に言及した（B'AI
Global forum 2021）。１－（３）の繰り返しとなるが、例えば、クラウドソーシン
グのような仕事はアメリカのほうにタスクの割当が多い、自分のアカウントが登
録できないので ID を借りているいとこに収入の一部を渡さなければならない、ウー
バーのような配車サービスは保安上の観点から女性は遠距離の配車は難しいの

にタスクを引き受けなければ行き先が表示されないため受注しづらい、顧客の評価や受注履歴が AI による仕事の割当や販売サイトの商品の表示にどう影響を及ぼすか不透明、といった具合である。さらに、仕事がなくなるのを恐れてそのアルゴリズムやタスクの配分システムの詳細を確認しないばかりか、仕事があるだけでもよいという気持ちからこのような状況を受け入れてしまう、ともいう。

　グルマーシーはこの状況を「アルゴリズムの外の社会環境と相互に影響しあってインドの厳しい現実を固定化する」と強調している。そして、「アルゴリズムは社会を変容する力のあるアクター」と言及したうえで、プラットフォームを介した労働の改善点として、「労働者がプラットフォームの労働条件に関するデータにアクセスする権利を得ること」「アファーマティブ・アクションを適用し、ジェンダー平等なアルゴリズムを設計すること」[6]「デジタルの枠組みそのものを現在の植民地的視点から切り離すこと」を挙げた。

④ジェンダード・イノベーション──数・組織・知識を「直す（fix）」

　「ジェンダード・イノベーション」は、男女の性差を十分に理解し、それに基づいた研究開発をすることで、すべての人に適した「真のイノベーション」を創り出そう、という新たな概念である（科学技術振興機構 2016）。スタンフォード大学のロンダ・シービンガーが提唱した国際的に知られているプロジェクトで、日本でも 2021 年 3 月に公表された第 6 期科学技術・イノベーション基本計画で言及がなされている（総合科学技術・イノベーション会議 2021:50）。公開されている同大学のウェブサイトでは、研究者、技術者、専門家向けに、手法や用語の説明、ガイドライン、ケーススタディ等が提供され、幅広い知識に簡単にアクセスできる（Schiebinger 2011, 2020, European Commission 2020, Sachverständigenkommission für den Dritten Gleichstellungsbericht der Bundesregierung 2021:39）。

　シービンガーは歴史学者として科学史の中に隠されていた女性の存在を様々な角度から浮かび上がらせ、その業績は EU の「女性と科学」政策に大きな影響を及ぼしている（科学技術振興機構 2016）。彼女の基本的な分析視点は 3 つある。1 つ目は科学における女性の参画に関する問題、2 つ目は女性の科学への参加を阻む制度的・文化的な壁に光をあてること、そして 3 つ目は科学知識のジェンダー分析である（シービンガー＝小川・弓削 2008:15）。要約すると、科学において「女

性数の確保」、「制度の整備」、さらにそれらによってこれまで積み重ねられた「知識の再検討」がされることで、新たな発見やイノベーションが生まれるのである（シービンガー＝小川 2017:13）。

（3）ドイツの男女平等報告書の提言

このようにデジタル分野にもジェンダー平等の動きが及んでいることを受けて、国家が積極的にコミットしていく兆しも感じられる。「Digitalisierung geschlechtergerecht gestalten（デジタル化をジェンダー平等な方向に）」と題した、ドイツの第 3 次男女平等報告書はそのひとつと捉えてもよいだろう。以下で概観する。

①男女平等報告書とデジタル化への言及

男女平等報告書（Bericht zur Gleichstellung von Frauen und Männern）は、2005 年にアンゲラ・メルケルがドイツ初の女性首相として就任した際に、連立与党が発行を公約したものである。発行のプロセスは、家族女性大臣が専門委員会を招集、提言書を作成し、連邦政府に提出、連邦政府のコメントが付与されて最終的な公表となる。2021 年 6 月に公表となった第 3 次報告書は、デジタル化とジェンダー平等推進をテーマにした内容で、女性団体や専門家からの 101 の提言が盛り込まれている [7]。

第 3 次報告書は独立したものではなく、第 1 次と第 2 次の報告書の目的やテーマもひきついでいる。すなわち第 1 次のテーマであるライフコースの視点をいれた男女の平等の実現、第 2 次のケアワークの男女差への注視も盛り込んでいる。具体的には、教育機会や稼得労働と無償のケアワークは男女で公正に負担されているか、出産・育児・介護等のライフイベントを機にした自己実現のチャンスとリスクは男女で平等かという内容である。そして第 3 次報告書では、コロナ禍によるテレワークと学校閉鎖によって家事・育児・介護の負担が女性にのしかかり、ケアワークの女性への偏りが露になったこともふまえながら、デジタル化の中で第 1 次と第 2 次で追究してきたテーマをいかに実現していくかという観点で分析がなされている。

②ジェンダー平等とデジタル化の関連を示した「たまねぎモデル」

第 3 次報告書は大きく A から C の 3 つのパートで構成されている。1 つ目の A では、先に述べたこの報告書の立ち位置と目的、そしてデジタル上における「アクセス（Zugang）」「活用（Nutzung）」そして技術分野の教育や職域といった「構造枠組み（Gestaltung）」において如何にジェンダー差があるかが示され、デジタルトランスフォーメーションにおけるジェンダーを意識した施策の必要性と提言が述べられている。

続く B では、デジタル化の構成を“たまねぎ”に例えて図式化し、内側から 4 つのセクターに分けてそれぞれの主な課題について具体的な提言を行っている。そして C では、たまねぎを「育てる」ためのジェンダー戦略や法律を土壌に例え、B のすべてのセクターにジェンダー戦略や法律等を結びつけることで、デジタル産業から社会全体までをジェンダー平等に「育てる」提言がまとめられている。

以下に第 3 次報告書の目次全体の項目と「たまねぎモデル」（図 3）を示す（特に B について詳細な目次内容を記している）。

A. ジェンダーに公正なデジタル化：アクセス、活用、構造枠組み

A.I 　報告書のタスクと構成

A.II 　実現のチャンスと「社会技術的（soziotechnische）」アプローチ

A.III 　デジタル化の位置づけ

A.IV 　デジタル変革のプロセスにおけるジェンダー平等

A.V 　デジタル変革のプロセスにおけるジェンダー平等の政策目標

B. ジェンダーに公正なデジタル化の構造枠組み

B.I デジタル産業

　1. テクノロジーの構造枠組みとジェンダーに公正なデジタル化

　2. デジタル分野におけるジェンダーに公正な就職と就業継続（Verbleib）

　3. デジタル化に関連したスタートアップ

B.II デジタル経済（プラットフォーム労働）

　1. プラットフォーム経済とオンラインを介する労働の新しい形態

　2. プラットフォーム経済におけるジェンダーとの関連

B.III　デジタル化された経済

　1. デジタル変革のプロセスにおける労働と労働市場

　2. 要求される能力とスキル獲得

　3. アルゴリズムと人材採用

　4. 稼得労働とケアワークのバランス

B.IV　デジタル化された社会

　1. ジェンダー・ステレオタイプとソーシャル・メディア

　2. ジェンダーに基づくデジタル暴力

　3. データと基本権（Grundrechte）

C. ジェンダー平等政策の枠組みと取組の強化

C.I　　ジェンダー平等の行動計画と戦略

C.II　　ジェンダー平等を推進する予算の政策／ジェンダー予算

C.III　ジェンダー平等を推進する法律と技術がもたらす影響評価

C.IV　ジェンダー平等に関する知見を伝達する研究組織

【図3】たまねぎモデル──デジタル化に関連した領域

（Sachverständigenkommission für den Dritten Gleichstellungsbericht der Bundesregierung 2021:17）

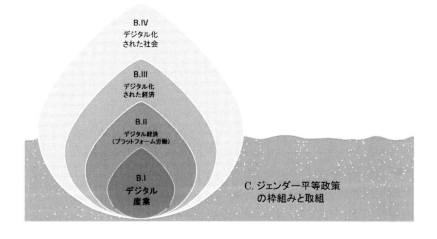

4．技術開発側とジェンダーバイアスの交差点

　以上、デジタル化とジェンダー平等を巡る動向について多角的に現状を記述した。まずは SDGs や G20 で共有されている国際的な潮流の認識、続いてバイアスをキーワードに技術開発側の課題、その課題に対する女性研究者側からの意見や提案、さらにそのような機運を受け、社会の大転換期をジェンダー平等推進の千載一遇のチャンスと捉えた積極的なドイツの提言「デジタル化をジェンダー平等な方向に」を紹介した。

　これらの共通性は何か。ひとつは「バイアス」への対応である。デジタル化の進行で、アンコンシャス・バイアスの顕在化や、機械学習によって Web 上のジェンダーバイアスが強化される懸念がある。しかしながら、取組を進めるバイアスと手法はジェンダー平等の推進を担う側と技術開発を行う側で分かれているようにみえる。ジェンダー平等を推進する女性運動の側は現実社会のアクセス・スキル・リーダーシップのデジタル・ジェンダーギャップの縮小を求め、Web 開発者は技術活用でのバイアスの低減を試みる。かろうじて両者で一致しているのは Web 作成者や開発者が持つアンコンシャス・バイアスの影響である。つまり、女性の技術者を増やし、多様な人材を包摂して開発を進めることが、バイアスに対応するにあたってのジェンダー平等を推進する側と技術開発側との交差点なのである。

　その認識は、日本の施策にも表れている。2020 年 12 月に公表となった最新の第 5 次男女共同参画基本計画では、科学技術・学術分野における 5 年後の具体的な達成目標に、理系分野の女性の割合の向上が記されている。その 3 カ月後に公表された第 6 期科学技術・イノベーション基本計画でも、研究の多様性向上の観点から、教授等の指導的立場も含めた女性研究者や理系分野の博士後期課程の女子学生の割合の向上、育児・介護と研究との両立を可能にするワークライフバランスの推進の目標が挙げられている（総合科学技術・イノベーション会議 2021:49-54）。

　しかしながら、上記の計画に示されているのは、研究コミュニティ内のみのバイアスの対応が中心という印象を受ける。つまり、ドイツのたまねぎモデルの B.I のデジタル産業だけのことではないか。B.II 以降、つまり経済や社会全体のデジタル化やバイアス・格差の拡大防止は見据えられているのだろうか。

デジタルや AI の社会への影響が大きいのはもはや明白である。バイアスは BAEZA-YATE が説いた Web 内の悪循環だけに留まらず、女性たちの仕事の機会や収入を奪うような社会の格差に発展し、社会を巻き込んだ悪循環の懸念や実例がいたるところで噴出している。ドイツの男女平等報告書の提言のように、全体を見据えたバイアスへの対応、つまりジェンダー平等な施策という「肥料」をやりつつ社会の「土壌改良」も並行して取り組むべきではないだろうか。それが、ドイツの第 3 次報告書のタイトルにあるように、デジタル化の行く末をジェンダー平等な社会にする、ということなのかもしれない。

5．AI とジェンダー平等推進が両立する国際的潮流に沿った社会デザインの鍵

　W20 の提示したデジタル・ジェンダーギャップで示したとおり「ICT は『諸刃の剣』」（Kuroda・Lopez・Sasaki・Settecase 2019:2）である。悪影響だけでなく、SDGs にあるような女性のエンパワメントの有効な手段としても期待されている。ドイツのように、前向きに時代の転機をとらえ、時代を切り開く武器として最新技術を有効に使い、デジタル化やデジタル社会の形成をジェンダー平等な方向に舵を切るのは不可能ではないだろう。

　では、日本がドイツから得られるヒントはないのか。筆者は常々ドイツの女性運動は国際的な動向に俊敏に反応している印象を抱いている（佐野 2020:57）。そして、日本の施策についても、グローバルに共有されている概念の意味や原点に立ち返って取り組めば、ドイツのようにデジタルトランスフォーメーションとジェンダー平等を同時並行的に進められる可能性があると考えている。具体的に、ジェンダーに関して国際的に共有されている以下の 3 つのコンセプトに絡めて私見を述べたい。

（1）ジェンダード・イノベーション：数の問題だけではない

　ドイツの報告書の冒頭にある A. ジェンダーに公正なデジタル化では、W20 のデジタル・ジェンダーギャップで重視しているアクセス・スキル・リーダーシップの 3 要素をそのまま使うのではなく、アクセス・活用・（技術分野の教育や職域といった）構造枠組みの 3 つのギャップが示されている。つまりは、リーダーシップの部分が構造に置き換わっている印象を受ける。

これは3-（2）④で言及したロンダ・シービンガー（シービンガー 2011, 2020）を思い起こす。彼女が提唱したジェンダード・イノベーションは数・組織・科学知識のジェンダー視点での見直しである。数や割合を増やすことだけでなく、組織の変革の重要性に言及している。だが、技術開発側や日本の施策は、参画を数の目標のみで捉えているようにみえる。シービンガーのジェンダード・イノベーションに真摯に取り組むなら、組織・科学知識の変革にも同時に深く切り込む必要がないだろうか。

（2）SDGs：ジェンダーの主流化・ジェンダー平等の達成は、他の目標の達成にも大きく影響する

男女共同参画基本計画にも入っている SDGs についても、ジェンダード・イノベーションと同様に一旦理念に立ち返って取り組めば道が開ける可能性がある。

SDGs の前文には、目標 5 のジェンダー平等の実現と女性・少女のエンパワメントは、すべての目標とターゲットの進展において死活的で重要な貢献をする、人類の半数に上る女性の権利と機会が否定されている間は持続可能な開発は達成できない、そして SDGs の実施においてはジェンダーの視点をシステマティックに主流化していくことは不可欠である、とある（萩原 2019:95）。ドイツの男女平等報告書のたまねぎモデルの土壌の部分にあたる C. ジェンダー平等政策の枠組みと取組の強化は、デジタルに関するすべての領域にジェンダーの施策を結びつけるという点で、ジェンダーの主流化を意識した提言ともいえるだろう。

つまり、デジタル化の取組においても、SDGs の全ての目標達成の根底にあるジェンダー平等の重要性を再確認し、ジェンダーの主流化を意識すれば、ドイツの提言のようにジェンダー平等を目指したデジタル化の施策になるのは当然の帰結とも思える。

（3）ボーヴォワールの目指した世界——普遍的価値への疑問符

デジタル化とジェンダー平等の推進が方向性をひとつに進むときにいったいどのような社会がデザインされていくのだろうか。シービンガーが取り組んでいるような女性の科学への参加を阻んだ制度的・文化的な壁や、その結果生成されたジェンダーの偏りがある知識への反省[8]のあとに待ち受けるのはどのような社会

だろうか。やや唐突ではあるが手がかりとして、ドイツのフェミニストでアクティビストのアリス・シュヴァルツァーとの対談でシモーヌ・ボーヴォワールが1972年に語った内容を以下に記したい。彼女が描いた女性が解放された新しい世界の像は、いま私たちが目指す社会に通じると考えるからである。

> 文化・文明・普遍の価値がすべて男性の手でつくられたのは事実です。男性が普遍性を代表していたからです。[中略] 男性はこれらの普遍的価値をつくりあげながら——普遍的価値とは数字のような科学のことをいっているのですが——それにひじょうにしばしば、男性特有のオスの強力な性格を与えてきました。そして彼らは男性的な性質と普遍的価値とのふたつを巧妙滑稽な方法でまぜあわせたのです。だから、このふたつを切り離し、この混淆を探し出すことが大切です。これは可能ですし、女性が行うべき仕事のひとつです。しかし、男性の世界を否定してはなりません。結局はこれらも私たちの世界なのですから。（シュヴァルツァー＝福井 1994:62-63）

これはまさにシービンガーが進めている、ジェンダー視点で科学知識を分析する「ジェンダード・イノベーション」が問題としていることではないか。そして、データが男性を基準としている弊害を訴えた「存在しない女たち」や「データ・フェミニズム」も、ボーヴォワールのこの発言を示唆しているようにみえる。つまり、いまデジタル分野で起きようとしているジェンダー平等の波は、これまでに「男性特有のオスの強力な性格」を備えた、いうなれば「マッチョな」体制との混濁状態に陥り、不都合が生じている科学技術の反省から来ているのではないだろうか。

　そう考えると、デジタル変容やAI社会の形成とジェンダー平等を結びつけるのは悪い選択肢ではない。科学技術が急速に発展しながらも、公害や戦争、核・原子力や気候変動への不安といった、必ずしもよい面ばかりではなかった近代への反省をも伴った社会のデザインにつながる予感がするからである。

　では、何から取り組めばよいのか。おそらく気づいたことは何でも取り組む、あらゆる試みが必要である。BAEZA-YATE のいうように開発者や利用者が持つ自らのアンコンシャス・バイアスに気づくこと、W20 や女性運動が主張するリアル

な社会とデジタル上のジェンダーバイアスへの対処を進めることも重要であることは間違いない。そして、そのバイアスを拡大しないように留意しながら、新たな技術の活用を進めることも肝要である。

　世界も時代も急激に動いている。さらに、身体接触を忌避するコロナ禍によってデジタル化やAIの重要性や影響は、誰の目にも明らかなほど露わになった。私たちは今、グローバル化の荒波に翻弄されながら、ジェンダー平等においても、デジタルトランスフォーメーションという時代の転換期という点においても、大きな分岐点に立っている。日本は、ジェンダー平等の国際的な潮流の原点に回帰すれば、その波をうまく乗りこなせるのではないだろうか。

　ボーヴォワールが『第二の性』を著して70年余り、彼女がアリス・シュヴァルツァーに女性が解放された新しい世界を語って50年近く経った。今こそ私たちは、ジェンダーに不平等に形成された近代社会を反省し、新たな文明社会をデザインする絶好の立ち位置にいる。

*本研究は東京大学 Beyond AI 研究推進機構、JSPS 科研費 JP18K18301, JP20H04449 の助成を受けた研究成果の一部である。

註

1) 合意結論は各国政府を縛るものではないが、各国政府はその実現に向け努力することが期待され、NGO もその実施を求めて活動することになる（国連 NGO 国内女性委員会 2017:38）。

2) UN Women HP Commission on the Status of Women 47th Session 3 - 14 March 2003
　　https://www.un.org/womenwatch/daw/csw/47sess.htm
――HP Commission on the Status of Women CSW62（2018）
　　https://www.unwomen.org/en/csw/csw62-2018（2020 年 9 月 28 日　最終アクセス）

3) 北京行動綱領では課題にとどまったジェンダー平等の実現が、SDGs の採択により目標達成時期が 2030 年と明示されたという解釈もなされている（国連 NGO 国内女性委員会 2017：38）。例えば SDGs の目標 5 のターゲット 5.6 には北京行動綱領等に従って性と生殖に関する健康及び権利への普遍的アクセスを確保するとある。

4) W20 イタリアの HP に過去に提示されたコミュニケが掲載されている（Segreteria Nazionale AIDDA）。

5)「蓄積されたビッグデータを AI が解析することで、マーケティングや営業・販売プロセス等で活用されるなど、デジタル技術は我々の生活に深く浸透しつつある。［中略］さらに、AI の短所に留意する必要がある。中でも、AI の情報リソースとなる蓄積された過去のデータやアルゴリズム（コンピュータによる計算方法）にバイアスが含まれている場合があることを、開発者と利用者の双方が認識する必要がある。AI が過去を学習した上で解を導くに当たって、これまでの男女の固定的な性別役割分担意識や性差に関する無意識の思い込み（アンコンシャス・バイアス）を強める方向で使われることの無いよう、男女が共に開発や利用に参画し、多様な視点でバイアスを改善することが重要である」（内閣府男女共同参画局 2020:9-10）。

6) 例えば、女性が働きやすい、子育てに忙しい時間帯や夜間を除いた時間帯の受注は女性の賃金を増やす、という案を挙げている。

7) 第 3 次報告書は第 2 次報告書の提言に沿って検討が進められた。参考までに第 2 次報告書のデジタル化に関する提言は以下である。核心的なメッセージの 1 つとして、プラットフォームを介した労働へのジェンダーの影響に焦点を当て、特に女性のライフコースが行き詰まらないよう、プラットフォームワーカーの法的地位の明確化を求めている。

１．男女平等につながるリモートワークの規則

２．特にソーシャルサービスや家事に隣接するサービス分野で、プラットフォームのより厳しい規制

３．責任感や精神的な重圧、サイバーハラスメントの効果的な防止メカニズム

４．デジタル化による労働市場の変容を考慮した、ジェンダーに対応する労働市場モニタリング（Genderkompetentes Arbeitsmarktmonitoring）」（BMFSFJ 2017:242；佐野 2021:62）

8) シービンガーは、なぜ植民地から中絶薬が欧米にもたらされなかったかを描き、男性中心に医学の知識が形成されてきたことを論究している（シービンガー=小川・弓削 2007）。

　さらに現在ドイツでは、妊娠中絶法制改正を求める女性運動が活発化しており、それを特集した雑誌で男性中心の医学に批判的な記事が掲載された。リプロダクティブヘルス／ライツの分野で、男性主導の医療や科学に対しての議論が高まる気配が感じられる。

参考文献

(*リンクはすべて 2021 年 9 月 28 日 最終アクセス)

B'AI Global forum 2021「東京大学 B'AI グローバル・フォーラム発足イベント『AI 時代にお
けるジェンダー正義：参加と活動をめぐる対話』」
https://www.youtube.com/watch?v=aYww8bLJMDg

BAEZA-YATE, Ricardo 2018 *Bias on the Web* Communications of the ACM 61(6):pp54-61
https://www.researchgate.net/publication/325330277_Bias_on_the_web

BMFSFJ (Bundesministerium für Familie, Senioren, Frauen und Jugend: 連邦家族高齢者女性青少
年省) 2017 *Zweiter Gleichstellungsbericht der Bundesregierung.* Gleichstellungsbericht HP
https://www.gleichstellungsbericht.de/zweiter-gleichstellungsbericht.pdf

Dastin, Jeffrey 2018「焦点：アマゾンが AI 採用打ち切り、『女性差別』の欠陥露呈で」ロイタ
ー2018 年 10 月 11 日 3:30 午後 UPDATED
https://jp.reuters.com/article/amazon-jobs-ai-analysis-idJPKCN1ML0DN

D'Ignazio, Catherine and Klein, Lauren F. 2020 *Data Feminism* The MIT Press

European Commission 2020 *Gendered Innovations 2: How Inclusive Analysis Contributes to Research
and Innovation.* Policy Review, Brussels
https://ec.europa.eu/info/sites/default/files/research_and_innovation/strategy_on_research_and_in
novation/documents/ki0320108enn_final.pdf

萩原なつ子 2019「ジェンダー平等を実現しよう」阿部治・野田恵（編）『知る・わかる・伝
える SDGs I』学文社

Institute of Electrical and Electronics Engineers (IEEE) 2018 *Women's Experiences in Tech*
http://entrepreneurship.ieee.org/wp-content/uploads/2018/04/18-CA-224-IEEE-Women-Tech-
Flyer-Copy-Edits3.pdf

科学技術振興機構 2016「JST ダイバーシティセミナー〜性差に基づく新しいイノベーショ
ン論〜科学におけるジェンダード・イノベーション〜」（講演パンフレット）
https://www.jst.go.jp/diversity/pdf/JP_JST%20Diversity%20Seminar.pdf

経済団体連合会 2020「Digital Transformation (DX)〜価値の協創で未来をひらく〜」
https://www.keidanren.or.jp/policy/2020/038_honbun.pdf

国連 NGO 国内女性委員会編 2017『国連・女性・NGO　Part2　世界を変えるのは、あなた』
パド・ウィメンズ・オフィス

Kuroda, Reiko, Mariana Lopez, Janelle Sasaki, Michelle Settecase 2019 *The Digital Gender Gap* W20 2019 Japan

https://www.gsma.com/mobilefordevelopment/wp-content/uploads/2019/02/Digital-Equity-Policy-Brief-W20-Japan.pdf

Lim Dongwoo 2021「B'AI グローバル・フォーラム発足イベント『AI 時代におけるジェンダー正義：参加と活動をめぐる対話』報告」B'AI グローバル・フォーラム HP

https://baiforum.jp/report/re009/

内閣府男女共同参画局 2020「第 5 次男女共同参画基本計画〜すべての女性が輝く令和の社会へ〜（令和 2 年 12 月 25 日閣議決定）」

https://www.gender.go.jp/about_danjo/basic_plans/5th/pdf/print.pdf

―――HP「第 4 回世界女性会議　行動綱領（総理府仮訳）　　第Ⅳ章 戦略目標及び行動　J 女性とメディア」

https://www.gender.go.jp/international/int_norm/int_4th_kodo/chapter4-J.html

日本経済新聞 2019「AI 化で失職リスク　日本の女性、男性の 3 倍」2019 年 9 月 28 日　2:00

https://www.nikkei.com/article/DGXMZO50297000X20C19A9000000/

ペレス, C・クリアド（Perez, Caroline Criado）（神崎朗子訳）　2020『存在しない女たち』河出書房新社

Sachverständigenkommission für den Dritten Gleichstellungsbericht der Bundesregierung 2021 *Digitalisierung geschlechtergerecht gestalten: Gutachten für den Dritten Gleichstellungsbericht der Bundesregierung* Berlin: Geschäftsstelle Dritter Gleichstellungsbericht.

www.dritter-gleichstellungsbericht.de/gutachten3gleichstellungsbericht.pdf

佐野敦子 2020「ジェンダーからみた AI 戦略――ドイツのデジタル変容とジェンダー平等推進――」国際ジェンダー学会『国際ジェンダー学会』Vol.18 pp39-63

―――2021「Covid-19 がジェンダー施策に与える影響――ドイツの男女平等戦略を巡る現状報告――」お茶の水女子大学ジェンダー研究所『ジェンダー研究』第 24 号（通巻 41 号）pp57-65

佐藤由紀子 2018「『Google 翻訳』、ジェンダーバイアス排除のため性別の選択が可能に」ITmedia 2018 年 12 月 07 日　11 時 29 分　公開

https://www.itmedia.co.jp/news/articles/1812/07/news078.html

シービンガー, ロンダ（Schiebinger, Londa）（小川眞理子・弓削尚子訳）　2007『植物と帝国

──抹殺された中絶薬とジェンダー──』工作舎

─── （小川眞理子・弓削尚子訳）　2008「エキゾチックな中絶薬 18 世紀　大西洋世界における植物のジェンダーポリティックス」館かおる編著『テクノ／バイオ・ポリティックス』作品社

─── 2011, 2020 *What is Gendered Innovations?* European Union

http://genderedinnovations.stanford.edu/what-is-gendered-innovations.html

─── （小川眞理子訳）　2017「自然科学、医学、工学におけるジェンダード・イノベーション」公益財団法人　日本学術協力財団『学術の動向』2017.11 pp12-17

https://www.jstage.jst.go.jp/article/tits/22/11/22_11_12/_pdf/-char/ja

シュワブ, クラウス（Schwab, Klaus）　2016『第四次産業革命──ダボス会議が予測する未来──』日本経済新聞出版社

シュヴァルツァー, アリス（Schwarzer, Alice）（福井美津子訳）　1994『ボーヴォワールは語る──「第二の性」その後』平凡社 Segreteria Nazionale AIDDA, Mediapop Srl 2020 *W20 History, from Istanbul to Italy*. https://w20italia.it/history/

総合科学技術・イノベーション会議 2021『第 6 期科学技術・イノベーション基本計画（令和 3 年 3 月 26 日閣議決定）』https://www.8.cao.go.jp/cstp/kihonkeikaku/6honbun.pdf

UN ESCAP 2021 *The Future is Equal: Gender Equality in the Technology Industry*

https://www.unescap.org/sites/default/d8files/knowledge-products/Report_Gender%20Equality%20in%20the%20Technology%20Industry_0.pdf

United Nation HP *Ms. Anita Gurumurthy* https://sdgs.un.org/panelists/ms-anita-gurumurthy-33200

UN Women 2017 *Reshaping the future: Women, girls, ICTs and the SDGs*

https://www.unwomen.org/en/news/stories/2017/7/reshaping-the-future-icts-and-the-sdgs

───HP *Fourth World Conference on Women*

https://www.un.org/womenwatch/daw/beijing/platform/index.html

【第2部】

社会デザイン研究の試み

第6章　ベビーホテル問題とマス・メディア

淺野麻由

はじめに

　本稿では、マス・メディアであるテレビ・ドキュメンタリー番組の放送が、政策決定にどのような影響を及ぼしたのかを実証する。

　これは、立教大学の萩原なつ子教授（以下敬称略）がご自身の博士論文を基に執筆された『市民力による知の創造と発展』(2009)[1]のまなざしを踏襲するものである。萩原は、同書の中で、環境問題の政策に対する意思決定に市民の視点がいかに必要で、いかに反映させるべきかを述べている。

　　環境に関する意思決定は、国や自治体などの公共機関の政策のみに任せるべきなのだろうか。あるいは、科学的・技術的判断の倫理や専門家に委ねられるべきなのだろうか。それとも環境に身を置く、地域に暮らす人々の判断とするべきだろうか。筆者は、この3つの主体にいずれもが必要であり、環境に関する意思決定の主体は1つではないという立場に立つ。けっして「オールマイティ」ではないそれぞれがそれぞれで関与する過程で、意思決定が行われることが大切であると思われる[2]。

　「地域に暮らす人々」、つまり市民を指すが、萩原は意思決定に「市民の総意」が必要であるとしながら、その「市民の総意」が何であるのかを的確に判断することは難しいと述べている。そのために必要とされるのが、市民研究グループだとしている[3]。

　　市民研究グループは、様々な考えを持った市民たちの間で、〈市民研究活動〉を通じて「調整役」の機能を果たすと同時に、行政との「パイプ役」の機能

を果たすことで、一般市民や行政とのパートナーシップを形成していった [4]。

　また市民研究グループは、〈市民研究活動〉を通じて市民の身近な環境に関する曖昧で多様な意識を一定の共有化された環境認識に成長させ、それを市民自身が形成した「市民の総意」として、行政が納得しやすい形で提示することを可能にした。すなわち、市民研究グループが一般市民とのパートナーシップを形成する過程で生じた共有化された環境認識の存在、それが「市民の総意」として行政に認識されることで、市民研究グループは行政とのパートナーシップを形成していくことが容易になったといえよう。そして、そのようなパートナーシップを形成していく中で、市民研究グループは一般市民と行政との「パイプ役」の機能をも果たし得るようになった [5]。

　この指摘は、マス・メディアのジャーナリズムの機能にも当てはめて考えることができる。一般に、ジャーナリズムの機能には、第1に、世論の声を取り上げ、それを報道（放送）し、社会課題への意識を喚起し、それを政策決定につなげるというものがある。第2に、マス・メディアに属する記者やディレクターが社会課題を見出し、世論を喚起し、政策決定につなげるというものである。
　マス・メディアにおける「世論」の捉え方もまた漠然としているが、萩原が指摘する「市民の総意」に置き換えて考えることができるのではないか。

　筆者は、実務家でもあり、これまでテレビ番組を100本以上制作 [6]してきた。もともとテレビ制作（主にドキュメンタリー制作）を志したのも、社会課題をいかにして改善できるのか、という関心からだった。そのためにはまずは多くの人がその課題を知る必要があると考え、ジャーナリズムの力に魅了された。
　しかし現在、省みてみると、我々マス・メディアが世論の声を聞き、社会課題を見出そうとしても、現実的にはなかなか世論は喚起されず、そして政策決定に反映されないということがほとんどであった。
　萩原は、政策への意思決定に、行政・専門家・市民の3つの主体の相互関係が必要であると述べる。では、そこにマス・メディアはどのように関係していくべきなのか。

本章では、1980〜81 年に TBS で放送された情報番組「テレポート TBS６」内で
組まれた「ベビーホテル」問題を取り扱ったドキュメンタリー番組を取り上げる。
この番組は世論を動かし、政治を動かし、行政を動かし、番組が放送された翌年
の 1981 年 6 月には、「ベビーホテル」問題を改善させるために児童福祉法が改定
された。第 1 に、テレビ・ドキュメンタリー番組が、政策決定に寄与した成功事
例として、マス・メディア、行政、専門家、市民の 4 つの柱がどのような相互関
係で影響を及ぼしたのか、その過程を検証する。第 2 に、テレビ・ドキュメンタ
リー番組が保育行政に果たした役割を検証する。

1．ベビーホテル問題とマス・メディア
（1）ベビーホテル問題
　「ベビーホテル」とは、都道府県知事等の認可を受けてはいないが、保育所と
同様の業務を目的とする施設で、認可外保育施設(所)の一部である。保育行政をた
どると、戦後間もない 1947 年に児童福祉法が制定され、同法の要件に満たした保
育所を認可保育所として制度的に位置づけた。しかし 1950 年代半ばになると、法
律の枠外を越えた保育所、いわゆる無認可保育所が見られるようになる。同法で
は、無認可保育所を運営するにあたり、行政への届出を義務づけておらず、また
劣悪な施設であっても閉鎖するための手続き規定が設けられていなかった。その
ため、営利を目的とした株式会社による運営や個人運営など様々な無認可保育所
が乱立したのである。1970 年代になると、無認可保育所（ベビーホテル）による
死亡事故件数が増加傾向をたどり、1980 年に 25 件の死亡事故[7]が発生し過去最悪
となった。それらの事態を受けて、1981 年 6 月に議員立法により児童福祉法が改
正され、無認可保育所（ベビーホテル）に対しては届出の義務が課せられ、自治
体に対しては調査・閉鎖などの権限が与えられた。

（2）マス・メディアが報じたベビーホテル問題の変遷
　「ベビーホテル」問題が、個人的な「点」の問題でなく、「面」で起こっている
「社会問題」として扱われるのに至ったのには、マス・メディアがどのような頻
度で、どのように報じていたからであったのだろうか。【図 1】は、「ベビーホテル」
に関連する問題について、戦後から 1981 年に児童福祉法が改正されるまで、全国

紙 3 新聞、学術誌、大衆雑誌、TBS（テレビ）がそれぞれ報道した件数の変遷を示している。

【図 1】ベビーホテル問題の取扱い記事数（縦軸は件数、横軸は年；筆者作成 [8]）

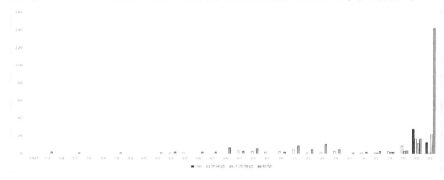

　第 1 に、マス・メディアが取り扱った「ベビーホテル」に関する問題の件数を数値分析した。1940 年代はどの報道機関も皆無である。1950 年代は全体で 3 件、1960 年代は新聞での件数が上昇し、多い年で 7 件となった。また専門家による論文投稿がなされ始めたのもこの年代である。1970 年代は新聞や専門家の論文投稿も僅かに増加傾向にあり、新聞は多い年で 11 件であった。件数が一気に伸びたのが、1980 年である。新聞は 17 件であるが、テレビは TBS の報道だけで 28 件。児童福祉法が改正される 1981 年には、新聞は 142 件と急上昇した。
　「ベビーホテル」問題が社会的議題となったのは、件数が一気に急増した 1980 年であるといえよう。1980 年は、TBS が「テレポート TBS 6」という番組枠内でベビーホテル問題に関してドキュメンタリーで放送を開始した年であった。初回は、1980 年 3 月 26 日「点検！乱立ベビーホテルの実態」というタイトルで放送された。制作者である堂本暁子によると、当初は 1 回限りの放送を考えていたが、「ベビーホテル」内を実際に取材すると、複雑な社会背景があり、継続的に時間をかけて放送する必要があると判断した。よって、TBS は週に 1 回をメドに連続して放送する「キャンペーン報道」の形をとったのである。しかし、新聞報道はまだ 1980 年の時点では 17 件と少ない。このことから、TBS のこの番組こそが、「ベビーホテル」問題に対し、いち早くその問題の重みと重要性を見出したと言

えるだろう。

第 2 に、報道の中での「ベビーホテル」の報道内容の変遷を分析した。1970 年代前半までは「無認可保育所」という言葉が主として使用されていた。そこでは、専門家による学術誌では、無認可保育所による長時間保育や夜間保育の体制への問題が指摘されていた。新聞においては、無認可保育所への補助金助成をめぐり、東京都議会での報告が記事となっている。1970 年代前半以降、初めて新聞で「ベビーホテル」という用語が取り上げられた。当時は、「ベビーホテル」を社会問題として捉えるような取扱いではなく、反対に最新のライフスタイルやビジネスのあり方を提案するような好意的な捉え方をしていたのが特筆すべき点である。

一方で 1970 年代後半からは、一般雑誌等が「ベビーホテルガイド」を特集し高揚をうたうなど肯定的な見解を示す一方で、一部の新聞は「ベビーホテル」の問題点を提起する否定的な見解を示すようになった。

そして 1980 年 3 月の TBS のドキュメンタリーは、段ボールの中で寝かされている子どもや、衛生的な問題を抱えた施設で親の迎えをただじっと待つ子どもの姿など、初めて「ベビーホテル」の実態を「子どもの目線」で描いた。制作者である堂本が否定的な取扱いを始めると、メディア全体の取り上げ方は一変し、2 件を除き、否定的な見解一色となった。それとともに、それまでは新聞での取扱いは、事故や議会での報告を主とする「発生ニュース」が主であったが、TBS による放送の後は、ベビーホテルに密着したルポルタージュの記事、社会システムのひずみなど、改善を提唱するような社説などの記事も新たに加わった。

以上のことから、TBS の「ベビーホテル」問題の放送が、マス・メディアの中でとくに先進的、かつ主体的な報道姿勢を持つものであったということが言えるだろう。それによって社会問題の「可視化」が行われたと考えられる。

２．児童福祉法改正に影響を及ぼした相互関係の検証

「ベビーホテル」問題を大きく取り扱った TBS のドキュメンタリーは、保育政策の根幹となる児童福祉法改定にどのような影響を及ぼしたのだろうか。

【表 1】は、1980 年 3 月から TBS の「テレポート TBS ６」で「ベビーホテル」問題を取り扱った際のタイトルと、国会・都議会、政治・行政、市民活動の動きをまとめた年表である。さらに制作者であった堂本暁子への筆者による直接イン

タビュー9)と堂本の報告書10)によって、マス・メディア、行政、専門家、市民の4つの柱の相互関係を読み解いてゆくこととしたい。

【表1】TBS の放送を中心とした「ベビーホテル」問題年表（筆者作成11)）

年	国会都議会の動き	政治・行政の動き	市民活動などの動き	「テレポートTBS6」の放送
1980年3月				「点検！乱立ベビーホテルの実態」
1980年4月	国会、田中美智子議員「ベビーホテル対策」について質問。			「母親を持つ子どもたち」「いいのか、野放しベビーホテル」
1980年5月		武蔵野市児童福祉行政調査研究委員会報告書。		「預ける母の悩み─ある投書から─」「チェーンに進むベビーホテル」「ベビーホテル国会質疑で追求-子どもの人権をめぐって」「反響特集 ベビーホテルに対する私の意見」
1980年6月				「ベビーホテルもし火事になったら」「認可保育に子どもを入れられません─夜、預ける母の訴え─」「子どもをベビーホテルに預けて 夜、働く母の悩み」
1980年7月	都議会、佐藤三朗議員「ベビーホテル横行する現状」質問。国会、田中議員「ベビーホテルの法的権限」質問。			「ベビーホテル 都議会で追求」「議書はこうみるベビーホテル」「市川房枝さん 桐島洋子さん 田辺敦子さん」「経営書からの投書 農家と女性会社長」
1980年8月				「事故があっても営業しています─京都のベビーホテル」「送迎バスで戸口から戸口へ 京都のベビーホテル商法」
1980年9月				「多発するベビーホテルの死亡事故」「納得できない！赤ちゃんを亡くした母の訴え」「ベビーホテル テレポートTBS6の提言」
1980年10月	国会、植木光議員「ベビーホテル実態調査」要望。	自民党政務調査会社会部会にベビーホテル問題に関する検討会が設けられる。厚生省、ベビーホテル調査を全国に指示。	TBS、TBS討論会「ベビーホテルを考える」開催。全日本ベビーホテル連絡協議会結成。	「全国集会 ベビーホテル」「どうするベビーホテル 園田厚生大臣に聞く」「植木光教氏(自民)衆院選予算委でベビーホテルについて質問」「TV討論会-ベビーホテルを考える-」
1980年11月	国会、石本茂議員「ベビーホテルと夜間保育」質問。		全国社会福祉協議会、乳児院緊急勧告-要望書-(厚生大臣宛)全乳協、乳児院のあり方を考える代表者会議。	
1980年12月		東京都児童福祉審議会、「今後の保育行政のあり方について」(中間答申)。	全国社会福祉協議会、乳児院緊急勧告-要望書-(厚生大臣宛、東京都宛)。	
1981年1月		東京都、「東京都ベビーホテル調査報告」発表。厚生省、「ベビーホテル実態調査結果概要」発表。	第6回児童総会研修会、ベビーホテル問題について討議。	「ベビーホテル利用者、徹底調査」
1981年2月	国会、川俣議員「ベビーホテル実態把握」質問。国会、山田議員「ベビーホテル実態把握」質問。国会、中野議員「ベビーホテル実態調査の結果」質問。国会、平石議員「調査結果における措置」質問。	厚生省、ベビーホテルで重要文書。自民党政務調査会社会部会にベビーホテル問題の策本部設置。衆・参両院協議会にてTBS「乱立、ベビーホテルの実態」上映。衆・参両院超党派婦人議員懇談会にてTBSのVTRを上映。厚生省全国児童福祉主管課長会議にて立ち入り調査項目指示。	全社協、児童福祉需要多様化にともなう対策研究の懇談会。全社協、保育会主催、「ベビーホテルと保育制度の在り方」	「鈴木総理大臣ベビーホテルについて答弁 衆議院予算委」「市川房枝さんとベビーホテル」「ベビーホテルで火災避難訓練」
1981年3月	国会、中村議員「ベビーホテル含めた保育所整備」質問。国会、簑輪議員「ベビーホテルなど保育所のあり方」質問。国会、粕谷照美議員「ベビーホテル実態調査の結果」質問。国会、渡部通子「ベビーホテルへの体制強化」意見。国会、川本議員「児童福祉法の対応」質問。国会、粕谷照美議員「ベビーホテル対応」質問。国会、石本茂「ベビーホテルと社会背景」質問。	厚生省、ベビーホテルの一斉点検を実施。自民党、「ベビーホテル問題対策試案」発表。全国のベビーホテル立ち入り調査。東京都児童院施設長研修会、ショートステイなど協議。社会党国会議員団、夜間保育50ヶ所開設をふくむ予算修正案提出(翌日否決)。東京都児童福祉審議会でベビーホテル問題の検討。東京都議会、ベビーホテル問題での意見書全会一致で採択、厚生省に提出。自民党、日保協とベビーホテル問題を協議。	全国保育団体連絡会、声明「ベビーホテル問題」について発表。研究者・保育関係者、「ベビーホテル」対策と公的保育施設を飛躍的に展開することの要請運動。東京都私立保育連盟、「ベビーホテル問題」に対する見解と提案を提出。ベビーホテル協会総会開催。民間福祉労働組合が「緊急する保育対策」について申し入れ。ベビーホテルを考える会、市民シンポジウム「ベビーホテル問題をどうみるか」開催。自由法曹団婦人部、要望書発表。	
1981年4月	国会、鶴岡洋議員「ベビーホテルの急増」質問。国会、藤原議員「保育関係官吏」質問。国会、渡部通子「ベビーホテル問題の認識」質問。国会、安垣良一議員「ベビーホテルなどへの厚生行政」意見。	日本社会党、ベビーホテル問題で見解発表。日本共産党、「ベビーホテル問題を早く解決するために」と当面の対策発表。東京都児童福祉審議会、ベビーホテル問題を討議。日本共産党国会議員団、ベビーホテル問題に対応するための指示。公明党、「ベビーホテル問題対策」を発表。日本共産党、「保育対策緊急措置法案」検討会。	東京都私立保育園連盟、「ベビーホテル問題に対する対策Ⅰ」発表。全国保育団体連絡会、ベビーホテル問題研究会・東京私保連、「ベビーホテル問題その対策をめぐって」パネル討論会開催。保育三団体、ベビーホテル問題での意見交換開催。	
1981年5月		議員立法として児童福祉法一部改正案を提出。東京都、長期滞在児の調査。	全社協、ベビーホテル問題対策協議会。第20回全国保育問題研究集会、ベビーホテル問題のシンポジウム開催。	
1981年6月		参議院でベビーホテル対策に関する5項目の付帯決議を可決(無認可保育施設の基準の設定、指導監督の実施、無認可施設収容の子どもを乳児院、指導施設に収容、働く母親の保育時間改善など。6.28衆議院でも可決)。		
1981年7月		厚生省、ベビーホテル一斉点検の結果を発表。厚生省、ベビーホテル緊急対策で3大都市の指定保育所に夜間試開始などを指示。		
1981年8月		厚生省児童家庭局長通知「無認可保育施設における指導監督の実施について(当面の指導基準)」を策定し、整備する。厚生省、延長保育特別対策実施要綱を通知(10.1実施、ベビーホテル問題の受け皿対策として、午後10時頃までの夜間保育のモデルの実施、午後7時頃までの保育時間の延長。)		

国会答弁の記録をみると、TBSによる放送前の段階においては「ベビーホテル」に関する答弁はわずか2件しかなかった。しかし、1980年3月の初放送から1981年6月の法改正までの答弁は19件に及ぶ。初放送からわずか2カ月後の第91回国会法務委員会第24号（1980年5月14日）では、田中美智子衆議院議員が、「テレポートTBS 6」の番組を実際に見た感想とその番組内容を事細かに説明し、厚生省に緊急の調査や対策を迫る答弁を行った。

　しかし厚生省は、すぐには対策を講じなかった。堂本が厚生省に問題の事態の把握と対策について取材を行うが、「テニスをするときや海外旅行をするために子どもを預けるような親に公金は使えない」と相手にされなかったという。それまで、保育とは母親が家で行うものであり、保育施設に預けることは経済的な事情などを抱えている家庭、というのが社会通念だった。しかし、高度経済成長に伴い、東京一極集中が進み、家族の形が「核家族」主流に変わり、1970年代半ばから女性就業率が徐々に増加していった時代背景がある。これまでの社会通念と社会で起きた現象に歪みが出てきた時期でもあった。

　どのような母親が「ベビーホテル」に子どもを預けているのかを検証するため、1980年10月にTBSは厚生省よりも先んじて、東京都と周辺一帯の「ベビーホテル」の実態調査を行った。その結果、利用者のうち90.2%の母親が仕事を持っていることが明らかになった[12]。そしてその調査結果をすぐに番組で報じた。つまり、この調査によって、この「ベビーホテル」問題は、個人の事情による「点」の問題でなく、「面」で起こっている「社会問題」だと初めて実証されたことになる。

　【表1】の年表を見て分かるように、TBSが実態調査結果を報じた10月の放送を境に、国会や行政、市民が一気に動き出していることが分かる。そしてTBSの実態調査から遅れて1カ月後、厚生省は都道府県に「ベビーホテル」の実態調査を指示し、翌年の1月に結果を発表することになる。その厚生省の実態調査の結果を受けて、新聞が一斉に報道したことにより、先述したように報道件数は142件と急上昇したのである。このようにTBSによって社会問題として可視化された「ベビーホテル」問題はその後、国会や都議会、行政、市民運動の動きを活発化させ、ついには児童福祉法改正に影響を及ぼしたのである。

（1）マス・メディア（TBS）と世論・市民の相互関係

　報道機関によって与えられた情報は、政策決定にどのようにして影響を及ぼすのか。一般には政策決定者が動くのは、報道が世論、つまり市民を喚起するからだと考えられてきた。ジャーナリストで政治学者の石澤靖治は、「ジャーナリズム（報道）の権力はそれ自身にあるのではなく、報道が世論に与えるからこそ権力をもつ」[13]と述べている。つまり石澤の論は、【報道（メディア・アジェンダ）→ 世論喚起（市民アジェンダ）→ 政策決定（政策アジェンダ）に影響】という流れである。石澤は、民主主義として世論（市民の声）が政策に反映されることは当然であり、正当な政策過程であるとしている。

　TBS「ベビーホテル」放送と世論・市民の相互関係は2つ考えられる。

　第1に、TBSが「ベビーホテル」問題を最初に扱うきっかけとなったのが、「テレポートTBS6」に寄せられた視聴者である市民からの投書であったことである。それは【表1】「テレポートTBS6」の欄にある第1回目の放送『点検！乱立ベビーホテルの実態』で取り上げられている。その投書は、若い母親からで「ベビーホテルが流行っているようですが、レポートしてください」というものであった。以降、制作者である堂本は、番組内で視聴者の投書を繰り返し紹介している。

　第2に、堂本は「ベビーホテル」の現場に何度も取材を重ね、そこに子どもを通わせる市民の声を拾いあげていたことである。母親の声、「ベビーホテル」経営者の声などを番組内で放送をしている。

　TBS『ベビーホテル』は、26回の放送の中で、どのような「メディア・アジェンダ」を立て、市民に何を伝えようとしたのだろうか。

　初回に放送した1980年3月26日『点検！乱立ベビーホテルの実態』から11回目に放送された7月4日『ベビーホテル　都議会でも追及』までのメディア・アジェンダは、「営利目的の無認可保育所・ベビーホテルに預けられた子どもの実態を明らかにし、危険性を示唆すること」であった。「ベビーホテル」の危険性を子どもの視点から描いているという特徴がある。まずは、市民である視聴者に、「ベビーホテル」の実態を知らせるということが目的としてあった。しかし、堂本によれば、「当初から番組に対する視聴者の反応は情緒的かつ一過性のものでしかなく、盛り上がった世論を背景に何らかしらの組織化された行動が生み出されるこ

とはなかった。手ごたえのなさに、キャンペーンの中断を考えたこともあった」[14)]という。

　堂本が述べる「盛り上がった世論」が形成できたということは、世論を喚起するという意味で第一段階の目的は達成ができたといえよう。しかし、「盛り上がった世論」から「何らかしらの組織化された行動が生み出されることはなかった」としていることが注視すべき点である。つまり、世論が喚起されたからといって、それが政策決定に直接的には影響を及ぼさなかったことを意味している。

　これは、本章の冒頭で紹介した萩原（2009）が指摘した、市民の総意としての「市民研究グループ」が機能していないことに関連づけられるのではないか。市民が個々に考える、思うだけでは、政策決定に意思を反映することができないのである。

　つまり、本項の冒頭で述べた石澤（2008）の影響過程は、ここでは当てはまらないと言えるだろう。

（2）マス・メディア（TBS）と行政・国会の相互関係

　市民に向けた「メディア・アジェンダ」によって、世論は喚起することはできたが、政策決定の意思に反映することはなかった。堂本は「ベビーホテル」問題を政策決定に反映させるために、行政や国会に対して2つの行動を起こした。

　第1に、堂本は第2の「メディア・アジェンダ」を立ち上げたのである。第2の「メディア・アジェンダ」とは、「営利目的の無認可保育所・ベビーホテルの規制の必要性」であった。第1の市民に向けた「メディア・アジェンダ」と比べると、「実態を明らかにし危険性の示唆」から、「規制の必要性」と変わり、より公共政策への改革を示すものになっている。つまり、市民に向けたアジェンダでなく、行政官や国会議員など政策決定者に直接、メッセージを宛てたのである。

　この第2のメディア・アジェンダは、放送が始まって12回目放送回である、7月10日『識者はこうみるベビーホテル　市川房枝さん　桐島洋子さん　田島敦子さん』から、最終回である、1981年2月24日『ベビーホテル火災避難練習』の期間までである。

　もちろん12回目以降の放送回においても、第1の「メディア・アジェンダ」のように「ベビーホテル」の危険性を示唆する内容も扱われている。しかし、第2の

「メディア・アジェンダ」の期間中の内容で特徴的なのは、国会議員など政策形成者に対して、「ベビーホテル」の問題についての取材を行っている点である。そして、18回目に放送した1980年9月25日『ベビーホテル　テレポートTBS6の提言』や19回目に放送した同年10月2日『全調査　東京のベビーホテル』からは、政策決定への影響を与えることを目的としたことがわかる。また第19回の放送回から「政治・行政の動き」が活発化したことが【表1】から読み取れよう。

　第2に、制作者である堂本がみずから現状改善のために番組制作以外に活動したことである。はじめに、1980年3月の放送開始以来、堂本は何度か厚生省に自ら足を運び、取材をしつつ現状改善を訴えた。次には、当時参議院議員だった市川房枝氏のところへ放送した番組のVTRを持参して、同様に現状改善を訴えた。市川議員からは「国会を動かして法律を変えるのならば、データが必要」と言われる。堂本はその助言に従って、番組独自の実態調査を開始する。

　ジャーナリズムには、ウォッチドッグという権力の監視の機能がある。ジャーナリズムは、民主主義国家において、権力者に対し不正を追求する役割を担っており、「編集権」などといった権利も法的に確立されている。筆者も番組制作者ではあるが、これまでに政策決定者（行政や議員）から情報を得ることはあっても、直接問題改善を働きかけることまではなかった。特に、テレビ・メディアは公共の電波を利用していることから、公平中立・不偏不党の立場を保持する義務があり、権力から自立しなければならないという原則がある。

　このような義務と原則からすれば、堂本がとった行動は、明らかに制作者としての役割としての一線を超えていると言わざるを得ない。筆者が堂本に対しておこなったインタビューの中で、「Q.　行政や国会議員に直接働きかけることは制作者の権限を越えているのではないか」との問いに対して堂本は、「A.　そのときは、子どもを助けないといけないと思い、必死だったんでしょうね。これが（政策決定者たちに直接問いかけることが）最善だと思った」と答えている。

　1994年にピュリツアー賞を受賞した、アフリカの貧困の現場を捉えた「ハゲワシと少女」の写真がある。飢餓状態の女の子が、立ち上がることもできず、ハゲワシに狙われているという写真だ。この写真が新聞に掲載されたとき、大反響とともに「なぜ助けないのか」という議論が巻き起こった。「報道か人命救助か」という論争は、今なお制作現場でも議論の対象になる。堂本の行動も、基本的には

これと同じである。堂本が直接、行政官や国会議員に訴えた 1980 年は最も「ベビーホテル」での死亡事故が多かった時期である。差し迫って「命」に危険が及んでいること、自分では決断できず、大人の判断にゆだねなければならない「子ども」が被害者であることは、やはり改善への緊急性が高いと判断したのである。そのことを踏まえれば、堂本がとった行動は、当然のこととも言える。

　現在、少子高齢化が一気に加速する中で、今後のドキュメンタリー番組は、ウォッチドッグとして行動が制限されるのではなく、政策決定者とともに、どのような番組作りがあり得るのか、問題解決への本質を共に考えるべきではないだろうか。TBS の「ベビーホテル」ドキュメンタリー番組は、今後のドキュメンタリー番組制作にとっての成功事例として扱われるべきである。

　第 3 に、堂本は直接、行政や政策決定者に訴えるだけでなく、放送した VTR を再活用していることも特筆するべき点である。はじめに、TBS 主催の「TBS 討論会」の中で、堂本と専門家によって VTR を交えながら討論会が行われた。次には、全国乳児福祉協議会や全国社会福祉協議会、衆参両院婦人議員懇親会、衆参両院超党派婦人議員懇談会の会議や勉強会などで VTR が上映された。

　テレビ・メディアの特質として、「短期的な影響力は持つが、放送は一過性のものであり、紙メディアと異なり、持続性がない」と指摘されることがある。効果的に影響を及ぼすには、何度も繰り返して放送をする必要があるのだが、実質上は放送枠というものに制限されている。また視聴率が取れなければ繰り返し放送することは難しい。だが今回の場合は、「キャンペーン報道」という手法をとって、1 回の放送だけでなく継続的に放送し続けることができた。それに加えて、番組を放送するだけでなく、勉強会などでも放送の VTR が上映された。このことで持続性を更に保つことができたのである。勉強会やシンポジウムの参加者は放送で獲得できる視聴者数には到底及ばないが、目的意識をもって視聴する人たちが集まっている。同じく上映（放送）するのにも、そこで得られる受け手の意識の変容や効果は明らかに勉強会やシンポジウムの方が高いであろう [15]。したがって TBS の「ベビーホテル」ドキュメンタリー番組が社会に影響を及ぼした要因のひとつとして、「番組が放送を越えて活用されていた」という点も加えることができよう。

（3）マス・メディア（TBS）と専門家の相互関係

　専門家は学術誌で1960年代から「ベビーホテル」問題（保育所不足）に言及してきた。残念ながらその警鐘は、大手マス・メディアに取り上げられることも政策に反映されることもなかった。先述した通り、「ベビーホテル」問題が社会問題と認識されるようになったのは1980年にTBSが放送してからである。

　TBSの「ベビーホテル」問題が政治にも影響を及ぼしはじめたのは、19回目放送の1980年10月2日『全調査　東京のベビーホテル』で大学の教員（専門家）と連携して東京都の一部に限って実態調査を実施してからである。有効サンプル数は450にも上った。「ベビーホテル」の実態調査は、単にアンケート用紙を配って記入してもらうということでなく、現場に赴き、その都度、交渉して調査を行うというものであった。テレビ制作者の堂本だけでは到底、450のサンプルをとることはできず、専門家の協力なくしてはできなかったであろう。そしてその調査の結果を報じた放送によって、行政や国会が動いたことについては先述した通りである。マス・メディアと専門家の協力体制は必須だったと考えられる。

（4）　4つの柱の相関図の考察

　先述したように、マス・メディアと政策決定の影響過程として、石澤（2008）の論である【報道（メディア・アジェンダ）→ 世論喚起（市民アジェンダ）→ 政策決定（政策アジェンダ）に影響】という流れがある。ここでは、マス・メディア、市民（世論）、行政・国会（政策決定者）の3つの柱が挙げられ、「神の見えざる手」のような力が働き、自動的にマス・メディアから市民へ、市民から政策決定者へと一方向に情報が影響していく過程とされている。しかし「ベビーホテル」の事例において、石澤の論じる影響過程を見出すことはできない。

　次に、アメリカの社会学者デーヴィット・L・プロテスらは、石澤の論とは異なるマス・メディアと政策決定の影響過程として、「提携モデル」[16]を唱えた。「提携モデル」とは、制作者と政策決定者が協力関係にあり、それが政策決定に影響を与えるもので、世論喚起による影響ではないとしている。それを表したのが【図2】である。

【図 2】調査報道の提携モデル（Protess et.al 1991:251）

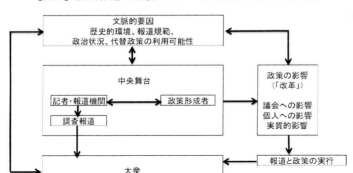

　プロテスらは、マス・メディア（制作者）と政策形成者が協力関係、つまり相互関係にあることを指摘している。これは、マス・メディアの「メディア・アジェンダ」は、制作者と政策形成者で内々で決められており、市民はその結果を伝えられるというものである。しかし、マス・メディアと市民、専門家との相互関係は述べられていない。

　では、「ベビーホテル」問題を巡り、マス・メディア（TBS）、市民、行政・国会、専門家の4つの柱がどのような相関関係となっていたのか。

　TBS の「ベビーホテル」ドキュメンタリー放送から政策決定までの過程を明らかにした結果を石澤とプロテスの論に当てはめると、プロテスらの「提携モデル」に一部適合する。制作者である堂本と国会議員との協力関係が、先述したように明らかである。しかし、今回の事例ではプロテスの「提携モデル」だけでは不十分な点もある。堂本は政策決定者である国会議員だけとの協力関係を構築しただけでなく、市民を単なる「視聴者」とするのではなく、情報の提供を行い、「ベビーホテル」問題を考える勉強会や市民運動で上映会、報告を行なっている。その活動によって、福祉関係各所から要望書などが政策決定者に提出されているのである（【表 1】を参照）。更に、専門家との相互関係の中で、共に実態調査を行った。その結果は、番組に反映され、この調査結果こそが、政策決定者に影響を与えたと言っても過言ではない。まさに「ベビーホテル」問題への政策決定過程は、4つの柱の相互関係によって成立していると言えるだろう。「ベビーホテル」問題にお

ける 4 つの柱の相互関係モデルを【図 3】に示した。

【図 3】「ベビーホテル」問題における 4 つの相互関係モデル（筆者作成）

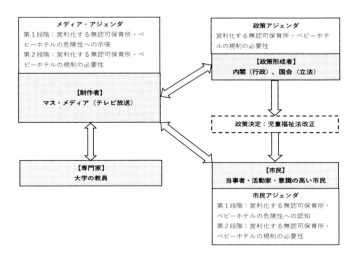

　マス・メディアは他の 3 つの柱をまとめるパイプ役となり、それぞれの「アジェンダ」の基礎となった。特筆するべきは、この 4 つの柱の相互関係が築ければ、比較的「早い段階」での政策決定がなされることである。【図 1】で示したように、「ベビーホテル」問題は 1970 年代には新聞社が警鐘を鳴らしているが、政策決定まで結び付かなかったのは、おそらく専門家や政策決定者との相互関係がなかったからだと考えられる。

４．保育行政の確立にテレビ・ドキュメンタリーが果たした意義

　これまでは、TBS の「ベビーホテル」ドキュメンタリー放送から児童福祉法改正までの過程とその要因を分析し、論じてきた。ここでは、1980 年に放送された TBS のドキュメンタリー番組が現在に至る保育行政にも大きな影響を与えたことを検証したい。

　1980 年 3 月から TBS が率先して「ベビーホテル」という語を使用して以降、国会議員も「ベビーホテル」という語を用いるようになった。それまで、無認可保

育所という言葉を使用していた厚生省さえも「ベビーホテル」という言葉を使用し始める。1981年1月に厚生省が「ベビーホテル実態調査結果概要」を発表すると、新聞も「ベビーホテル」という言葉に統一するようになる。また学術専門誌でも「ベビーホテル」という語が使用され、1981年以降「ベビーホテル」という語が、国会・行政、市民、マス・メディア・学術界において一般化した。しかし、TBSが「ベビーホテル」問題を取り扱った1980年時点では、「ベビーホテル」の定義はまだなされていなかった。保育行政を司る厚生省（1986）が発行する「厚生白書」で初めて「ベビーホテル」の記述がなされたのは1982年である。1976年に創刊された「保育白書」[17]においても、当時「ベビーホテル」という記述はなかった。「ベビーホテル」に定義がないまま、堂本は、1980年10月に番組の中で実態調査を行う際に、「調査の対象としたベビーホテルの定義」として以下のように示した。

> 東京都内の公・私立の認可保育園、東京都の無認可保育室や保育ママさんのように、公金で運営されたり、補助を受けたりしていない民間の託児施設を対象に調査を行った。なお、事業内保育所、院内保育所、校内保育所は除外し、独立した施設で、父母からの保育料を徴収営業している施設に限定した。さらにベビーホテルの特徴としては、1）24時間保育、2）夜間保育、3）一時預かり、4）長期預かり（1週間、1カ月）があげられる。このうち24時間保育、または午前0時前後までの夜間保育を行っている施設を調査の対象とした。午前8時前後まで営業している施設で一時預かりを行うところはベビーホテル数の中には加えたが、調査対象から除外してある[18]。

1980年10月の段階で堂本は、このように暫定的なベビーホテルの定義付けをし、実態調査を実施した。その1カ月後の11月に厚生省が全国に「ベビーホテル」の実態調査を指示するが、厚労省の「ベビーホテル」の定義付けは、「24時間保育、深夜保育、一時預かり」のどれかを満たすものを「ベビーホテル」としている。堂本の定義には、4）長期預かりも対象に入っていたが、それ以外の「1）24時間保育、2）夜間保育(深夜保育)、3）一時預かり」は厚生省と同じである。時間軸の流れから、堂本の「ベビーホテル」の定義が土台となって、厚生省による定義付

けが確立されたと考えることができる。

　堂本は、自分の足で多くの「ベビーホテル」の実態を取材している。その中で、事故が多発する保育施設はどこに属していることが多いのか、問題の本質はどこにあるのかを取材していた。その中で堂本が重点的に調査を進めるべきとしたのが、無認可保育施設のうち、1）24 時間保育、2）夜間保育、3）一時預かり、4）長期預かりだったのである。

　一部の有識者からは、これらの「ベビーホテル」の定義付けが狭義すぎるとの批判もあったが、結果として、堂本や厚生省が厳密な形ではないにしろ、「ベビーホテル」の実態調査を行ったことで、問題が可視化され、さらに客観的な数値を示すことによって、行政の対応が早まったのは周知の事実である。今回の事例においては、学問的な厳密な定義付けよりも、現場で起こっている「問題の本質」に光を当て、暫定的でかつ狭義の「ベビーホテル」の定義を早急に立てた方が、社会にとって重要だったと言えるだろう。その後、1980 年に TBS の堂本によって立てられた「ベビーホテル」の定義は、現時点での厚生労働省における「ベビーホテル」の定義の土台となっている[19]。

　現在、「ベビーホテル」に対する行政による調査は、定期的に行われるようになり、その調査対象となる「ベビーホテル」の定義は、上述の狭義の定義が依然として使われている。TBS の「ベビーホテル」ドキュメンタリーは、児童福祉法を改正に影響を与えただけでなく、現在に至る保育行政をつかさどる「ベビーホテルの定義」にまで影響を与えたことが明らかになった。

5．おわりに——今後の展望

　本章では、2 つの「ベビーホテル」問題を起点に 2 つの検証を行った。

　1 点目は、マス・メディア、行政、専門家、市民の 4 つの柱がどのような相互関係で政策決定に至ったのか、その過程の検証である。それは第 1 に、TBS が「ベビーホテル」問題を放送する上で、市民である視聴者の投書を多く取り入れていたこと。第 2 に、大学教員である福祉の専門家と独自の実態調査を行政よりも早く実施したことで、社会問題として可視化させたこと。第 3 に、制作者である堂本が国会議員と協力関係にあったことが早期に児童福祉法改正へとつなげることができたこと、の 3 点が明らかになった。

マス・メディアの立場にいる、TBSの制作者・堂本が主体となって、他の3つの柱をまとめるパイプ役となり、それぞれの「アジェンダ」の基礎となった。この4つ柱の相互関係が築かれたことで、それぞれのアジェンダが明確になり、比較的「早い段階」での政策決定がなされたと考えられる。TBSが「ベビーホテル」問題を放送する以前の1970年代には、新聞社が警鐘を鳴らしている。しかしその報道が政策決定まで結び付かなかったのは、おそらく専門家や政策決定者との相互関係がなかったからだと考えられよう。

　2つ目に、テレビ・ドキュメンタリー番組が保育行政に果たした役割の検証である。検証から明らかになったのは、第1に、TBSのドキュメンタリー放送が初めて大きく「ベビーホテル」問題を取り上げたこと。第2に、番組で「ベビーホテル」という用語を定義付けたことで、現在においてもその定義が土台となり、それをもとに「ベビーホテル」の調査が定期的に行われるなど、保育行政の根幹を司るようになったことである。これらは児童福祉法改正という結果をもたらしたほか、時間軸を超えた現代の保育行政の一分野にも影響を与えたと言える。

　また今回事例として取り上げたTBSのテレビ・ドキュメンタリーによって、視聴率の効果測定だけでは図れない、長期的な効果を生み出す可能性を見出すことができた。今回のケースは、社会に影響を与えた数少ない成功事例の1つであるが、テレビ・ドキュメンタリーの機能の可能性を新たに見出だすものだろう。

　今後の展望としては、社会に影響を与えた他のドキュメンタリー番組の成功事例を取り上げ、今回の「ベビーホテル」問題との共通性・相違性を分析しながら「4つの柱」の構造的分析、理論構築を目指したい。

*本稿は、浅野麻由（2018）「テレビ・ドキュメンタリーが社会に与えた影響 ～ 保育行政を事例に ～」『Social Design Review』 vol.10.社会デザイン学会。の論文を大幅に加筆・修正したものである。

註

1) 萩原なつ子(2009)、『市民力による知の創造と発展』、東信社。

2) 前掲 1　p.4.

3) 前掲 1　pp.215-216.

4) 前掲 1　p.215.

5) 前掲 1　p.216.

6) 主な制作事例の第 1 例としては、NNN ドキュメント『アパート・トロピカーナ〜日本を棄てたニッポン人』(2007 年)。年金だけでは日本で暮らせない高齢者が、物価の安いタイに移住することを描いた番組。日本の高齢者問題、年金問題に言及した。第 2 例としては NHK-BS1 スペシャル『世界の貧困』(2010 年)。貧困の社会構造などを紹介し、日本だけでなく国際的な規模で貧困問題を考えていく視点を提示した。

7) 『厚生省五十年史　記述編』(1988)、財団法人厚生問題研究会。p.1759.

8) 全国紙 3 新聞とは、朝日新聞、読売新聞、日経新聞である。朝日新聞は「記事データベース聞蔵Ⅱ」、読売新聞は「ヨミダス歴史館」、日経新聞は「日経テレコン 21」の記事検索データベースを使用した。尚、毎日新聞と産経新聞の記事検索データベースは 1980 年代に対応していなかったため除外した。学術誌は、「国立国会図書館サーチ」の「記事・論文」の項目から検索した。大衆雑誌は、「雑誌記事牽引集成データベース」から検索し、堂本(1981)の報告書（pp.364〜379.）も参考にした。テレビアーカイブスは一般に公開されていないので、前出の堂本の報告書にある TBS の報道のみを対象とした。いずれも検索ワードは「無認可保育所」「ベビーホテル」でその総数を数値化した。

9) 堂本暁子氏へのインタビュー、2018 年 4 月 21 日実施。

10) 堂本暁子編(1981)、『ベビーホテルに関する総合調査報告書』、晩聲社。

11) 以下より作成。『厚生省五十年史(資料編)』(1988)、財団法人厚生問題研究会、pp.1227〜1435.／『児童福祉五十年の歩み』(1998)、厚生省児童家庭局編、p.31.／『保育白書』(1979〜1981)、全国保育団体連絡会、pp.358〜369.／国会議事録検索システム／都議会録検索システム／堂本暁子編(1981)、『ベビーホテルに関する総合調査報告書』、晩聲社。

12) 前掲 10 p.180.

13) 石澤靖治(2008)、『テキスト現代ジャーナリズム論』、ミネルヴァ書房。p.37.

14) 前掲 10 pp.8~12.

15) ドキュメンタリー番組の活用・効果に対する研究は、浅野（2015）を参照。

16) Protess, David L., Fay L. Cook, Jack C. Doppelt, James S. Ettema, Margaret T. Gordon, Donna R. Leff and Peter Miller (1991) *The Journalism of Outrage: Investigative Reporting and Agenda Building in America*, The Guilford Press: New York. p.251.

17) 「保育白書」(1979～1981)、全国保育団体合同研究集会実行委員会編集、草土文化。

18) 前掲10　p.18.

19) 「厚生労働省：用語の定義」ホームページ（2018 年 10 月 28 日閲覧）
https://www.mhlw.go.jp/toukei/saikin/hw/jidou/09/yougo.html

参考文献

浅野麻由(2015)、「テレビドキュメンタリーと教育で世界の貧困問題を考える──『映像の力』を教育現場に生かすには──」『修士学位論文』、立教大学大学院 21 世紀社会デザイン研究科。

堂本暁子編(1981)、『ベビーホテルに関する総合調査報告書』、晩聿社。

萩原なつ子(2009)、『市民力による知の創造と発展』、東信社。

石澤靖治(2008)、『テキスト現代ジャーナリズム論』、ミネルヴァ書房。

伊藤高史(2010)、『ジャーナリズムの政治社会学　報道が社会を動かすメカニズム』、世界思想社。

株式会社東京放送編集(2002)、『TBS50 年史』、東京放送。

厚生省(1986)、『厚生白書』、ぎょうせい。

厚生省児童家庭局編(1998)、『児童福祉五十年の歩み』、厚生省児童局。

Protess, David L., Fay L. Cook, Jack C. Doppelt, James S. Ettema, Margaret T. Gordon, Donna R. Leff and Peter Miller (1991) *The Journalism of Outrage: Investigative Reporting and Agenda Building in America,* The Guilford Press: New York.

竹下俊郎(1998)、『メディアの議題設定機能　マスコミ効果研究における理論と実証』、学文社。

戸井田三郎(1981)、「ベビーホテル問題と児童福祉法改定」『月刊自由民主』(341 号)、自由民主党。

財団法人厚生問題研究会(1988)、『厚生省五十年史　記述編』、厚生問題研究会。

全国保育団体合同研究集会実行委員会編集(1979～1981)、『保育白書』、草土文化。

第7章　在宅医療の場が問いかける医師の役割
～「治せない」患者についての在宅医の語りからの考察～

　今、在宅医療は人生の最期の時間を住み慣れた場所で過ごすための手段として、人々の関心を集めている。介護保険制度が始まった 2000 年頃までは、在宅医療を担う医師は少なく、在宅医療という仕組みは一般にはあまり知られていなかった。しかし、最近は、小説やドラマ、映画、ドキュメンタリーなどで度々取り上げられ、「最期まで好きなものを食べて過ごした」「最期に孫の結婚式に行くことができた」などの事例も紹介されたことで、在宅医療は広く知られるようになってきた。実際に在宅医療を受けた人も増えており、厚生労働省の患者調査によれば、調査実施日に在宅医療を受けた患者数は 2017 年で約 18 万人と、1999 年の同調査の 2.5 倍となっている（厚生労働省 2019: 6）。さらに 2020 年からの新型コロナウイルスの流行で、病院や高齢者施設での面会が制限されたことを受け、家族が在宅医療への切り替えを希望する例もあるという。

　もちろん、在宅医療だけが最期まで自分らしく生きるための医療で、病院ではそれが実現できないというのは単純化が過ぎるだろう。在宅医療を受けてよかったという面が強調されすぎてしまうことも問題である[1]。とはいえ、近年の在宅医療の普及は、体調が悪くなったら病院に行くこと、そして病院で亡くなることがあたりまえになっていた日本において、人生の最期の時間の過ごし方に新たな選択肢を提供しつつあることは間違いない。同時に、"家"で医療を受けるという環境下で、患者が最期まで自分らしく生きるために、患者やその家族、および医療従事者がどのように関わり合うべきかという、新たな課題も生まれている。

　筆者は、医療従事者の意識や行動に興味を持ち、中でも、人々の生活に近い場で活動する医師、例えば在宅医療やまちの人々とコミュニケーションの場を作る医師への質的調査を行ってきた。医師全体からみれば少数派である彼ら・彼女ら

に注目し、その行動に見え隠れする新しい意識や思考プロセスを捉えることを通じて、現在の様々な医療課題を掘り下げ、解決する糸口を見出したいと考えてきた。

　そこで本稿では、在宅医療を担う医師（以降、在宅医）の立場からの患者やその家族との関わり方について考察してみたい。取り上げるのは主に2人の在宅医の語りである。2人の語りから、患者やその家族と向き合う際の在宅医の役割について1つの視点を示し、その意味や可能性について述べるのが本章の目的である。

１．在宅医療という場と医師
（１）新たな医療と看取りの世界

　在宅医療とは、医師などの医療専門家が、通院困難で自宅での療養を希望する患者の住む自宅や介護施設などを訪ねて診療を行うサービスを指す。

　外来や入院などの一般的な医療とちがい、在宅医療では定期的な訪問診療が基本となっている。通常、在宅医は月2回程度訪問診療を行い、急変時など定期的な訪問以外の対応は、往診として区別されている。訪問診療を受けられる患者は、医師が必要と判断した患者のみで、誰もが受けられるわけではない。加えて、医療機関が訪問できる範囲は原則として半径16km以内と決められているため、患者が自由に訪問診療をする医療機関を選べるとは限らない。つまり、在宅医療とは、原則としてフリーアクセスが保証されている一般的な医療とは異なり、限定された人を対象に定期的な訪問診療の契約を結ぶことから始まる、新しいスタイルの医療なのである。

　さらに在宅医療においては、看取りの問題を無視することはできない。在宅医療は看取りを目的とした医療ではないのだが、対象となる患者の特性上、現在の医学では「治せない」患者が多く、人生最期の時間を家で過ごすことを目的としている患者も少なくない。

　かつては日本でも家で最期を迎えることはあたりまえで、現在のように病院で亡くなる人が家で亡くなる人を上回ったのは1976年のことである（厚生労働省2016: 15）。それまでは、家で療養する患者を医師が往診していたほか、医師にかからないまま亡くなる人も多かった。例えば、医療人類学者の波平恵美子は、山村部で交通の便が悪いところでは、昭和40年代初め（1960年代後半）まで、長期

間病臥している人や高齢者については医師に診せることをあきらめることもあったと報告している（波平 1996: 95-104）。

　だが、現在の在宅医療やその先にある看取りの様相は、過去のそれとは全く異なる。現在は、在宅であっても、病院で用いられるような医療技術、例えば呼吸を整えるための酸素供給装置やポータブルな検査機器が使われている。また、一人の患者に数多くの専門家が関わることが一般的で、医師の他に、訪問リハビリテーションを行う理学療法士・作業療法士・言語聴覚士、訪問歯科医などがいるほか、看護師も訪問看護専門の看護師らが複数入ることが多い。加えて、ヘルパーや訪問入浴サービスなど生活支援のための介護の専門家も患者やその家族を支援している。

　このような現在の在宅医療及びその先の看取りについて、訪問看護師の感情や行動を研究した哲学者の村上靖彦は、「いったんは病院での医療と看取りがシステムとして整ったことが前提となって、それが自宅へと移入されることになって初めて生み出されたもの」と述べている（村上 2018: 8）。

　つまり、現在の在宅医療は、仕組みが新しいだけではなく、その内容も、医療の受け手と担い手、双方がこれまでに経験したことがない新しい医療と看取りの世界が展開されている場なのである。

（2）在宅医の課題：「治せない」患者に何を行うのか

　近年、在宅医療が強く推進されるようになった一因には、高齢化に伴い、がんなどの完治が難しい、いわば「治せない」慢性疾患が増えたことが挙げられる。国は、2013 年に、患者の病気の治癒や社会復帰を目標とした「病院完結型医療」を見直し、患者が病気と共存しながら「生活」することを支える、つまり、「治す」医療から「治し、支える」医療への転換を図る方針を示した（社会保障制度改革国民会議, 2013: 21）。その具体策の中心とされているのが在宅医療である。

　「治せない」患者の日々の生活が快適であるよう、社会がサポートすることは重要である。だが、医療として見た場合、「治し、支える」医療への変革は、医療の目的をあいまい化することに繋がる。社会学者の猪飼周平は、医療の目的がQOL（生活の質）増進に向かうと、これまでは医師が「医学という一種の科学的知識体系によって」治療方針などを決めていたが、それが難しくなると指摘して

いる。なぜなら、QOL には個人差があり、何を大切にしたいかと問うても、本人さえもよくわからない面があるので、何を増進する方向にすればいいのか、一義的には決められないからである（猪飼 2010: 217-218）。

　確かに、医師のよりどころとなっている科学的知識体系は「治す」ための医学的専門知識（以降、医学知）が中心であり、一方、在宅医療の患者は、「治せない」患者である。「治せない」患者やその家族が生活の場で抱く多様な希望や目標に対して、医師が、治すことを主眼として開発されてきた医学知をもとに、どこまで対応できるのか、あるいは対応すべきなのか。在宅医にとって、難しい課題である。

　議論を先取りしていえば、本章で紹介する 2 名の在宅医は、患者の容態を客観的に把握することや薬を使うことなど、医療技術を用いるという意味での医療的行為以外にも、患者やその家族に対して様々な行動をとっていた。そして、どちらの行動においても、従来からの医師像とは異なる行動や思いがみられた。次節に具体的な語りを示す。

２．濃密な関わり

　ここからは、筆者が 2014〜2017 年に 10 名の在宅医中心に実施した、患者やその家族の生活への関わりについてのインタビューの中から、いくつかの語りを紹介する [2]。協力者は、首都圏の都市部で開業あるいは病院等に勤務する在宅医で、いずれも調査時 10 年以上の医師経験がある。その中から、患者やその家族と濃密に関わったエピソードを語った 2 人の在宅医の語りを主に取り上げる。

（1）患者の容態をコントロールする

　A 医師は、医師歴 20 年、在宅医療歴 20 年の医師である。A 医師は、在宅医療をしてよかったと思った事例として、「濃密に関わった」40 代女性 S さんとその家族について語った。

　S さんは、がんの終末期の患者だった。健康診断でがんが見つかって手術を受けたが、約半年後に転移が見つかり、病状が徐々に悪化していった。S さんには小学生と未就学児の 2 人の子どもがあり、子どもたちの声が聞こえる家に居たいという S さんの希望を受け、A 医師による在宅医療を受けることになった。がんの

場合、最期まで比較的身体の機能が保たれることが多く、亡くなる前に急激に悪化する。A医師がSさんに関わったのは、丁度、急激に病状が悪化していくところで、1日2回往診に行くこともあった。A医師が行っていたことは、主にSさんの痛みの緩和であった。「痛みで苦しまないように、でも眠らずに起きていたい」というSさんの希望に沿って、麻薬を用いて微妙なコントロールをしていた。

　Sさんについて、筆者はSさんの夫にもインタビューを行うことができた。Sさんの夫は、麻薬を使うことになった時の、A医師の言葉をよく覚えていた。

　　　そこを［筆者注：麻薬を使ったSさんの状態のコントロール］お願いしますって言ったら、「じゃあもう呼んでくれればすぐ来ますから」って。

　実際に、Sさんの夫は、頻繁にA医師に連絡を取っており、Sさんの痛みが強い時や、自分の身体が動かなくなっていくことへの不安からSさんがパニックに陥った時などには、すぐ連絡を取っていた。Sさんの夫は、駆けつけてくれるA医師の処置で、妻の辛そうな顔が減ったことに満足していた。Sさんの夫によれば、Sさんを家で看ていた時の生活は、不安になる妻を励ましつつ「自分も励ましている」状態だったという。身体の急激な衰えに動揺する妻に「どう声かけていいかなんて分かんない」状態で、時々、ふとした拍子で涙が止まらなくなったこともあったそうだ。Sさんの夫にとって、A医師の存在は、妻だけではなく自らの心の安定ももたらしてくれるものだったことがわかる。

（2）患者とその家族の生活に入りこむ

　A医師は、Sさん夫婦との会話の時間も大事にしており、次のようなエピソードを語った。

・方針を「固めて」いく
　もともと、A医師のところには、Sさんは緩和ケア方針（病気の根本治療ではなく、痛みのケアを優先する）ということで紹介状がきていた。しかし、Sさんの夫と話をしてみると、夫は「治らないかなあ」と話し、治療や完治することを「全くあきらめていない」様子だった。そこで、A医師はSさんの夫に

「治るといいですよね」と答えながら、少しずつ病状の深刻さや最期が近づいてきたときの患者への対処方法の選択肢について説明し、Sさんの夫が自分で方針を「固めて」いけるように、会話を重ねながらつきあっていた。

・互いの気持ちを媒介する

Sさんの夫は、妻を懸命に看ていたが、闘病中は「お互いに話すと結構喧嘩腰になっちゃったりする」こともあり、夫婦の間がぎくしゃくすることもあった。ある日、A医師がSさんの足をマッサージしていると、Sさんの夫の話になった。A医師が「いいご主人ですね」と言うと、Sさんは「はい、すごい優しい主人です。感謝してます」と語った。だが、感謝の気持ちをSさんは夫に伝えてはいなかった。そこで、A医師は、Sさんに代わり、Sさんの夫にその気持ちを伝えた。Sさんの夫は号泣していたという。

また、Sさんの夫によれば、A医師は家族の旅行の実現のためにも力を貸していた。結果的に、Sさんは体調の悪化のため参加できなかったが、A医師を始めとした診療所の医師や訪問看護師、周りの人などが交代でSさんを見に来るよう工夫をしたことで、旅行が実現できたという。

このように、A医師はSさんに対する医学的な処置を行うだけではなく、Sさん夫婦や家族に様々な形でかかわっていた。A医師およびSさんの夫の語りを通して気がつくのは、A医師とSさん夫婦の間のコミュニケーションの豊かさである。A医師がSさんを診ていたのは約1か月と短い期間であったのだが、おそらく、筆者に語ったエピソード以外にも、A医師はSさん夫婦と様々な会話をし、言葉を受け止めていたと推察される。

病院においても、医師と患者やその家族がプライベートな話をすることはできるだろう。ただ、そのような会話は、一朝一夕で可能になるものではなく、会話ができるような関係性を築くには時間も必要である。在宅医療においては、在宅医と患者やその家族が濃密に関わることがある分、A医師ほどではないかもしれないが、ある程度、医師と患者やその家族の間の会話が生まれる機会が病院よりも多いのかもしれない。

Sさんの夫は、A医師を「フルサポートしてくれた」と評し、在宅医療を受けな

がら妻を看取ったことに満足していた。「フルサポート」という言葉には、A医師とSさん夫婦とのコミュニケーションの深さも含意されている。A医師の「濃密」という言葉とSさんの夫の「フルサポート」という言葉は呼応するものだった。

（3）「役に立ちたい」気持ちとその背景

A医師は、患者やその家族からの往診依頼に常に応えていたわけではなく、患者の状況によって訪問の判断をしていた。また、複数の医師で訪問診療を行っているため、依頼があっても常にA医師が対応するわけではなかった。それでも、Sさん家族との関係のような濃密な関わり方は、A医師にとって少なくない負担がかかっていたはずである。なぜ、A医師はここまで行ったのだろうか。

A医師は、患者の治療や苦痛緩和などの医療的行為を医師としての「プロの仕事」と呼び、それ以外に、患者やその家族の話を積極的に聞くことや、家族の生活のためにA医師が出来そうなことを行う理由を次のように語った。

　　　まあそれも［筆者注：話を聞くこと］、プロとして聞いてる部分もあるんですけど。でもまあそんなに全部、人間なので完全にプロとか機械的に聞いているわけではなくて、多分その人を好きになろうとするというか、お仲間になろうとして聞いている感じがあるかもしれないです。
　　　そういう意識の持っていき方もプロとしてやってるかもしれなくて、なんか、境目がわかんないですけどね。本当に嫌いと思っちゃったらそこまでは多分いけないので、このファミリーの役に立ちたいとか、なんか、そういう気持ちはあったりとか。（フィールドノート）

A医師は、患者やその家族と会話する背景には二面性があると答えた。1つは、医療的行為を行うための情報収集という目的合理性の高い行動、もう1つは、「好きになろうとする」、「お仲間になろうとする」という気持ちから発した行動である。ただ、2つの行動の間に明確な区分はなかった。

実はA医師ばかりではなく、筆者がインタビューをした他の在宅医も、それぞれ患者の容態のコントロールの他に、患者とその家族の生活に入り込んだ行動をとっていた。B医師もその1人である。

B医師は、医師歴15年、在宅医療歴5年の医師である。B医師は、病院でALS（筋萎縮性側索硬化症）などの神経難病の患者を多く診てきた。ALSなどの神経難病の場合、診断はつくが有効な治療方法はあまりないため、病院で行えることは少ない。そこで、B医師は、ALS患者が病院を出て家で生活することをサポートする専門家になりたいと、在宅医療を行うクリニックを開業した。

　B医師は、患者の家族は特に夜、患者の具合が悪くなった時の対応に不安を感じていると語り、「常に携帯を持っていて、必ず出るので、心配要らない」と家族に言うと、安心してくれるのだと語った（フィールドノート）。また、患者の生活上の様々な希望に対しては、まずは、医療的行為、例えば薬物調整や栄養を補うための点滴などを「きちんと」した後だと語りながらも、数多くの患者の希望に応えたエピソードを語った。例えば、嚥下障害があるグルメな患者のために、家族と一緒に食材や加工方法を工夫し、患者に好物を経口で食べてもらったこともあった。

　常に携帯電話を持つことも、様々な患者の希望に応えることも、B医師にはかなりの負担であり、B医師自身もこのままのやり方で「続けるのは無理」と答えていたほどである（フィールドノート）。なぜそこまで行うのかという問いに、B医師は次のように答えた。

　　元気を取り戻させることってできないじゃないですか。それは絶対にできないことですからね。［筆者注：だからやらないのは］絶対にできないことだけかもしれません、もう本当に考え付くことはすべてやるので。看護師さんもいるし、できることをみんなで考えて、それを。［中略］人のためになってることで、多分、自分が満足しているのかなと思います。（フィールドノート）

患者を元気にすること、つまり治すことは「絶対に」できないから出来ることはする、というB医師の語りは、患者を「治すこと」ができないという事実が医師に与える影響の大きさを物語っている。

　「治す」ことは医師のアイデンティティを形成する要素でもあり、医師によっては、医師を志した動機になっている場合もある。患者にとっても「治る」ことは一番の「希望」である。患者を「治す」ことで人の「役に立つ」という達成感や

充実感を感じていた医師は、在宅医療で「治せない」患者に出会う。もちろん、病院でも患者を治せない状況に至ることはあるだろう。だが、それは常ではない。しかし、在宅医療においては「治せない」ことが常である。そこで、患者の「一番の希望」ではないが、患者の「家に居たい」という望み、さらに日々の生活にある「小さな希望」をかなえることで、相手の役に立ったという実感を得て、自らの存在意義を確認し、満足している。つまり、B 医師が生活にある様々な「小さな希望」までかなえようとするのは、決して患者のためだけではないのである。

　A 医師や B 医師の患者やその家族との濃密な関わりは、相手の「役に立ちたい」、「人のためになっている」という気持ちから生まれていたが、そこには同時に、医師として従来から担ってきた「治す」役割への思いも混在していた。

３．医師としての行動規範との距離感

　では、「治す」役割への思いは、在宅医の行動にどのような影響を及ぼしているのか。医療的行為とそれ以外の行動に分けて整理する。

（１）点滴や検査の判断

　B 医師によれば、在宅医療における医療的行為は「病院の 1 割」程度という。しかし、前項で B 医師が、まずは医療的行為をしてからと語っていたように、在宅医は、医療的行為を重視しており、そこに様々な思いや価値観を込めていた。

　象徴的なのは、終末期の点滴である。終末期には点滴を抑えた方が、患者に痰やむくみがなく、苦しまないということは、医療者の間では共有されている医学知である。一般向け書籍においても、「食べられなくなったら、無理に食事や栄養を与えることをせずに、枯れるように亡くなるほうが、本人が苦しまない」ことは数多く紹介されている（景山 2019）。

　先述した A 医師も、S さんに麻薬で鎮静をかけていた時、同時に、栄養を取るための点滴も絞っていた。A 医師の医療的行為は、ある意味セオリー通りの対応であったが、医師で、在宅医の倫理について研究している井口真紀は、終末期には点滴をしないほうがよいという正しい医学知を持っているにもかかわらず、患者に点滴を行う在宅医の語りを紹介している。

一時的に点滴をやって回復する人もいるから、そういった意味で、まったく点滴を否定して、枯れるように最期亡くなってくのが一番理想的だよっていうのは、もしかすると医学的には正しいのかもしれないけど、ちょっと医療者側の押し付けも感じる部分かなと。「ぜひやってくれ」ってときは、「じゃあちょっと、しばらくやりましょうか」っていう形で、モラトリアムとしてやってあげることはあります。でも結局限界が来るって話は、最初からしています。do no harm ですよね、害になってなければ少し家族と本人との触れ合いの時間も残してあげるって意味ではやってもいい。(井口 2021)

　この語りにある「医療側の押し付け」というのは、正しい医学知に基づいてはいても、回復する可能性がゼロではない以上、点滴をしないことを強要することはできないという意味であろう。点滴をしないという選択が、患者の生を医師自らが縮めることにつながる可能性があるからである。加えて、最期のときに患者と家族が触れ合うことを大事にしたいという医師自身の価値観もある。そこで、この在宅医は、医療倫理の 4 原則[3]の一つである「患者に害を与えない」ことを引き合いに自分を納得させ、正しい医学的知識に基づいて行動するという医師としての規範を少しだけ緩めた。そして、医学知に大きく反しない程度の「ちょっと」の点滴を行い、点滴を止めるという医学的に正しい判断をするまでの時間を少し先延ばしにし、患者やその家族の最期の時間を作っていたのである。
　終末期の点滴に限らず、在宅医療を受けている患者の検査や治療をどこまで行うかという問題は、在宅医の間で議論になる問題である。身体に異常があれば検査をし、診断して治療するということは医師としての行動規範である。だが、「治せない」患者の"治せるかもしれない"症状にどのように対処するかは、患者の状況や在宅医の価値観によって意見が分かれる。筆者のインタビューでも、「超ご高齢な方に、徹底して腸のカメラとか胃カメラをやるとか、まあそうじゃなくてもいいですかねえ」という意見と、「高齢者に対してまぁここまででいいかというのを、ラインが疑問に思っている」という正反対の意見があった。
　これらの医療的行為の判断について興味深いのは、医師としての行動規範との折り合いのつけ方である。終末期に点滴を行うことも、在宅医療における検査・治療を控えることも、医師としての行動規範を厳密には守っていないといえるか

もしれない。前者は少し規範を緩めている例であり、後者はどこまで規範を守るかという迷いが生じている例である。前出の猪飼（2010）が指摘していたように、「治す」という目標がない場合、医師が頼るべき基準はない。そのため、在宅医は患者やその家族から得た情報や自らの価値観などを参考に、医療的行為の選択肢を検討し、患者やその家族に提示せざるを得ず、結果的に、病院の医師よりも各自の価値観を選択肢に反映しやすい状況にある。最終的に医療的行為を受けるか否かを決定するのは患者やその家族であるのだが、在宅医は、患者やその家族からの情報や価値観をもとに、医療行為を行う者として、ある意味自信をもって、医師としての規範に柔軟に対応しているように見える。

（2）医師が「お医者さんの仕事じゃない」ことをする

　医療的行為以外の行動については、先述したB医師は、在宅医の仕事はそもそも「お医者さんの仕事じゃない」ことが多く、「家で生活するためのサポート」に時間を割いていると語った。ここで言う「お医者さんの仕事」とは、医師が専門性を持って行う医療的行為を指している。つまり、B医師は、「お医者さんの仕事じゃない」ことを行うことも在宅医の重要な仕事だと認識していた。加えて、B医師は在宅医療の場で働くことについて、「看護師さんとかヘルパーさんの活躍が多い」場なので、看護師やヘルパーには勧めたいが、医師に対しては「医療をやるという割合は少ないから、それ以外のところでやりがいを感じられる」ならば勧めたいと語った。これらの語りから、医師の間では患者を「治す」ために医療的行為を行うことが重視されており、在宅医療に携わることは必ずしも医師全般に受け入れられているわけではないことが示唆される。同時に、「お医者さんの仕事じゃない」ことが多いかもしれないが、それでも在宅医療を行うというB医師の矜持も強く感じられる。

　しかし、その一方で、A医師もB医師も患者や家族に向き合う際には自らが医師であることを強く意識していた。

　例えば、患者やその家族の会話においては、プライベートな部分に入り込みすぎることのないよう気を配っていた。A医師は、患者の「生活」に関する情報については、今後の「方針が一致するための情報」があれば十分だと語り、話をする内容に基準を設けていた。

また、在宅医と患者の家族との関係は、いくら濃密に関わったとしても患者の死と同時に終了することが多い。B医師は、患者が最期まで家に居たいという望みをかなえるために自分がいるので、担当していた患者が亡くなった後に行っても「役に立たない」と語り、葬儀にも出席しないと答えた。在宅医の葬儀への出席について、少人数ではあるが筆者が行った調査では、葬儀に出席する在宅医は10名中2名で、出席すると答えた2名も医師としてではなく、近所の知人として出席していた（景山 2019）。

　つまり、在宅医は、「お医者さんの仕事じゃない」ような医療的行為以外の行動をとっていたとしても、患者やその家族を好きになっていたとしても、患者やその家族との間に境界線を引いており、あくまでも医師として関係性を作り、向き合うというスタンスが崩れることはなかった。

（3）「治せない病気を抱えて生きる人」というまなざし

　このように、医師としてのスタンスを強く守って患者やその家族と向き合ってきた在宅医が、インタビューの中で、唯一、医師としての意識から離れて語っていたのが、在宅医自身が患者になった時について語った部分である。A医師は、在宅医になった理由を次のように語った。

> 人の手助けがいるような状態とか、そういう風になった時になんか安心で、やっぱりこの町楽しいって思えるまちになったらいいなって。［中略］単に自分が幸せとか楽しいって思えていたいからっていう、それだけのシンプルな理由。

また、別のある在宅医は、「脳卒中で麻痺が残っていても、やっぱり銀座に来て、映画館とかに行って映画を観たい」と、年齢を重ねて、身体が思うように動かなくなっても好きなことをしたいという願いを語っていた（景山 2019）。

　患者の姿に将来の自分を投影したとき、患者の日常は自らの将来の生活と繋がり、医師の患者へのまなざしは「治せない」相手へのまなざしから、「治せない病気を抱えて生きる人」へのまなざしに変わっている。そこには、支援する／されるという関係はなく、同じ「生活」をする人同士という意識が生まれている。

在宅医は、あくまでも医師として患者に向き合うスタンスだが、それでも、病院では目にすることがない、患者の生活を日々垣間見ることになる。その経験は、医師の心を繰り返し揺さぶる。結果、在宅医たちが自分の生活や生き方を患者のそれに重ね合わせ、在宅医療への思いを強めていったとしても不思議はない。表面上は医師として対応していても、患者へのまなざしは、「『治す』ことをしてあげたかったが『治せない』患者」から、「治せない病気を抱えて生きる人」へと変化していることが示唆される。

４．新たな医師役割への示唆

　ここまで見てきたように、A 医師、B 医師、文献で紹介した在宅医らは、医療的行為が中心となる病院の医師とは異なる行動をとっていた。意識としても、医療的行為を行う際には医師としての行動規範に柔軟に対応し、医療的行為以外を行う際には医師であるスタンスを強固に守るという、逆方向にも見える 2 つの意識を併せ持っていた。このような在宅医の姿が示唆する在宅医の役割について、従来の医師像や他の医療職の姿と比較しながら考察する。

（1）従来の医師像との相違点

　これまで、医師は、客観的で、冷静で、医学知に基づいて合理的な判断をする存在であるべきとされてきた。医学教育において、患者の感情を理解し、それを相手に伝えるという意味での「共感」が重視されている一方で、自らの感情は、正しい判断を狂わせるとして、排除すべきもの、制御すべきものとされていた。

　例えば、カナダの著名な医師で医学教育にも貢献した W. オスラーは、医師に対して、感情が判断を鈍らせるので、患者と接する際には「平静の心」をもって接するよう述べている（Osler W. 1906=1983: 5）。また、社会学者の T. パーソンズは、医師-患者関係における医師の役割は、「他の場合であれば『正常な』情動的反応とされることを医者が抑制するという意味での『中立的』態度」だとしている（Parsons T. 1964=1990: 434）。

　価値観についても同様で、医師は客観的であるべき存在であり、個人的な価値観を医療技術の行使に反映させるべきではないとされてきた。実際の医師の行動としても、例えば、医療人類学者の柘植あづみは、産婦人科医が新しい不妊治療

の技術に対して個別の価値観を持つ一方で、個人としての態度と医師としての態度を分けていること、そして、医師個人としては不妊治療に不賛成でも、自らの価値観に左右されることなく、患者の希望に沿って不妊治療を実施する事例を示している（柘植 1999: 293-324）。

　Ａ医師やＢ医師も、医療的行為は「きちんとする」と語っていたことから、医療的行為の判断にあたっては、これらの従来の医師像のとおり、客観的に判断していたと推察される。前節で示した点滴や検査の判断の例のように、若干の行動規範のずらしはあったかもしれないが、少なくとも、感情のままに医療的行為について判断することはなかっただろう。しかし、医療的行為以外の部分においては、医師としてのスタンスは持ちながらも自らの感情や価値観も少なからず反映させており、従来の医師像とはやや異なっている。医学知だけでは判断できないという在宅医療ならではの状況が、そうさせていたと考えられる。

　では、在宅医療に関わる別の専門職はどうなのか。次に、在宅医療の中でも大きな役割を果たしている訪問看護師と比較をしてみたい。

（2）訪問看護師の患者への向き合い方との違い

　訪問看護師の患者に接する向き合い方は、在宅医が医師として向き合うことを重視していたこととは大きく異なる様子が報告されている。

　例えば、訪問看護師の秋山正子は、高齢者と向き合うときに「隣のおばさん」的な態度が大事だとしている（秋山ほか 2011）。「隣のおばさん」という表現には、専門職として医療的なケアや医療上のアドバイスをすることではなく、患者と同じ立場に立つことが重要であることが必要だという意味が込められている。

　１.（1）で紹介した哲学者の村上も、訪問看護師のＦさんという方を現象学的に研究し、Ｆさんが医療的なケアの知識もありその方法を知っているが、患者に対する時には「ただの人」として、時には患者の自由な行動を見ている人になることが看護のポイントだと捉えていることを示した（村上 2013: 48-111）。さらに村上は、訪問看護師のＦさんが患者と「地続き」の視線になって、行動を組み立てていると述べている（村上 2013: 60-64）。「地続き」とは、患者の身体にとって必要な援助を見通すことであり、患者に感情移入することではない。Ｆさんによれば、「地続き」になることで、「自分で自分をかわいそうとは思わない」ため、

感情的にならずにケアができているという。言い換えれば、「感情移入は異なる他者に対して起こるもの」であり、患者と訪問看護師が同じ立場に立つことができると、ある意味淡々と、必要できめ細かいケアができるというのである。

　秋山や村上の示す訪問看護師の行動や意識は、対人援助の専門家が専門家のままで患者と同じ立場に立とうとするのではなく、援助の専門家であるという意識そのものを一旦無くして、もしくは弱めて、患者と同じ立場に立ってから、専門家として支援策を考えているようにみえる。患者やその家族に話を聞く場合も、医師という専門家として聞く意識が高かった在宅医とはスタンスが異なっている。

　このような訪問看護師と在宅医のスタンスの違いが生じている要因の1つに、それぞれの専門職に対する意識の違いがあるのではないかと推察される。

　看護師の場合は、「療養上の世話」が仕事として法的に定められており、世話をする人としての教育も受けている。したがって、世話をする人として患者に関わることが許される。たとえ「ただの人」として患者を見ているだけでも、それはより深い看護として、あるいは専門職としての仕事を極めていく方向の1つとして、患者やその家族、さらに看護師の間で認められやすい。

　一方、医師はそうではない。先述したT. パーソンズは、「医師は行為するように訓練され、期待されている」存在だと指摘し、医師は、医師自身も含めた周囲の人々から医療的行為をすることが期待されており、社会からも医療的行為をするよう圧力がかかっていると述べている（Parsons T. 1951=1974: 459）。

　T. パーソンズの指摘は、医療の受け手側の意識からもうなずける。医師にアプローチするときは困っているときであり、医師の技術で解決されることを願っているときである。例えば、前出のSさんの夫の場合、もしA医師がSさんの苦痛を楽にすることができず、「ただの人」として横にいたなら、Sさんの夫は満足できなかっただろう。そばにいることでSさんの夫の心の不安が軽減されたとしても、それはSさんの夫がA医師に期待することだったのかは微妙である。

　また、医師自身においても、例えばB医師が患者を治すことは「絶対にできない」から「出来ることを全部やっていた」と語ったことは、ある意味、T. パーソンズのいう「訓練され」た結果と理解することができ、無意識のうちに、B医師は自分自身を追い込んでいた可能性もある。また、在宅医療がまだ定着していなかった20数年前から在宅医療を行っていたある在宅医は、筆者のインタビュー

で、医師であるのに患者を「治す」ことをしていないことで、同業の医師たちから「奇人変人扱い」され、「究極のヤブ医者」などと言われたと語った（景山 2019）。これも、医師に期待されている医療的行為をしていないという視点からの批判だとみることができる。

　このように、訪問看護師と異なり、在宅医が医療的行為をせずに、つまり専門性を発揮せずに、患者のそばに「ただの人」としていることは、専門性を深めることにならない、医師が期待されている役割ではないという思いが、医師自身の中に強くある。A 医師、B 医師が、医療的行為以外のことを行っている際に、医師としてのスタンスを崩さなかった理由の 1 つには、このような医師の専門性に対する意識もあったといえるだろう。

（3）そこに「専門家として居る」という役割

　以上の比較を踏まえ、A 医師、B 医師などの語りが示唆する在宅医の役割について、考えてみたい。

　A 医師も B 医師も、患者への医療的行為の他に、患者やその家族と会話を重ね、患者やその家族の最期の生活を作ることに関わっていた。そして、これらの行動が両方あることで、患者やその家族の安心や満足がもたらされていた。

　在宅医療においては、医療的行為だけでなく、患者やその家族のそばに行くことや会話をすることなども在宅医の役割の 1 つとされている。例えば、医療療従事者向けの在宅医療テキストには、「医学的に緊急性が必ずしもないとは知りつつも看護師あるいは医師が赴き、状態が差し迫っていないことを家族の目前で確認することで、家族が安心感を持つことが期待できる」（和田 2015: 21）と書かれている。また、精神科医で作家の帚木蓬生も、終末期の医療において医師が患者と会話することの重要性を指摘している。帚木は、現在の医師は「できるだけ早く患者の問題を見出し、できるだけ早く、その解決を図ること」を目標に育成されているが、それでは終末期の患者、すなわち「治せない」患者には十分対応できないと指摘し、医師がすべきことは、患者の苦しみへの答えは出ない状況に耐えつつ患者との会話を続けることだと述べている（帚木 2017: 86）。帚木の指摘は、緩和ケアチームにおける精神科医を念頭に置いたものだが、在宅医にも通じるものであろう。

従って、Ａ医師やＢ医師にみられた患者やその家族の関わりの濃密さは、在宅医の中でも際立ったものである可能性はあるものの、医療的行為以外のことを行うこと自体は、在宅医として特別なことではない。ただし、4.（2）で示したように、医療的行為の少ない在宅医療は、他の医師から十分に理解されているわけではない。医療的行為以外の行動をとることは、従来からの医師像や医師としての専門性の枠の中で、在宅医自身の中でもまだ十分内面化されていない面があると推察される。

　おそらくこれは、対人援助の専門家が患者の生活に関わる際に共通する問題であろう。この問いに答える１つの事例を、臨床心理士の東畑開人が示している。東畑は、自身がセラピストという専門家としてデイケアに関わったときの体験を著書に著している（東畑 2019）。デイケアとは、精神疾患者の社会機能復帰を目指してグループごとに行われる治療の場のことである。東畑が関わったのは、「居場所型デイケア」といわれる場で、患者にとっては、日中の多くの時間を過ごす生活の場であった。ここで東畑は、患者にセラピーを行うわけではなく、ただその場に座っていたり、飲み物の用意や送迎バスの運転などの「素人仕事」をしたりしていた（東畑 2019: 96）。東畑は当初、これが仕事と言えるのか自問していたが、徐々に、看護師や心理士など専門性を持ったスタッフがそれぞれの専門性を活かした仕事をしつつ、専門以外の仕事、つまり「素人仕事」もすることでデイケアの生活を作りあげていることに気づいた。患者の生活を支えるために複数の専門家が集まっても、各自が専門性だけを発揮しただけでは、生活の場を作り出すことができない。東畑はこのことに気づき、専門性と、生活を支えるための「素人仕事」を自身の内面に混在させていった。そして、さらに東畑は、デイケアの経験から、心理士としてセラピーをする場合でも重篤なクライエントの心の深い部分を掘り下げることを追求するのではなく、クライエントの日常を支えることに価値を感じるようになり、外来における態度が「ケアの入り混じったセラピー」になったと記している（東畑 2019: 119）。

　東畑が専門性を発揮できない事に疑問を呈する姿は、「究極のヤブ医者」と在宅医を批判した医師の姿と重なる面がある。また、「素人仕事」を内面化した姿は、患者やその家族の役に立ちたいと、医療的行為とそれ以外の行動をとっていたＡ医師やＢ医師の姿と、それぞれ重なりあう。

注目すべきは「混ぜる」というキーワードである。医師の内面において、医師の専門性は医療的行為で、それ以外は付帯行為だと分ける意識がある限り、在宅医療において医師は専門性を発揮できないという意識を拭い去ることはできない。たとえ、実際に「医療的行為」と「それ以外の行動」2つの行動をしていたとしても、である。しかし、2つの行動を混ぜあわせて、新たに、患者やその家族に役立つ医療の形を作ることが在宅医の役割だと考えれば、在宅医療における医師の専門性の見え方は大きく変わってくる。患者やその家族の状況によって、生活の場に必要な「医療的行為」や「それ以外の行動」はそれぞれ変化するため、十分な対応をとるためには、そのダイナミックな変化に対応できなくてはならない。既に「医療的行為」については、在宅医は規範にとらわれすぎず、患者やその家族の状況や希望に柔軟に対応する姿が見られている。これをもう一歩進め、「それ以外の行動」も含めて患者やその家族に合わせた柔軟な対応ができること、いわば、医療的な行為を行うための専門性を持ちつつ、患者の生活のなかに「専門家として居る」ことが、在宅医に求められる役割なのではないか。むろん、これは、医師が患者やその家族の生活のすべてを負うべきだという意味ではない。述べたいのは、在宅医療において医師自身の専門性への意識を見直すことで開かれる、医療の新たな可能性である。

　だが、在宅医が専門性とそうでないものを区別せずに新たな役割として「専門家として居る」ことを内面化するには、課題もある。1つは、医師以外の仕事への意識である。上述した東畑も、心理士である自分が「素人仕事」をすることに抵抗感があったのは、「セラピーの仕事の方がケアの仕事よりかっこいいし、価値が高い」と思っていたためだとし、世話をする仕事への社会的評価が低いことがその要因だったと述べている（東畑 2019: 107）。B医師は、看護師やヘルパーさんと一緒になって行うような医療的行為以外のことに興味がある医師には在宅医を勧めると語っていたが、この言葉の背景も、東畑の指摘と共通するものがあるだろう。また、社会システム上の課題も無視できない。医師の仕事は診療報酬上、規定されており、これを離れた行動をとることが難しい面もある。さらに、医師を社会の医療資源と見れば、在宅医がそこに「専門家として居る」ことで他の医療への支障は生じないのか、効率を考える必要もあるだろう。在宅医が「専門家として居る」ことを内面化し、結果として患者やその家族にとって在宅医療をよ

りよいものにしていくために、社会として取り組むべき課題は残る。

　医師の行動規範は「治す」医療の中で作られてきたものである。また、T.パーソンズが指摘した、医師に医療的行為を迫る圧力は、医学の発展と共に病院での専門的治療が発達する時代に指摘されたものである。在宅医療という、治療が必ずしも主とされない場では、これらに縛られすぎる必要はない。むしろ、患者やその家族から何が必要とされているのかという点から医師の役割を問い直すことで、医師自身を、医療的行為への圧力から開放することになるかもしれない。なぜなら、在宅医が「専門家として居る」ことは、患者やその家族にとって十分役に立つ行為だからである。

5．おわりに

　本章では、在宅医の語りに対する考察から、在宅医療という新しい医療において、「専門家として居る」という在宅医の役割が開く可能性や課題について述べた。「専門家として居る」ことは1つの視点に過ぎず、まだまだ概念的である。「居る」とはどういうことか、患者の目前に医師が居ることがどこまで必要なのかなど、さらに具体的に整理する必要がある。高齢化と医療の発展により、治らない病気を抱えて生きる人は多い。遠隔医療の技術も進む中、今後ますます医療の場は生活の場へと広がっていく可能性がある。生活の場での医師の役割を問い直すことは、在宅医療だけではなく、これからの医療を考える上でも必要なことだろう。

　最後に社会デザインという視点から、医師が「専門家として居る」という役割の可能性について簡単に記したい。「治せない病気を抱えて生きる人」が生きる上での課題を解決するには、医療の範囲で捉えるだけではなく、社会の視点から捉えることも必要になる。とすれば、医師が「専門家として居る」場は、医療の場だけではなく社会にまで広げて考えることもできるだろう。例えば、ある医師が語っていたように、脳梗塞になっても銀座に行くことをかなえるには、脳梗塞のケアだけではなくインフラを整えることも欠かせない。インフラの整備に医師が直接関わることはないかもしれないが、脳梗塞になっても活動的に生きることの重要さを医学の面から訴えることで、整備の後押しをすることができるかもしれない。障がいがある人の外出をサポートする活動をしている人と繋がり、医学的な観点から協力することもできるだろう。既に、まちの様々な人と協働している

医師は少なからずいる[4]。

　医師だけで課題を解決することはできないが、医師が医療者の世界で思うよりも「専門家として居る」ことが役に立つ範囲は広い。これは、哲学者のI. イリイチがかつて指摘したような、医療専門家の支配が社会に拡大する[5]という意味ではない。医学知や医療の知見を社会に広く還元していくことで、社会の課題を解決に繋げていけることもあるのではないだろうか。

註

1) 在宅医の長尾和宏は、在宅医療について美談が多いという批判に応える形で、在宅医と家族のやり取りを記した著書を記している（長尾 2017）。

2) インタビュー協力者の詳しい条件は、筆者の博士論文（2019）を参照されたい。なお、本章で用いた語りは、断りがない限りすべて博士論文から引用しており、各箇所における引用の記載は省略した。なお本章で初出の語りは（フィールドノート）と記した。

3) 「自律的な患者の意思決定を尊重せよ」という自律尊重原則、「患者に危害を及ぼすのを避けよ」という無危害原則、「患者に利益をもたらせ」という善行原則、「利益と負担を公平に配分せよ」という正義原則の4つからなる（Beauchamp, T. L. and Childress, J. F. 1979=2009）。

4) 例えば、福井県高浜町では、医師と一般の人々が協働するプラットフォームが作られ、様々な活動を行っている事例が報告されている（井階 2014）。

5) I. イリイチは、医療システムの発展により人間の自律が脅かされているとし、社会が医療化していくことを批判した（Illich, I. 1975=1979）。

参考文献

（*URL はすべて 2021 年 9 月 20 日取得）

秋山正子・中村順子・平原優美・菅佐和子, 2011,「新春座談会 訪問看護師は利用者にどうかかわるか？――"隣のおばさん"的コミュニケーションとは」『コミュニティケア』13(1):62-67.

Beauchamp, T. L., and Childress, J. F., 1979, *Principles of Biomedical Ethics*, Oxford: Oxford University Press.（立木教夫・足立智孝監訳, 2009, 『生命医学倫理』麗澤大学出版会．）

帚木蓬生, 2017,『ネガティブ・ケイパビリティ——答えの出ない事態に耐える力』朝日新聞出版.

井口真紀子, 2021,「医師の変容可能性——終末期の点滴をめぐる在宅医の語りから」『社会学評論』72(1):19-36.

猪飼周平, 2010,『病院の世紀の理論』有斐閣.

井階友貴, 2014,「住民が守り育てる——福井県高浜町での民・官・医の協働」『治療』96(1):72-74.

Illich, I., 1975, *Limits to Medicine Medical Nemesis: The Expropriation of Health*, London: Calder & Boyars Ltd.（金子嗣郎訳, 1979,『脱病院化社会——医療の限界』晶文社.）

景山晶子, 2019,「在宅医療が『生活を支える』とは何か——在宅医療および『まちづくり』の経験が在宅医にもたらした新たな医療観とその可能性」明治学院大学大学院社会学研究科社会学専攻 2019 年度博士論文.

厚生労働省, 2016,『平成 28 年版厚生労働白書』
(https://www.mhlw.go.jp/wp/hakusyo/kousei/16/dl/all.pdf)

———, 2019,『平成 29 年(2017 年)患者調査の概況』
(https://www.mhlw.go.jp/toukei/saikin/hw/kanja/17/dl/kanja.pdf)

村上靖彦, 2013,『摘便とお花見——看護の語りの現象学』医学書院.

———, 2018,『在宅無限大——訪問看護師がみた生と死』医学書院.

長尾和宏, 2017,『痛い在宅医』ブックマン社.

波平恵美子, 1996,『いのちの文化人類学』新潮社.

Osler W., 1906, *Aequanimitas*, New York: McGraw-Hill Book Co.（日野原重明・仁木久恵訳, 1983,『平静の心——オスラー博士講演集』医学書院.）

Parsons T., 1951, *The Social System*, Glencoe, IL: Free Press.（佐藤勉訳, 1974,『社会体系論 現代社会学体系 14』青木書店.）

———, 1964, *Social Structure and Personality,* New York: Free Press.（武田良三監訳, 1973, 新装版 1990,『社会構造とパーソナリティ』新泉社.）

社会保障制度改革国民会議, 2013,『社会保障制度改革国民会議報告書——確かな社会保障を将来世代に伝えるための道筋』.

東畑開人, 2019,『居るのはつらいよ——ケアとセラピーについての覚書』医学書院.

柘植あづみ, 1999,『文化としての生殖技術――不妊治療にたずさわる医師の語り』松籟社.

和田忠志, 2015,「在宅医療の今日的意義」在宅医療テキスト編集委員会『在宅医療テキスト 第3版』公益財団法人在宅医療助成勇美記念財団, 10-13.

第8章 大学教育と社会デザイン

安齋 徹

1．大学の役割変化と社会デザイン教育の必要性

　かつて大学は、教育と研究を目的とした機関であると捉えられていたが、今や社会貢献活動は、教育や研究と並ぶ大学の基本的機能の1つであると認識されている。欧米と比べて遅れていた社会貢献活動が、明確に位置づけられたのは2002年に文部科学省が国立大学を対象に「地域貢献推進特別支援事業」を実施したことに始まる。それまでも大学と地方自治体との交流はあったが、大学全体としての組織的・総合的な取り組みには至っていなかった。この事業により15大学が選定され、大学の社会貢献活動への関心が急速に高まった（久木元、2011：6-7）。2002年には公立大学協会も、新たな概念として「知の三角形——教育・研究も含めたトータルとしての新たな地域貢献——」を打ち出し、①知の創造（学術研究：国内外に通用する普遍的な真理を探究）、②知の継承（高等教育：専門知識を有し、社会に広く通用する人材の育成）、③知の活用（地域貢献：地域に生まれ、地域に役立つ活動）の3つを提唱した（公立大学協会、2002：5）。更に、2005年の中央教育審議会の答申において、社会貢献機能（地域貢献、産学連携、国際交流など）が高等教育機関の持つ「第三の使命」（中央教育審議会、2005）として明確に位置づけられた（久木元、2011：7）。

　2012年の中央教育審議会の答申「新たな未来を築くための大学教育の質的転換に向けて〜生涯学び続け、主体的に考える力を育成する大学へ〜」では「予測困難な時代において、我が国にとって最も必要なのは、将来我が国が目指すべき社会像を描く知的な構想力である」と述べられており、大学が取り組むべきこととして「未来を見通し、これからの社会を担い、未知の時代を切り拓く力のある学生の育成」が掲げられている（中央教育審議会、2012：2）。答申では「社会デザイン」という言葉こそ使われていないものの、今まさに社会デザイン教育が求めら

れている。

　デザインという語は多義的である。デザインというとグラフィック・デザインや工芸・空間デザインを想起する人が多いが、河北は、人間力の創造力、構想力をもって生活、産業、環境に働きかけ、その改善を図る営みであると要約している。つまり、人間の幸せという大きな目的のもとに、創造力、構想力を駆使し、私達の周囲に働きかけ、様々な関係を調整する行為である（河北、1989：176）。

　論理的思考をベースにしたビジネスを効率的にするやり方を学ぶ欧米のビジネス・スクールでも、今までの延長線上にない全く新しい事業、商品やサービス、プロセス等を創るやり方を学ぶ「デザイン」科目の人気が高まっている（佐宗、2015：8）。日本でも、立教大学大学院 21 世紀デザイン研究科のみならず、東京大学の教育プログラム「i.school」や京都大学の「デザイン学大学院連携プログラム」（通称・京都大学デザインスクール）（瀬川、2015：28-29）、宇都宮大学地域デザイン科学部コミュニティデザイン学科や武蔵野美術大学造形構想学部クリエイティブイノベーション学科など、社会課題の解決を探るデザイン力を持つ人材を育成する教育が注目を集めている。

　企業人から大学教員に転身した筆者も、中央審議会の答申が指摘している「将来我が国が目指すべき社会像を描く知的な構想力」の必要性と「未来を見通し、これからの社会を担い、未知の時代を切り拓く力のある学生の育成」の重要性（中央教育審議会、2012：2）を念頭に、社会デザインの「担い手」作りを企図した教育を微力ながら実践しており、本章ではそうした事例を紹介する。

２．社会デザイン力指標という試み

　社会デザイン教育の隆盛が望まれるが、社会デザイン教育を通じて育成するスキルについて定見があるとはいい難いのが現状である。そこで、大学生の社会デザイン力を測定する指標の構築を試みた。具体的には、経済産業省の「社会人基礎力」（経済産業省、2010：5）、ソーシャルデザイン会議実行委員会が提唱する「ソーシャルデザインの現場で発揮されている力」（ソーシャルデザイン会議実行委員会、2013：32-33）、門脇厚司氏が『社会力を育てる』で提示した「社会力の豊かな人間の具体的なイメージ」（門脇、2010：70）などを参考に「社会デザイン力指標」を提案する。それは、主体性、働きかけ力、実行力、問題発見力、計画力、創造

力、社会力、地域へ愛着、イノベーション意欲、未来への期待感である（図表1）。

【図表1】社会デザイン力指標（安齋、2017b：124）

１．主体性：物事に進んで取り組む力
２．働きかけ力：他人に働きかけ巻き込む力
３．実行力：目的を設定し確実に行動する力
４．問題発見力：現状を分析し目的や課題を明らかにする力
５．計画力：課題の解決に向けたプロセスを明らかにし準備する力
６．創造力：新しい価値を生む出す力
７．社会力：人と人がつながり、社会をつくる力
８．地域への愛着
９．イノベーション意欲：社会や企業を変革していく意欲
１０．未来への期待感：未来を創造していくワクワク感

　実効性を検証するために、筆者が学生と行った地域における社会連携活動を通じた成果を試みに測定した。社会連携活動に着目する理由は、第1に、社会連携活動は基本的に地域に横たわる問題を発見し、何らかの形で解決を試みる営みであり、社会性と現実性と創造性を兼ね備えている場合が多いこと、第2に、社会との関わりを求める社会デザイン教育では机上の知識習得だけで終わることは到底ありえず、現場での活動を通じた社会デザイン力の習得を確認することに意義があること、第3に、大学と地域の連携活動は今後とも増加の一途を辿ることが予想されること、である。

　筆者が行った社会連携活動において指標を測定（n=70）した結果、以下のような特質が明らかになった（図表2）。満足度や成長実感につながる指標は学生が自覚しやすいが、それ以外の「問題発見力」「社会力」「地域への愛着」「計画力」は工夫が必要であり、社会連携活動の意義をきちんと伝え、業務遂行方法を丁寧に指導する必要があることを示唆している。また「主体性」「働きかけ力」「実行力」「計画力」が身につけにくかった。まだまだ未熟な指標であるが、今後さらに改善を図っていきたい。

【図表2】社会デザイン力指標の分類（安齋、2017b：129）

	身につけやすい	どちらともいえない	身につけにくい
満足度につながる	「未来期待感」		
成長実感につながる	「イノベーション意欲」	「創造力」	「主体性」 「働きかけ力」 「実行力」
それ以外	「問題発見力」 「社会力」	「地域への愛着」	「計画力」

3．地域の未来に大学ができること

　2012年から6年間、群馬県立女子大学に奉職し、大学教育や地域での実践を積み重ねてきた。6年間にわたる教育実績などを手掛かりに、地域の未来に大学ができることとして「まち」「ひと」「しごと」「女性」「未来」という5つの視座を提示したい（安齋、2019：1）。なお、地域の課題は同大学在籍時の群馬県の総合計画「第15次群馬県総合計画　はばたけ群馬プランII」を参照した（群馬県、2016）。

（1）まち～地域との連携～

　地域住民がお互いに助け合い、地域の課題を自主的に解決する力を強化し、人口減少下でも持続可能な地域をつくることを求められており（群馬県、2016：92）、大学でも地域の課題解決に積極的に取り組んできた。

A．富岡学講座

　世界遺産登録された富岡製糸場のある富岡市では、名所や史跡、歴史や文化、更には自然史や教育、市の現状と課題など、多面的な視点で富岡について学び、富岡の魅力を広め、地域の活性化のために取り組むことができる人材を育成するために2013年11月に富岡学講座を開講した。2014年に富岡学講座の1コマとして、「社会デザイン論」の授業と安齋ゼミナールで「富岡を若い人にアピールするには」という課題に取り組み発表した。

B．道の駅「玉村宿」女子大プロジェクト

　地域と協働し共生する大学として 2011 年に群馬県立女子大学は玉村町と包括

協定を締結し、まちづくり全般にわたり相互交流を進めている。2015 年 5 月に群馬県玉村町に道の駅「玉村宿」が開設されたことを契機に、「ビジネス・リーダー論」の授業と安齋ゼミナールで新たにオープンした道の駅を盛り上げるイベントを企画し、実行した。

　国土交通省関東地方整備局が 2016 年 3 月に開催した全国初の「道の駅と大学連携成果発表交流会」では、群馬県の大学として唯一発表の機会を頂いた。

C．JR 東日本「学生が考えた駅からハイキング」

　2017 年の「ビジネス・リーダー論」の授業では、前橋市産業経済部にぎわい商業課と公益財団法人前橋観光コンベンション協会と連携し、中心市街地の活性化も念頭に「駅からハイキング」コースの企画に挑戦した。

（2）ひと〜大学における人材育成〜

　無限の可能性を持つ子ども・若者を、未来の経済・社会を担う人材として育成することが求められており（群馬県、2016：48）、未来を切り拓く人材を育成することが大学の使命であると確信し、創意工夫を凝らして人材育成に取り組んできた。

A．教育の全体像と成果

　群馬県立女子大学では、コミュニケーション教育、リーダーシップ教育、キャリア教育、ビジネス教育、社会デザイン教育並びにゼミナール教育に関わった（図表 3）。

　教育の手法として共通していたのは、第 1 に知識を一方的に伝授する講義型の授業ではなく、参加型・双方向型のアクティブ・ラーニングを展開したこと、第 2 に授業外でも小レポートやグループワークなど様々な課題を課し相当の勉強時間がかかる仕掛けを施したこと、第 3 に毎回席替えし、初対面のペアでのディスカッションを繰り返したこと、第 4 にリアルな題材や視聴覚教材を活用し飽きのこない新鮮な授業を心掛けたこと、第 5 に自分と向き合うこと、自分で考えることを志向したこと、であった。

【図表 3】筆者が関わった科目群（安齋、2017a : 80）

1 年次	2 年次	3 年次	3〜4 年次
コミュニケーション科目	リーダーシップ科目 ビジネス科目	社会デザイン科目 キャリア科目	ゼミナール

B．ゼミナールでの成果

　集大成となるゼミナールでは先進的な教育を志向しており、「日本一のゼミを目指そう！」というビジョンを掲げ、「社会を変える、ビジネスを創る、自分を磨く」ことを目標に、思考力と行動力と創造力を身につけながら、これからの社会やビジネスを如何にデザインするかを探求してきた。机上での勉強にとどまらず、地域の課題と向き合い、学外コンテストにも積極的に挑戦していた。その結果、本章各所に記載の案件も含め、大学生観光まちづくりコンテスト 4 年連続入賞、JFN学生ラジオ CM コンテスト 3 年連続入賞、学生ビジネスプランコンテスト 3 年連続入賞、学生起業家選手権で東京イノベーション賞受賞（2014 年）、玉村町への「ゆるキャラ活用法」の提案（2014 年）、「群馬県立公立図書館の更なる活性化策」の提言（2015 年）、「大学生が小学生を案内する英語も学べる玉村ツアー」の企画・実行（2016 年）、日本遺産「かかあ天下――群馬の絹物語――」魅力発信企画学生コンペティション優秀賞（2016 年）、住友理工学生小論文アワード最優秀賞次席（2017 年）など短期間に傑出した成果を収めることができた。

（3）しごと〜就職促進と産業振興〜

　成長産業の創出・育成や交流拠点の整備などを通じて、経済の活性化と雇用の確保を図り、にぎわいと活力にあふれた地域づくりを進めることが求められている（群馬県、2016 : 98）。

　筆者は 2016 年 4 月から 2 年間務めた群馬県立女子大学キャリアセンター副センター長（センター長は学長）として 2017 年 11 月には群馬県庁や上毛新聞社を巻き込んだ県内就職の魅力発信イベント「群馬で働こう！」を開催した。

　また群馬県では、オール群馬で人口減少対策に取り組む機運を醸成するために毎年「群馬の未来創生フォーラム」を開催していた。安齋ゼミナールの学生は、若者の県内就職・県内定着を念頭に「ぐんまで働こう！」というテーマが設定さ

れた 2018 年 2 月開催のフォーラムに登壇し、「県外出身者の私達が県女の学びを通じて気づいたこと〜群馬の魅力と群馬就職への期待〜」と題した発表を行い、好評を博した。

更に第一次から第三次産業まで、群馬県ならではの各産業の強みと特性を活かした産業振興を進め、経済の活性化と雇用の創出を目指すことが求められており（群馬県、2016：104）、学生は学外のコンテスト等を通じて、産業振興につながるアイデアを創出してきた。

A．地域の食材を使用したハンドメイド化粧品

2015 年度の「NRI 学生小論文コンテスト」（主催：野村総合研究所）では安齋ゼミナールの学生が「MAKE UP JAPAN〜化粧のチカラで日本を元気に〜」という論文で奨励賞を受賞した。

「地域の食材を使用したハンドメイド化粧品」として高齢者が、知恵を活かし、地元の食材を使用した化粧品を作り、商店街の化粧品店で販売する提案であった。群馬県は農業が盛んで四季に応じた野菜や果物を楽しめる一方で、形などの見た目が悪いというだけで廃棄されてしまう規格外野菜・果物が多くあり、それらの食材も活用する。人生経験が深く、知恵と経験にあふれている高齢者は地域の宝であり、活躍できる場所さえあれば高齢者に新たな生きがいを創出し、高齢者が輝ける社会をつくることができると考えた。

B．温度差発電技術を活用した握ると光るキーホルダー

経済のグローバル化の進展により競争が激化する中で競争優位に立つためには製品の付加価値化を図る必要があるが、中小企業ではそうした展開が容易ではない。全国には、卓越した製造技術を有していながらコアとなる知的財産や商品アイデアを持たない中小企業が多数存在する一方で、ニーズに基づき発想されたにもかかわらず市場規模が小さいと判断されること等により商品化されない特許を保有する大企業も多い。

前橋市では富士通が持つ開放特許と前橋市内の企業が持つ技術を融合させる独創的、画期的な商品・ビジネスプランのアイデアを考案する「まえばし企業魅力発掘プロジェクト」（主催：前橋市、協力：群馬銀行）を 2016 年度に開催し、安

齋ゼミナールの温度差発電技術を活用した握ると光るキーホルダー「ホタルノヒカリ。」というプランが最優秀賞を受賞した。

C．新感覚の古民家カフェによる地域リノベーション

2017 年度の第 16 回ビジネスアイデアコンテスト（主催：高崎商科大学コミュニティ・パートナーシップ・センター）では安齋ゼミナールの学生が「上信電鉄沿線の未来に資するビジネス・アイデア」という課題に挑んだ。

経営学のマーケティング戦略に基づき、フィールド調査やポジショニングマップによる分析などを踏まえ「新感覚の古民家カフェ"こねきち"が地域をリノベーションする」というプランを立案し、プレゼンテーション審査会で創意工夫を凝らした発表を行った結果、特に優れた作品に授与される学長賞を受賞した。下仁田の食材である蒟蒻と葱をタピオカとアヒージョという若者目線のメニューと結び付け、また地域の課題である空き家を活用したアイデアであることが評価された。

（4）女性〜女性の活躍推進〜

多様な人材が、性別や年齢、障害の有無、国籍などにとらわれず、意欲や能力を発揮し、活躍できる社会づくりを進めることが求められており（群馬県、2016：68）、女性の活躍を推進するには、社会や企業での啓発や実践のみならず、教育現場での取り組みも重要である。

A．女性活躍大応援団

筆者は 2015 年度から「ぐんま女性活躍大応援団実行委員会」「女性ネットワーク会議」などのアドバイザーを務めた。「ぐんま女性活躍大応援団」では、地域のあらゆる分野の団体や企業に応援団として登録してもらい、各々が女性の活躍を応援するメッセージを県のホームページを通じて公表している。「ぐんま女性ネットワーク会議」は、異なる業種・業態で活躍する女性を構成員として、参加者の資質向上と交流の機会を提供することで、企業や地域のリーダーを育成した。

B．女性のエンパワーメント

　地域の様々な分野で活躍する女性をエンパワーすることも大学の重要な責務である。筆者は、2016年9月「子育て中の方のための再就職応援セミナー」（主催：前橋市・前橋公共職業安定所）、2016年10月〜2017年1月「キャリア支援セミナー：女性のためのハッピーキャリア大研究」（主催：ぐんま男女共同参画センター）、2016年11〜12月「女性のチャレンジ支援講座：想いを伝えるコミュニケーション力」（主催：前橋市男女共同参画センター）、2017年9〜11月「はっぴーきゃりあ　スキルアップ・セミナー〜周囲も貴女もハッピーになれるコミュニケーション術〜」「はっぴーきゃりあ　スキルアップ・セミナー〜創造力がメキメキ伸びるしかくい頭をまるくする方法〜」（主催：渋川市・ぐんま男女共同参画センター、後援：榛東村・吉岡町）などの講師を積極的に務め、地域女性の能力向上に尽力した。

C．社会人と学生の交流

　社会人と学生が交流する機会も創出した。2016年6月に金融、建設、運輸など大手企業の県内支店で働く女性有志でつくる異業種ネットワーク「チーム花まゆ」と安齋ゼミナールでワークショップを開催し、働くことの意義や仕事のやりがいについて活発な意見交換を行った。2016年7月には日本政策金融公庫前橋支店・高崎支店と安齋ゼミナールで女性活躍推進について考えるワークショップを開催し、社会で活躍中の女性と本学の学生が「働くってなんだろう？」というテーマの下、広くワーク・ライフ・バランスについて意見交換を行った。

（5）未来〜政策提言〜

　生活の基礎となる社会基盤づくりを通じて、経済の活性化や人・モノ・情報の対流を地域全体に波及させるとともに、生活の利便性や快適性の向上を図ることが求められており（群馬県、2016：116）、未来に向けた政策提言となりうる斬新なアイデアも学生は考案してきた。

A．高齢者宅による学童保育

　2014年の「NRI学生小論文コンテスト」（主催：野村総合研究所）では、安齋ゼ

ミナールの学生が「小一の壁から小一の扉へ〜高齢者宅による学童保育〜」とい
う論文で特別審査委員賞を受賞した（特別審査委員はジャーナリストの池上彰氏
など）。

　内容は、高齢者が小学生を子に持つ親の手助けをする「高齢者宅での学童保育」
であった。高齢者にとっては、世の中に必要とされていることを実感できること
によって新たな生きがいが創出され、働く親にとっては、子どもを大切にしなが
ら自分のキャリアアップを図ることができ、今までは諦めていた両方を欲張る人
生が実現できるという提案であった。

B.　観光地を巡る水素バス
　2016 年に開催された「第 14 回学生ビジネスプランコンテスト」（主催：一般財
団法人学生サポートセンター）において、安齋ゼミナールの学生が考案した「群
馬シャトル〜水素バスで便利なエコ旅♪」というプランが努力賞を受賞した。
　群馬県には大きな 2 つの問題がある。第 1 に自動車保有台数が全国第 1 位で、
自動車から排出される CO_2 が多いこと、第 2 に県内の公共交通機関が未発達で観
光客の移動が困難なこと、である。そこで、次世代エネルギーとして注目を集め
る「水素」に着眼し、水素バスを利用して観光地を繋ぎ、観光客にも環境にも優
しいシャトルバスを運行することを提案した。次世代エネルギーの先進県という
ブランド価値の向上と外国人のインバウンド旅行客の拡大を目指すプランであっ
た。

C.　ダムを起爆剤にした地域活性化プラン
　2017 年には安齋ゼミナールでダムを起爆剤にした地域活性化プランを考案した。
2017 年 8 月に国土交通省関東地方整備局利根川ダム統括管理事務所・水資源機構
沼田総合管理所のご協力を賜り、矢木沢ダム・奈良俣ダム・藤原ダムを視察し、
みなかみ町エコパーク推進課やみなかみ町観光協会でヒアリングを行った。
　「ダムっきゃない〜みなかみユネスコ・エコパーク　ダム・ディスティネーシ
ョン・プラン」では、ユネスコ・エコパーク登録を契機に自然と人間の共生の象
徴とも言えるダムに着目し、アクティビティ・グルメ・イベント・インフラに分
類したダムに関わる様々な施策を考案し、「温泉」「アウトドア・スポーツ」に次

180

ぐ第 3 の柱に「ダム」を位置付け、人口減少に悩むみなかみ町の観光振興を目指すプランを立案した。2017 年 9 月には当時のみなかみ町長をはじめ町や観光協会、国土交通省、水資源機構らの関係者を前に発表を行った。

【図表 4】地域の未来に大学ができること（筆者作成）

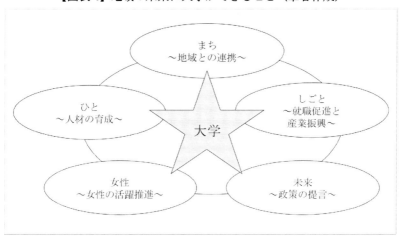

　このように、地域の未来に大学ができることは「まち」「ひと」「しごと」「女性」「未来」という 5 つの視座で整理することができる（図表 4）。実際に筆者が取り組んだ社会連携活動やコンテストの件数を 5 つの視座で分類すると以下のようになった（図表 5）。

【図表 5】5 つの視座による分類（筆者作成）

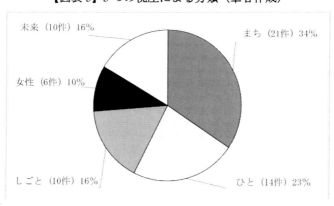

4．コロナ禍の大学教育

　新型コロナウイルス感染症の蔓延と共に社会が一変したが、当然ながら教育の世界も例外ではなかった。急遽オンライン化が常態化した大学でも授業形態の全面的な変革を迫られた。

　文部科学省が 2021 年 3 月に実施した「新型コロナウイルス感染症の影響による学生等の学生生活に関する調査」によると、オンライン授業がほとんど又はすべてだったと回答した学生は全体の 6 割であった。満足度としては、不満に感じる割合より満足に感じる割合の方が多かった。オンライン授業の良かった点として、自分の選んだ場所で授業を受けられることや、自分のペースで学修できることが多く回答された一方で、悪かった点として、友人と受けられない、レポート等の課題が多い、質問等双方向のやりとりの機会が少ない、対面授業より理解しにくいなどが多く回答された（文部科学省、2011）。

　一定の制約はあるものの、創意工夫を凝らせばオンラインでも社会デザイン教育の実践は可能であるというのが実感である。以下、2020 年度に移籍した清泉女子大学にて取り組んだ事例を紹介する。

（1）ワークショップとは

　ワークショップはもともと共同作業場や工房を意味する英語だが、最近では「先生や講師から一方的に話を聞くのでなく、参加者が主体的に論議に参加したり、言葉だけでなく体や心を使って体験したり、相互に刺激し合い学び合うグループによる学びと創造の方法」として世界中に広まっている。環境、教育、人権、平和、そしてコロナ対策などどれをとっても問題が複雑かつ広く絡み合っている。そんな「正解のない時代」には、私達が諦めたり孤立しないで、集い問い合うことが大切である（中野、2001：ii-iii）。

　ワークショップと言えば思い出されるのが、2011 年に NHK で放映された『スタンフォード白熱教室』である。スタンフォード大学・起業家育成コースのティナ・シーリグ先生の集中講義は、発想の転換と異質なことに挑む冒険心を促す内容で注目を集めた。笑顔があふれ、和気あいあいとした授業風景が今でも印象に残っている。

　清泉女子大学で筆者が担当した「Global Citizen and Business」という授業で言わ

ば「日本版白熱教室」を企図し、様々なワークショップを実施した（安齋、2021c：
100-101）。

A．働き方の未来図づくり
　2020 年 10 月には、世界最大級の総合コンサルティング企業であるアクセンチュア株式会社と、育児や介護等の理由に左右されない選択肢のある社会の創造を目指す NPO 法人 ArrowArrow 共催によるワークショップ「働き方の未来図づくり」を開講した。「将来、どんな働き方がしたいのか」「自分の強みを知ろう」などのアクティビティに取り組みながら、自分の強みを活かして将来を切り拓いていくことの重要性を体得した。

B．セルフコンセプトクラリティー
　2020 年 11 月には、国内外で活躍するデザイナーの菊池公一郎氏（SHIAN CREATIVE PARTNERS 代表）らを講師に「セルフコンセプトクラリティー　自分を知り、表現するワーク」を行った。1 人 1 人が自分の価値観を手掛かりに自分デザインを創り出すワークを通じて、自分と向き合い、自己認識を深めることができた。

C．自分に出会うワークショップ
　2020 年 11 月には、株式会社読広クロスコム執行役員兼コミュニケーションプランナーの三宅玲子氏を講師として「自分に出会うワークショップ」を行った。「或る物語」を題材に自分自身と向き合い、仲間と話し合うことを通じて、自らの価値観に気づく貴重な時間になった。

D．SDGs とエシカル消費
　2020 年 12 月には、公益社団法人日本消費生活アドバイザー・コンサルタント・相談員協会環境委員長の村上千里氏による「SDGs とエシカル消費」のワークショップを受講した。SDGs とエシカル消費についての講義に続いて「貧困・格差」「資源循環」「地球温暖化」「生物多様性」の 4 グループに分かれ、エシカルな商品を探し出し、そのアピールポイントを発表するというワークに挑戦した。

画期的なことは、これらすべてのワークショップをオンラインで開催したことである。受講した 4 年生からは「4 年間で一番楽しい授業と言っても過言でないほど楽しかった」という嬉しいコメントを貰った。

　Zoom にあるブレイクアウトルームという機能を活用してグループワークを行ったが、参加者の顔が画面上に均等に映し出されるために参加者の対等性が確保される。授業全体を通じて「この場では言いたいことを言っても大丈夫である」という心理的安心感を醸成できていたことから、オンラインであっても濃密な意見交換が実現できた。

　実は「Global Citizen and Business」の授業では、ティナ・シーリグ先生の著書を原書購読し、白熱教室の様子も視聴し、「クリエイティブになろう」という狙いを伝えていた。頭で理解する知識と体で行う実践を往還することで、ワークショップの効果は倍加するが、それはオンラインでも可能であった。

（2）フィールドワーク

　東日本大震災の翌年にサラリーマンから大学教員に転身して以来、「東北を忘れない」ことをモットーにしている。群馬県立女子大学では、東北と東京の中学生が交流する「復興応援チャリティ・リレーマラソン東京」（主催：日本フィランソロピー協会）を支援し、群馬での募金活動やの当日のボランティアに毎年関わった。目白大学では、仙台で行われた「東北チアフェスティバル」を現地で取材し、情報発信を行った。清泉女子大学に移籍した 2020 年度には東日本大震災で被災した岩手県陸前高田市を訪れフィールドワークを行う予定であった。しかし、新型コロナウイルスの感染拡大防止のため現地訪問が困難となった。

　そこで、交流人口の促進を目指している一般社団法人マルゴト陸前高田と話し合い、「オンラインでしかできない」ことを嘆くのではなく、「オンラインだからできる」ことをとことん追求する「新しい学びのカタチ」プロジェクトを立ち上げ、1 年に渡って実施することになった（安齋、2021b：100-101）。

A．オンライン講義

　2020 年 6 月には「陸前高田オンライン講義」を実施した。「陸前高田 SDGs 未来都市」「観光の現状と課題」「防災クロスロードゲーム」「漁業と移住」などをテー

マに 5 回の講義を行った。

B．バーチャル・フィールドワーク

　2020 年 8 月には「陸前高田バーチャル・フィールドワーク」を 2 日間実施した。企画には学生も関わり、マルゴト陸前高田と準備段階から綿密に打ち合わせを行った。当日はマルゴト陸前高田の全面的な協力のもと、Zoom を通して震災遺構や中心市街地を訪れた。

　1 日目は、東日本大震災津波伝承館、高田松原津波復興祈念公園、防潮堤、奇跡の一本松、陸前高田駅、まちなかテラス、まちの縁側、アバッセたかた、正徳寺、箱根山テラスなどを訪問した。

　2 日目は、3 つのグループに分かれて「SDGs」「農業・漁業」「ビジネス」に関して講師からそれぞれの取り組みの様子を聞き、交流を深めた。その後は全員で集まって振り返りを行い、意見を共有。また夜には、地元のお母さんグループ「アップルガールズ」と共に「陸前高田の松の木」という踊りを体験したほか、陸前高田に勇気と元気を取り戻すために活動している氷上太鼓の練習風景を見学した。学生らの自宅には予め陸前高田の名産品を取り寄せており、学生らは踊りや太鼓とともに現地の食べ物も堪能した。

C．オンライン課題解決プロジェクト

　2020 年 9 月から 12 月にかけては、内閣府から「SDGs 未来都市」に選定された陸前高田が抱える地域の課題解決にグループで取り組んだ。情報収集→調査分析→試行錯誤→企画立案を進め、12 月に提言を発表した。

　取り組んだテーマは、「陸前高田市が SDGs 未来都市を推進するために東京で支援できることを提言してください。（陸前高田市あて）」「マルゴト陸前高田が事業化できる SDGs に絡めたコンテンツを新たに提言してください。（マルゴト陸前高田あて）」の 2 つである。

　学生の理解を深めるため 10 月に、近畿日本ツーリスト関東から「観光と SDGs」、岩手県東京事務所から「東京で岩手のためにできること」というオンライン講義を受講した。

　最終的に、学生から以下のような提言を発表し、好評を博した。

1．陸前高田市が SDGs 未来都市を推進するために東京で支援できること
・陸前高田に関するワークショップの開催
・東京での SDGs 物産展
・レシピ付き食材配送サービス
・大学の文化祭への出店
・アンテナショップにおける学生考案の SDGs ランチ
・東京と陸前高田の交換留学など
2．マルゴト陸前高田が事業化できる SDGs に絡めたコンテンツ
・ふるさと納税の返礼品生産者との交流
・モノづくり体験ができるご当地アンテナ広場
・オンライン交流会
・スタンプラリーを用いた Go To 陸前高田キャンペーン
・物産展 X フードフェス
・SDGs×謎解きイベントなど

　「オンラインで行ったフィールドワークは想像と比べて如何でしたか」と聞いたところ、「想像以上にとても充実していた」56.5%、「想像以上に充実していた」34.8%、「どちらともいえない」8.7%、「想像以下であった」「かなり想像以下であった」は共に0%と、期待以上の充実度を実現できた。

　学生からは「オンラインだからできないと諦めるのではなく、オンラインでできることを考え、実施してみたこの陸前高田フィールドワークで過ごした1年間は本当に充実していたと言い切ることができる」「大学にも行けず人と交流する機会が激減したこの1年で、授業の中で人の温かみを感じることが出来たのは私にとってとても印象に残る経験となった」「講義を1年間受けたことにより、陸前高田市の理解が深まり、東日本大震災にかかわることも昔よりもはるかに鮮明にイメージできるようになった」「今までテレビで見たものに過ぎず、対岸の火事のように感じられた事象が他人事ではないと心から感じられるようになった」「オンラインでの講義は講義の質が落ちてしまうのでは、というような懸念が多くの人々の間で飛び交っていたが、このフィールドワークについてはそんなことは一切なく、年間を通して安定し、かつ様々な人に支えられながら報告書作成や企画進行

が円滑に進められた」という感想が寄せられた。

　コロナ禍の中、1 年間何とか完走することができたのは関係者の協力と学生の努力の賜物であるが、オンラインによるフィールドワークの新境地を切り拓くことができたと自負している。

（3）プロジェクト

　清泉女子大学の安齋ゼミナールではオンラインでのプロジェクトにも果敢に挑戦した（安齋、2021d：94-95）。ここでプロジェクトとは、企業や社会などの課題解決に取り組む活動のことを指し、学生が自ら課題を解決する能力を身に付ける学習方法のことを PBL（Project Based Leaning、課題解決型学習）と言う。PBL は、知識を詰め込むだけの受け身な学習ではなく、学習者が自ら問題を発見し解決することを重視した能動的なアクティブ・ラーニングの一種として注目を集めている。PBL というとリアルな活動を想起しがちだが、安齋ゼミナールではコロナ禍の中でもオンラインで積極的に取り組んだ。

A．エコアルフとの連携

　2020 年 7 月に株式会社三陽商会エコアルフ事業部企画課長の下川雅敏氏からエコアルフ事業についてのオンライン講義を受講したことを契機に、エコアルフ事業に貢献できることを検討し、コラボグッズを用いた情報発信を学生が行うことになった。

　「ECOALF（エコアルフ）」は、リサイクル素材や環境負荷の低い素材のみを使用した衣服や雑貨を手掛け、特に、ペットボトル、漁網、タイヤなどを独自の技術でリサイクルして生地を開発していることが特色である。

　学生たちは「大学生がエコアルフ事業に貢献できること」を検討し、9 月に「グッズ」「情報発信」「ファッションショー」という 3 カテゴリーにおける合計 33 のアイデアを提案した。協議の結果、コラボ T シャツを作成し、学生自らが情報発信することになった。学生たちは 10 月に 30 種類のデザインを提案し、「地球を大切にする」というメッセージとペットボトルをリサイクルして製品化するエコアルフの環境に優しい商品特性を、ペットボトル、指ハート、地球儀、という 3 つのアイコンでシンプルに表すデザインが採用された。

12 月に T シャツを着た学生たちが 3 チームに分かれ、同ブランドの公式 Instagram 上で「いいね」の数を競う対決方式で紹介した。学生発信の投稿は同ブランドの年間アクセス数上位に入り企業からも好評であった。

B. 博報堂キャリジョ研との連携

博報堂キャリジョ研と協力して、女子大生の世代論を探求した。博報堂キャリジョ研は、博報堂および博報堂 DY メディアパートナーズの社内プロジェクトで、働く女性が生きやすいニュートラルな社会づくりに貢献することを目的に、世代分析、クラスター分析、トレンド分析、メディア分析など様々な活動を行っている。

安齋ゼミナールでは 2020 年 9 月から 2021 年 1 月にかけて、博報堂キャリジョ研が推し進めていた世代論プロジェクトに参画することになった。博報堂キャリジョ研と意見交換を重ねながら、アンケート調査とインタビュー調査を通じて「女子大生たちが何を考えているのか」を掘り下げていき、そうして学生がたどり着いた仮説をもとに、博報堂キャリジョ研がまとめ上げたのが以下の内容である。
・東日本大震災や新型コロナウイルス感染症などの自分では如何ともし難い苦難を乗り越えながら、あるがままを受け入れ焦らないという価値観を有している。
・LGBT やフェミニズム等の様々な社会運動が起きる中「自分は何者であるか」を意識し、同時に自分の意見も持つようにしている。
・未来にも必ず何かが起こるのでどっしり構えながら、その時々で微修正を繰り返す言わば「アジャイル」（機敏かつ柔軟な対応手法）な人生観を持っている。
・あまり先のことは考えずに、目の前にある「小さな幸せ」を追い求めている。
（出典：博報堂キャリジョ研）

C. 地方創生イノベーション発想塾

国内大手システムインテグレーターである TIS 株式会社が博報堂の独自発想支援メソッドをもとに共同開発した「AI ブレストスパーク」を活用した地方創生カレッジ「地方創生イノベーション発想塾」を大学として初めて受講し、群馬県沼田市の魅力を発掘する取り組みにも挑戦した。

2020 年 10 月から 11 月にかけて同発想塾を 3 回にわたり受講し、AI ブレストス

パークを使いながら「沼田市に行ってみたくなるアイデア」を考えた。アイデアをブラッシュアップし、2020 年 12 月に沼田市観光協会あてに「沼田市リブランド計画」としてプレゼンするオンライン発表会を実施し、「最高の途中下車」「フルーツ ING 沼田」「学童の文化財」「シズって見る」の 4 プランを提言した。沼田市観光協会から「全く知らない土地であるにもかかわらず柔軟なアイデアが出てくるので驚いた。地元の自分たちにも良い示唆をもらった」と評価された。

　上記 A〜C の活動は、Instagram の撮影に費やした 3 時間を除き、すべてオンラインで行った。オンラインでの社会連携活動には①時間と空間を超える効果があること②打ち合わせの柔軟性が格段に高まること③メンバーの距離感が平等に保たれ民主的な運営がしやすくなること、などの効能があることが明らかになった。

（4）オンラインでの人材育成
　振り返って、オンラインでの人材育成の要諦は次の 3 点である。

A．心理的安全性
　オンライン教育の常態化によってだいぶ慣れてはきたものの、画面上のやりとりは緊張する。「ここは安全な場所である」と言動によって繰り返し保証することが重要である。

B．冗長性の確保
　オンライン教育は効率性の向上に目を奪われがちであるが、アイスブレークや雑談タイムなどの「間」がないと殺伐としたものになる。あえて一見無駄な時間を意識的に作り出すことも必要である。

C．成長意欲の喚起
　人材育成の主役は本人である。自ら成長する意欲を喚起できれば、人は自ずと成長していく。オンラインの様々なツールはそのための引き立て役に過ぎない。

5．未来人材育成モデル

（1）ゼミナール教育の可能性

　ゼミナールとは「大学などで教員の指導のもとに少数の学生がみずからの発表や討論により主体的に学習を進める形の授業、またはその教授方式」である（広瀬、1988：635）。ゼミナールこそは最も大学らしい授業形態であり、その教育効果は大きいと考えられている（毛利：2007：1）。筆者はこれまで群馬県立女子大学、目白大学、清泉女子大学の 3 つの大学でゼミナールを主宰してきたが、人材育成の場としての機能に着目している。

　清泉女子大学の安齋ゼミナールでは、「日本一のゼミを目指そう」というビジョンを掲げ、「社会を変える、ビジネスを創る、自分を磨く」ことを目標に、企画力と行動力と協働力を身につけながらこれからの社会やビジネスを如何にデザインするかを探求している（安齋、2021a：92-93）。

　多彩な活動を行う中、運営方法にも工夫を凝らしている。

　第 1 に高いビジョンを掲げていることである。ゼミナールの募集時から「日本一のゼミを目指そう」というビジョンを提示し、ゼミの理念に賛同し全力で取り組む覚悟のあることを応募の条件としている。

　第 2 にストレッチ・アサインメントである。ストレッチ・アサインメントとは、現在の能力よりも高めの任務を与えることである。ゼミナールでは、能力以上の案件を同時並行で複数こなすことを課している。学生にとっては負荷を感じる場面もあるが、時に失敗し、度重なる困難を乗り越えることで、しなやかさと逞しさを身につけていく。

　第 3 に案件ごとに輪番でのリーダー制である。通例、ゼミ幹事やゼミ長なるリーダーを選出することが多いが、役割が固定化することを回避すべく大小様々な案件のリーダー役をアット・ランダムに割り振り、毎回リーダーとサブリーダーを選任した。複数の案件が走る中、リーダーとフォロワーの経験を同時並行的に積むことは、それぞれ立場の苦労や悩みをわかり合えることに繋がり、貴重な経験になる。

　第 4 に企画力を向上する仕掛けである。インプットを促進するためにゼミナール全体で 100 冊の本を読みこなす「100 冊チャレンジ」に挑む一方で、各人には 1 年間で 1000 のアイデアを考案する「企画 1000 本ノック」を課している。ゼミナ

ールでは様々なワークショップを取り入れ、学生の企画力向上を目論んでいる。

　第5に定期的な個人面接である。ゼミナール全体として負荷をかける一方で、1人1人へのきめ細かいケアも必要であると考えた。リサーチ・プロジェクトの研究の進捗を確認しつつ、学生生活全般、ゼミナール運営や人間関係について学生の意見をしっかりと受け止めるように心がけた。企業社会でも、自分のために時間をとってくれていると感じる上司がいると組織が活性化すると言われている。

　2020年度は1年間を通してオンラインによる人材育成を強いられたが、清泉女子大学の安齋ゼミナールの学生に10のスキルの自己評価をしてもらったところ（n=14）、活動の前後ですべての項目で上昇が確認できた（図表6）。オンラインであっても創意工夫を凝らし、様々なプロジェクトに果敢に挑戦し、きめ細かな指導を行うことで、人材育成で一定の成果を収めることができた。

【図表6】ゼミナールにおけるスキルの自己評価（筆者作成）

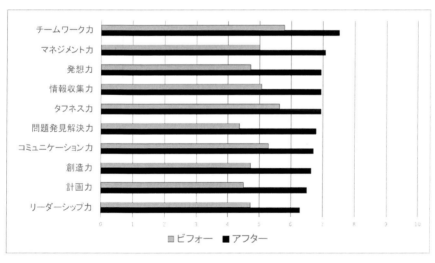

（2）人材育成のフレームワーク

　本章で述べてきた通り、授業及びゼミナールを通じて人材育成に取り組み、確かな手応えを感じてきたが、その過程で全体を貫く人材育成のフレームワークを構築し、それを「未来人材育成モデル」と命名している（安齋、2017a：87）。

同モデルは、大きく、「能力・スキル」「視野・ビジョン」「経験・タスク」に分類され、第1にコミュニケーション・リーダーシップ・クリエイティビティというベーシックな能力・スキルを習得する。第2に自分・ビジネス・社会に関する未来に向けた視野・ビジョンを身につける。第3に協働経験・企画経験、失敗経験というような経験値を積み重ねる（図表7）。

飛行機に例えるならば、「エンジン」としての知識だけでは、飛び立つことができない（行き先もわからず、浮遊力もなく、進む力もない）。そこで、「操縦桿」を操る視野・ビジョン（自分・ビジネス・社会）を身につけ自ら行き先を見定め、「翼」としての能力・スキル（コミュニケーション・リーダーシップ・クリエイティビティ）でより高く、速く飛べ、「推進力」となる経験・タスク（協働経験・企画経験・失敗経験）を積み重ねることで実際に前に進むことが可能となる。

【図表7】未来人材育成モデル（安齋、2017a：87）

1．ベーシックな能力・スキル→協調力・創造力
・コミュニケーション
・リーダーシップ
・クリエイティビティ
2．未来に向けた視野・ビジョン→思考力・構想力
・自分：自己理解→自己鍛錬
・ビジネス：動向把握→ビジネス創造
・社会：課題認識→社会変革
3．行動・挑戦する経験・タスク→行動力・実行力
・協働経験：チームワーク・コラボレーション
・企画経験：プランニング・共創
・失敗経験：ストレッチ・タフネス

社会デザイン教育の試みは緒についたばかりである。社会デザイン学とは、既存の規範や価値観が崩壊しつつある文明論的危機感の中で、真に共生的な社会を創成するために必要な理念と知識を明確化する学問（社会デザイン学会、2006）であり、社会デザインという言葉には（1）社会性（市民性）と（2）現実性（解決

性）と（3）創造性（革新性）という要素が含まれている（安齋、2017b：119）。社会デザイン教育を推進していくためには、この 3 要素を念頭に置きつつ、既存の枠に囚われないダイナミックな教育改革を実践していく必要がある。現場で更に創意工夫を凝らし、試行錯誤を繰り返しながら、大学における社会デザイン教育の可能性をこれからも探求していきたい。

参考文献

安齋徹、2017a、「女子大学における人材育成の取組み〜『未来人材育成モデル』構築の試み〜」、『NWEC 実践研究』第 7 号、国立女性教育会館、P.76-96

安齋徹、2017b、「大学生の社会デザイン力の向上〜社会連携案件を通じた成果測定の試み〜」、『Social Design Review』Vol.8、社会デザイン学会、P.117-133

安齋徹、2018、『女性の未来に大学ができること〜大学における人材育成の新境地〜』樹村房

安齋徹、2019、「群馬の未来に大学ができること〜まち・ひと・しごと・女性・未来という 5 つの視座〜」、『群馬県立女子大学紀要』第 40 号、群馬県立女子大学、P.1-12

安齋徹、2021a、「オンラインでのゼミナール実践事例」、『人事マネジメント』2021 年 1 月号、ビジネス・パブリッシング、P.92-93

安齋徹、2021b、「オンラインでのフィールドワーク実践事例」、『人事マネジメント』2021 年 3 月号、ビジネス・パブリッシング、P.90-91

安齋徹、2021c、「オンラインでのワークショップ実践事例」、『人事マネジメント』2021 年 4 月号、ビジネス・パブリッシング、P.100-101

安齋徹、2021d、「オンラインでのプロジェクト実践事例」、『人事マネジメント』2021 年 5 月号、ビジネス・パブリッシング、P.94-95

門脇厚司、2010、『社会力を育てる——新しい「学び」の構想』、岩波書店

河北秀也、1989、『河北秀也のデザイン原論』新曜社

久木元秀平、2011、『ソーシャル・キャピタルと大学の地域貢献』大阪公立大学共同出版会

群馬県、2016、『第 15 次群馬県総合計画　はばたけ群馬プランⅡ　平成 28 年度〜平成 33 年度』群馬県 https://www.pref.gunma.jp/contents/000366726.pdf（最終アクセス日：2021 年 8 月 16 日）

経済産業省編、2010、『社会人基礎力 育成の手引き――日本の将来を託す若者を育てるために』河合塾、P.5

公立大学協会、2002、『公立大学の地域貢献』公立大学協会

佐宗邦威、2015、『21世紀のビジネスにデザイン思考が必要な理由』クロスメディア・パブリシング

社会デザイン学会、2006、「設立趣旨」、
http://www.socialdesign-academy.org/about_us/intention.htm（最終アクセス日：2021年8月17日）

瀬川茂子、2015、「社会が求めるデザイン力人材」、『AERA』2015年1月25日号、朝日新聞出版、P.28-29

ソーシャルデザイン会議実行委員会、2013、『アイデアは地球を救う。希望をつくる仕事　ソーシャルデザイン』宣伝会議

中央教育審議会、2005、「我が国の高等教育の将来像（答申）」、文部科学省
http://www.mext.go.jp/b_menu/shingi/chukyo/chukyo0/toushin/attach/1335581.htm（最終アクセス日：2021年8月16日）

中央教育審議会、2012、「新たな未来を築くための大学教育の質的転換に向けて～生涯学び続け、主体的に考える力を育成する大学へ～（答申）」、文部科学省
http://www.mext.go.jp/b_menu/shingi/chukyo/chukyo0/toushin/1325047.htm（最終アクセス日：2021年8月16日）

中野民夫、2001、『ワークショップ――新しい学びと創造の場――』岩波書店

広瀬英彦、1988、「ゼミナール」、『世界大百科事典　15』平凡社、P.635

毛利猛、2007、「ゼミ形式の授業に関するFDの可能性と必然性」、『香川大学教育実践総合研究』第15巻、香川大学、P.1-6

文部科学省、2021、「新型コロナウイルス感染症の影響による学生等の学生生活に関する調査」、文部科学省 https://www.mext.go.jp/content/20210525-mxt_kouhou01-000004520_1.pdf（最終アクセス日：2021年8月16日）

第9章 留学生の定住・定着と社会デザイン
——"居場所感"のフレームワーク——

原田麻里子

1．背景と目的

　国境を越えた人の移動が世界的規模で拡大を続ける今日、移住の現象は極めて多岐にわたって展開している。外国人政策において、日本は歴史的に出入国管理及び難民認定法[1]（以下「入国管理法」）に基づく「期間を定めた在住者」としての管理にほぼ特化し、人の移住、移民の受入れという課題とは一線を画してきた。しかし、既に日本においても多国籍、多民族、多文化化が進展し、自分たちの身近なこととして考えざるを得ない社会環境になって久しい。日本へ向けた人の移動にはますます拍車がかかり、彼ら・彼女らが日本に住む目的や期間も多様化が著しくなっている。このような現状が進行する中、外国人の定着・定住化について、在留資格の見直しや社会的・経済的・政治的参加、国籍や教育の問題も視野に入れた、体系的な移民政策の議論が求められるようになっている[2]。加えて、グローバル化[3]の進展や、少子高齢化に対応するための「高度人材」と位置付けた労働者受入れという視点の高まりが、昨今の本格的な移民議論のベースにあると言われている。この「高度人材」として、日本政府や経済界が着眼したのが、留学生である。

　確かに、留学生も国境を越えて来日する移住者の 1 つのカテゴリーである[4]。これまで、留学生受入れに関しても、外国人全般の受入れ政策と同様に、その時代時代に日本政府がその受入れの方針を打ち出してきた。その方針により、来日する留学生にとって、日本への入り口が広がったり狭まったりしてきたのであるが、近年、この留学生受入れの方向性にも、外国人全体像と類似した傾向が見られると言われている（栖原 2010）。

　2008 年に「留学生 30 万人計画」が出され、同年、「経済財政改革の基本方針（骨太 2008）」が発出された頃から、日本政府は、「留学生の就職・定着」を留学生受

入れ方針の前面に打ち出している。留学生受入れの歴史において、これまで留学生は「期間を限定して受け入れられた外国人」であった。しかし今や、卒業・修了後の労働人材としての滞在も含めた長期滞在者として、日本での定着・定住が推奨されている存在なのである。30 万人計画では 2020 年に留学生 30 万人の達成をも目標に掲げていた。奇しくも 2020 年、COVID-19 による国境封鎖で、留学生は激減した。アルバイトという雇用形態で留学生を労働人材としてカウントし、また卒業後の採用も増加し続けていた最中のことである。留学生のキャリア形成は大きな打撃を受け、先は不透明であるが、グローバル人材を求める声に変わりはないと言われている。ここからも留学生受入れの動向が、日本社会における外国人受入れ全体に対し、大きな影響を及ぼす時代になっている事が露呈された。

このような状況下、日本社会側の都合のよい受入れ方針に流されることなく、留学生自身が「日本社会に 1 人の社会人として受け入れられる」「社会のメンバーとなる」という認識を確立した上で、滞在・定着する仕組み作りが必須と考える。いかにその認識が確立でき自らの方向性が実現しうるのか、かつ社会に受け入れられるかは、簡単ではないが、重要な課題として、多方面から高い関心が寄せられると同時に、今、改めて問い直すことが不可欠だと言えよう。

留学生の卒業・修了後の進路選択は多様化し、彼ら・彼女ら自身が、長期的に日本在住、活躍を希望し、家族形成をも視野に入れた移住志向は強い。筆者は留学生の就職・定着について、当事者の意識構造に着目することが重要だと考える。留学生の就職・定着に関わる研究は、その研究の対象が、「留学生」及び「卒業・修了後に日本社会に残り、就職し働く人」の 2 つのカテゴリーの外国人となる。ここで対象とする外国人のうち、卒業・修了後、日本社会に残り就職し働く人については、「日本における留学経験を経て企業等で働く社会人」という存在であることを明確化するために、「元留学生社会人」と呼ぶこととする。

本稿では、留学生という限定的な枠組みを取り払い、広く移住者・移民という理解で考察するにあたり、Sense of Belonging を〈居場所感〉として分析の概念と定める。「居場所」という言葉の持つ意味を理解した上で、当事者の留学生にいかに適用できるのか、まず〈居場所感〉について整理を試みた上で、留学生及び元留学生社会人の意識構造と移住志向について〈居場所感〉のフレームワークを用いて検証していきたい。

２．留学生の移住者性

　高度外国人材としての留学生受入れ・定着という方向性に関しては、日本政府が労働面から受入れに積極性を示しているものである。このような方向性の提示は、そもそも「日本社会への定着・定住を推進すること」が望ましいことであり、今それが日本社会で求められているという前提に基づく議論である。

　「留学生」が就職して「元留学生社会人」となる。このことは、留学生に係る議論が「留学生受入れ」としての限定された議論に留まらず、外国人労働者の分野や更には国境を越えての人の移動、移住者としての在住外国人全体にまで拡大し考察することが必要とされる。本項では、移住者として留学生を捉えるにあたり「移民・移住者」に関連する理論について理解を深めておきたい。

（1）「移民」と「移住者」

　「留学生」は法的位置づけである在留資格が「留学」である人であり、日本の高等教育において勉強、研究することを目的として国境を越えて移動してきた人たちである。従来、留学期間に限っての日本在住と捉えられ、その後、日本において労働力としての継続的在留することは、さほど想定されていなかった。

　一方、「移民・移住者」の概念については、これまでも国により、時代により、更に立場により多様な理解がなされてきている。簡略に一般概念で答えるとすると、「国境を越えて移動してきた人たち」を「移民・移住者」という言葉で表現するとなるであろう。「移民」という語の概念は、国境を超え、他国へ移住する人々、特にそこに永住する人々を意味するケースが大多数である。加えて、国際社会のグローバル化の進展とともに、労働力として「移民労働者」「移住労働者」等の表現が散見されるようになってきている。そもそも留学生を労働予備群として捉えた視点はなく、留学生の受入れ政策は「移民・移住者」という視点からは離れたところで議論されてきた経緯がある。しかし、昨今は留学生の就職・定着が盛んに取り上げられるようになっている。実際に留学生から元留学生社会人となり在住を続ける人は、統計上でも、2010 年頃からその増加傾向が顕著に現れている（出入国在留管理庁「令和 2 年における留学生の日本企業等への就職状況について」のうち「留学生からの就職目的の処分数等の推移」より：https://www.moj.go.jp/isa/content/001358473.pdf）。これらの状況を考えると、今や、

留学生受入れ政策だけをもって彼ら・彼女らの受入れ、定着を議論することには、明らかに無理が生じてきている。

　「移民」の定義は多様である。国連によると正式な法的定義はなく、「長期移民」は一般に「通常の居住国以外の国に 12 カ月以上いる人」と定義され、「短期移民」は 12 カ月未満とされる（https://refugeesmigrants.un.org/definitions）。この定義によると、外国人留学生、その他就労等による長期滞在者、正式な入国手続きをしていない外国人等も（長期）移民に含まれる。また、小倉（1992）は「国境を越えて生業の本拠地を移動させる人およびその人に随伴する家族」を「移民」とする定義している。「生業の本拠地の移動」という基準は、労働力の移動という面を重視する観点によるものであり、この観点からみると、旅行者、留学生、企業内転勤者は含まれないことになる。

　また、「移民」と「移住者」の使い分けは研究者によっても、また機関等によっても曖昧である。その言葉から持つイメージ、言葉の使われ方はさまざまであるが、外国人に関しては「移住者」より「移民」を使うケースが多い。出身地を離れて 1 年以上の期間を出身地以外の社会で暮らした経験を持つ人を「移住者」とする考え方もある（田嶋 2004）。「移民」と「移住者」の相違点は定住性の有無であり、必ずしも定住を前提とせず、国境を越えた移動をして日本に滞在する人も含めての集合体全体を「移住者」と定義し、一方「移民」については、定住を視野に入れている移住者と定義づけている。なぜ定住性意識の有無により、「移民」と「移住者」を分けて定義づけする必要性があるのだろうか。田嶋は、近年の国際移住研究の中では、旧来の移民論が依拠してきた「移民」についての前提が崩れてきている点を指摘している。そもそも日本においては、「移民」と「移住者」という 2 つの言葉の明確な使い分けはなされてこなかった。一般的に「移民」とされる人の移動は、母国との関係性が消失し、ほぼ永久的に日本に定住する移住者を意味し、再帰国することはその設計図にはなかったと認識されてきた。しかし近年の国境を越えた人の移動において、彼ら・彼女らは受入れ社会における定住を必ずしも前提として移住しているとは言えなくなっている。移り住んだ先の社会に住み続けるケースもあれば、母国やその他第三国への再移住を選ぶ場合もある。いずれの場合にも、生活や意識は移住前や母国の地点と完全に切り離されてしまうわけでない。それはいずれの場所にも生活の拠点を維持し続け、関係性は常に両

地点に残される形で生活が展開されていく特性を持つ。この意識構造がこれまで
の移民論からの変化であり、「移住者」「移民」という 2 つを明確に分けて定義す
ることが意味をなさなくなっている所以であろう。

（2）移住者としての留学生

　これまでの議論を勘案し、本稿では、留学生の移住に関する議論に際し、「移民」
という言葉を使用せず、「移住者」を用いることとする。田嶋の定義を参照し、「出
身地を離れて 1 年以上の期間を出身地以外の社会で暮らし、労働する人およびそ
の人に随伴する家族」を「移住者」と定義し、必ずしも永久的に近い定住を前提
としない。移住者の移住前、移住先それぞれの地域との関係性の維持の意識構造
については、「彼ら・彼女の生活や意識は移住前や母国の地点と完全に切り離され
てしまうわけでない」とする。留学生の生活構造を考えると、卒業・修了後に日
本で働くことを決めたとしても、原則的には出身国には家族や元の人間関係が存
続し、出身国との関係性は強く維持されると考えられる。この点を考えると、先
に述べた、移住者の移住前および移住後、それぞれの社会との関係性の維持に関
する意識構造は、本稿で留学生が卒業後の生活拠点を選択する過程において、1 つ
の重要な側面と考えられる。

　加えて、「移住者」の一員としてみるもう 1 つの理由は、「生活者」としての一
面の意識を強調するためである。どうしても留学生は、「大学が受けいれる期間の
定められた外国人」と認識されることが多く、地域社会での生活や周囲の住民と
の日常的な住民交流から切り離されて考えられがちである。しかし、就職意向の
高まりや在住の長期化傾向を考えても、これまで以上に住民性を意識して留学生
や元留学生社会人を捉える事が必要だと考える。木村（2007）は雲南回民の移住
の問題についての研究のなかで、移民は移住先地域において、既存の社会関係か
ら独立して存在するのではなく、そこに組み込まれながら生活する、と述べてい
る。移住者は移住先でその地のローカルな社会組織と関係を結びながら、ローカ
リティが創成され、排他的でない関係性が構築される。その移住先地域の生活者
としての一面から生まれる関係性を明確化する意味も含め、本稿では、留学生を
経て社会人となる人々を移住者の一（いち）カテゴリーとして研究を進める。

3．〈居場所感〉の概念整理

　「居場所」という言葉は日常的に見聞きする、使い慣れた言葉となっている。しかし「居場所」という言葉が現在のように心理的側面も含めて使われだしてから、さほど年月は経っていない。時に「居場所」と合わせ議論される「シティズンシップ」に関してはイギリスにおいて日本に先んじてその重要性が唱えられており、多角的な側面から「帰属意識（Sense of Belonging）」が認識されていた。また、日本における「居場所」の概念については、先行研究のほとんどが心理学的な側面で用いられ、子ども、若者と高齢者を対象とした研究が大半である。筆者は、シティズンシップの1つの側面としての Sense of Belonging の解釈にあたり、「属する」という意識でなく、「そこに住む、生活する」「その社会のメンバーの一員となる」等の意味における Sense of Belonging であり、シティズンシップであると考える。本稿においてはシティズンシップをその権利や制度の側面からみるのではなく、住民性、人間関係に関わる側面から用いたい。そこで留学生のもつ Sense of Belonging の特性を勘案し、Sense of Belonging を〈居場所感〉[5]と表現し、留学生および元留学生社会人の移住の志向について考察する際の鍵概念とする。

　本項では、筆者が留学を経て日本で既に働いている外国人を対象に実施したアンケート調査を基に、留学生のもつ〈居場所感〉の概念について考えていく。

（1）「居場所」について考える

　国語辞典及び教育学辞典において「居場所」の語彙説明を確認した中では、2000年以降、心理的ニュアンスを盛り込む記載へと変化が見られ、また「居場所」について新聞等で語られるケースが増加している。教育用語辞典[6]では、「生活者として身を置く場所」と定義されていた。これらの定義に含有される視点は、教育的分野のみならず、様々な場面、多様な立場の人間に当てはまるものであると考える。この教育学側面から規定された「居場所」の定義はそもそも、子どもの「居場所」を前提としている。しかし本論の問題意識と研究対象者を鑑みて、筆者は、次に記す教育用語辞典の定義を、「居場所」の定義づけのベースとしたいと考える。

「居場所」

生活者として身を置く居所。家庭、学校、園、地域、職場において息苦しくなく生活を進めるために必要な心理的・物理的空間である。日常生活では、「一人ではない自分」「孤立していない自分」「無視されていない自分」「役にたつ自分」「大切にされている自分」「何気なく言葉がやりとりできる人間関係」などが体感されることによって生活者は心理的に安定する。

近年の定義には「人が世間、社会の中で落ち着くべき場所・安心していられる場所」「生活者として身を置く場所・心理的、物理的空間」「役に立つ自分、言葉がやりとりできる人間関係を体感できる」等が加えられ、「居場所」の持つ意味の拡大が確認できた [7]。「居場所」に関する先行研究を概観すると、「居場所」について、「一人でいる空間としての『居場所』」と、「他者や組織との関係性における『居場所』」に関するものの 2 つに大別できるということが見えてきた。ここでは、留学生が企業社会や日常生活において他者や組織との関係の中で感じたり、培われたりする関係性という側面の「居場所」概念を追求する。

田中（2001）は、「居場所」には①空間としての居場所、②時間としての居場所、③人間関係としての居場所＝承認、の 3 つの要素あるとし、中でも特に、人から認められているという関係性が非常に重要であると述べている。単に人間関係があるだけでなく、承認されている関係であること、しかも相互の承認関係であることが重要だという。

相田（2001）の考察は、「居場所」について子どもや青少年以外を対象とした数少ない先行研究の 1 つであり、後期高齢者を含めた高齢期の精神的な充足の問題について分析を行っている。「居場所」に関して確立された心理学的尺度や共通した定義がみられないことを指摘したうえで、新たな居場所モデルの提案を試みたものである。そこでは「居場所」を「包括的居場所」とし、物理的居場所、社会関係的居場所、役割的居場所、自己目的的居場所の 4 項目を設定した。それに基づき高齢者対象のアンケート調査を実施し、各カテゴリーの規定要因について、調査の数値上の結果から考察している中では、年齢や性別によって、①それぞれの項目の重要性が異なり、それぞれの項目の包括的居場所性に対する効果が異なること、②いくつかの項目間に補填作用があることが導き出されていた。また、4 つの項目を更に分化させうるキーワードとして、所属集団、家族、友人、虚脱感、

無力感、を提示した。

　この研究で挙げられた項目およびキーワードには、留学生の就職・定住における〈居場所感〉にも当てはまるものが複数あると考える。卒業、修了後に日本での就職を考える留学生は、「高度外国人材」と位置づけられ、自分たちなりの役割、専門性を発揮することを目指し、継続的な滞在を考えると予測される。一方で日本に家族はなく、日本人と比較すると友人等の人間関係が希薄な留学生にとって、社会的関係はどのように影響を及ぼすのだろうか。この点も留学生の特性の 1 つとして興味深い。本項の後段で調査のデータとともに考察する際に、キーワードとして挙げられていた虚脱感、無力感についても、留学生の就職という面に照らし考えてみたい。

　「居場所」の概念の構成要素に関する尺度構成について、その他の研究者はどのような因子を抽出しているのだろうか。中西（2000）は予備的調査において「安心感」、「受容感」、「役割感」の 3 つが安定した居場所性の下位概念であることを確認し、この概念を用いて 30 歳代前半男女を対象とした調査を行い、居場所性尺度の構成を試みている。また秦（2000）も高校生対象の調査をもとに「安心感」、「受容感」、「役割感」の 3 つの因子からなる居場所性の尺度を導き出している。則定（2007）は、「安心感」、「被受容感」、「本来感」、「役割感」の 4 つの因子からなる居場所性尺度を提示している。これらは、「A さんと一緒にいるとほっとする」等、他者との関係を前提とした項目構成による尺度とされている。これらの研究は、居場所性の度数の測定のための尺度の抽出である。これに対し、山岡（2002）の研究では、居場所の条件や特徴、感情に対象を絞った尺度構成という側面から、「基本的信頼感」、「対象共有」、「受容される感覚」、「1 人になれる場所」「自由で安心できる場」「すがりつき」の 6 つの因子からなる条件尺度を構成している。これらの「居場所」概念を総合整理し、原田他（2014）で居場所概念の総合考察がされているが、いずれも学齢期の教育現場での活用を前提とした尺度設定である。また、イギリスにおける先行調査では、家族関係（family）、友人関係（friendship）、生活環境（lifestyle choices）、国籍（nationality）、専門性（professional identity）、協調性と共通趣味（team spirit and shared interests）の 6 項目を今日、イギリスにおいて多くの人々が「帰属意識」を固定化する鍵概念と設定し、分析が行われていた。

　これら先行研究から、留学生の定着における〈居場所感〉構成項目を確定する

にあたり、居場所であることの条件、必要な機能面についての着目を重視し、<u>空間的要素</u>、<u>家族的・出生的要素</u>、<u>社会的要素</u>、<u>役割的要素</u>、<u>専門的要素</u>、<u>自己内目的要素</u>の 6 要素を仮の構成要素と設定し、考察を進めたい。

（2）（居場所感）構成要素——ヒアリング調査からみえたもの——

　原田（2011）では、留学生を経て、日本の会社・団体もしくは研究機関等に正規職員して働いている外国籍住民を対象に、彼ら・彼女らの定着・定住に関す各々の経緯および考え方について調査・分析を実施している。その中で明らかになった思考を分析し〈居場所感〉概念の構築を試みる。

a：調査回答の分析
11 名の質問紙調査回答および 4 名のヒアリング調査回答を分析データとする。質問紙回答および逐語記録の中から、〈居場所感〉の構成要素に該当すると考えられる文脈データを抽出した。

b：調査からみえた課題整理
　回答からの文脈抽出から、「定着・定住」について、どのように概念づけを行うかは個人差が激しいことがわかった。また「定着・定住」を〈居場所感〉という視点でみると、その構成要因には、在日年数、雇用状態、経済状況、言語状況などが影響を及ぼしていた。しかし例えば「在日年数が長い＝定着と感じる度合いが高い」、「日本語力が高い＝定着と感じる度合いが高い」、というような正比例関係には結びつかず、あくまで個人的感覚に基づく「定着・定住」概念であった。
　また、「これからも住み続ける意向があるかどうか」によっても、今現在、「定住しているという意識があるか」の回答に差異がみられた。社会的立場が確立されているか、経済的に安定しているか否かという点とは切り離しては考えられず、地域社会との関係性の前段階として、経済的要素との関係性が定着・定住を感じる重要な規定要因であった。経済的要素は出身国の経済との格差の問題も背景として見られ、また、政情の安定しない国からの来日者は、特に流動的な回答が見受けられた。加えて留学生特有の要素である日本語能力、コミュニケーションの

取りやすさも多く挙げられ、それは言語面と仕事面での達成度、賃金、対人関係の用意度など複数の要素に波及が見られた。

　当事者の意識を把握し、〈居場所感〉の構成要素を検証した中では、一言に定着、定住といっても、各々が自分のこれまでの日本での生活、経験、今後の計画等を勘案した中で出てくる定着・定住を方向づける要素はさまざまであった。出身国を離れ、法的にも社会的にも依然壁のある日本にいるという不安定な立場の中で、「定着・定住」についての意向は確定できず、日々変化を余議なくされる。〈居場所感〉の概念を把握するにあたっても、それだけの多様性があり、流動的であることを踏まえる必要性がある事実を認識しなくてはならない。

　6要素を仮設定し、課題を整理してきたが、特に留学生を分析対象とした場合には、言語的要素、経済的要素の2要素を加えることが必要と考える。よって〈居場所感〉について、仮設定の6要素に2要素を加え、8つの構成要素から形成されると定義し、アンケート結果を8項目について再度レビューしたものを下記に提示する。

A：空間的要素	治安や環境面を考えて「住みたい場所」「居やすい国」と感じている声が複数あった。〈居場所感〉形成の要素の中でも、「居住空間」という現実の物理的空間確保になるので、重要性のウェイトは高い。
B：言語的要素	留学生を対象とした分析特有の要素である。在日期間の長短にかかわらず、「就職」という場面では、ほぼ誰もが、直面する要素である故に、ここでの要素に追加することとした。
C：家族的・出生的要素	出身国によって回答の特性が出ていた。中国の一人っ子政策、宗教的な家族の結束の強さ等から、頭の中に「いつかは帰国」もしくは「親の存在」が意識にあるケースが散見された。結婚、教育等、今後の家族構成の変化によっても変わることが予測される。しかし日本に永住を見込むほど、国へのこだわりがなくなっている声も複数あった。
D：役割的要素	「やりがい」「役立ちたい」「自分の存在が認められている/いない」等、仕事内容、職場環境と関係性の深い要素である。役割的要素のポイントが高いか否かは、〈居場所感〉形成に直接の影響が強くでる事項である。

E：社会的要素	多種多様な意見が寄せられた。人間関係、職場環境に係るものが多かった。職場の人間関係の良し悪しは、〈居場所感〉形成に大きく影響を及ぼし、また、その状況によって、日本における居場所感の実現を感じるか否かは流動的であった。在日年数が長くなるほどに、職場外で、たとえば地域コミュニティや、趣味・余暇等での人間関係性を求めるような風潮も見られた。
F：専門的要素	卒業・修了後に日本での就職を選択した時点からの重点的な要素である。これが満たされるかどうかは、日本特有の雇用形態とも絡むことであり、不満足感を抱く声が時折聞こえる。これに関しては、企業側、元留学生社会人側の相互理解が不可欠である。しかし、逆に専門性にこだわらず、広く日本の企業社会を見たいという要望もあった。応募、採用時のコミュニケーションを密にとることが必要だと考える。実際、ミスマッチングから、早期退職を考える人も見られた。
G：経済的要素	出身国との経済格差がある場合等に特に強く表れていた。また単に経済的な優位性だけではなく、将来を見込んで〈居場所感〉を日本で実現すべく計画している例もあった。この要素は、社会的要素や役割的要素などとともに考える事が相応しいとも考えられる。子どもや青少年対象の研究と異なり、「自立している」留学生対象の検証であるため、この要素を追加したものである。
H：自己内目的要素	趣味や日本特有の文化への興味関心が理由で高まる〈居場所感〉の要素である。この要素が強く、ほぼ永住に近いほど日本に〈居場所感〉を形成しているケースもみられた。コミュニケーションを密にとることが必要だと考える。実際、ミスマッチングから、早期退職を考える人も見られた。

留学生や元留学生社会人にとって、将来の意向は自分たち個人で操作、方向づけが可能である要素ばかりではなく、日本および世界的な政治情勢、経済情勢、多国籍異文化の中での個人的、社会的な感情にも否応なく影響を受けるという事実にも、「留学生と定住・定着」の考察を進める中では留意することが必要だと考えられる。

（3）〈居場所感〉と 8 構成要素

　留学生を経て日本で就職、在住するカテゴリーの外国人は、日本人配偶者や日系ブラジル人等、日本との関係性がある外国人として定住者と見られてきた従来の層と比較して、滞日の理由、目的、期間、今後の計画等のライフプランの選択の幅が広い。加えて、日本に住み続けたいと思うか否かには、メンタルな規定要

因が強いことも 1 つの特徴と考えられる。留学生・元留学生社会人は、その日本に住む期間、いかにして日本社会に溶け込むか否かの度合いなど、さまざまな点で、「人によって異なる」という特性が強いと言えるだろう。

　調査において、「定着・定住を推進する」という意識は、日本社会側の一方的な感覚であり、当事者の声が含まれていない、という指摘が外国人当事者からあった。これは留学生の就職・定着に関し、留学生側と日本社会・企業側の齟齬が起きている 1 つの要因であると考えられよう。この指摘を現状の課題として受け止める必要性と同時に、今後〈居場所感〉およびシティズンシップの視点から定着・定住に向けた議論を展開していく中で留意すべき点であると考える。

　このように、定着・定住という意識には個人差があり、定着・定住という表現を使用することへの違和感も散見されていた。しかし反面、実質的には日本に住んでいる・落ち着いているという感覚、生活が安定し、精神的に安住できていると感じるなど、日本を自身の「居場所」と認識している側面が多く現れている。これらの分析から定着・定住を理解する上で、〈居場所感〉をその構成要素に分解し、多角的に捉えることの重要性が再確認できた。

　本項で確定した 8 つの構成要素について、下記のように説明を加え、〈居場所感〉を鍵概念とし、検証を進めることとする。

【図 1】〈居場所感〉（Sense of Belonging）の多角的構成要素（筆者作成）

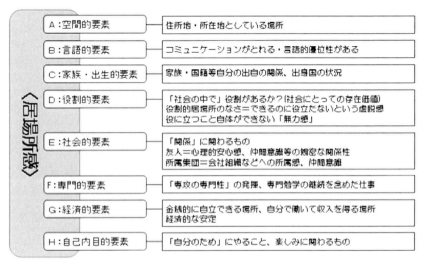

4．元留学生社会人と〈居場所感〉

　筆者は、20年余り留学生のキャリア教育・支援に携わっている。留学生が日本で就職、定住を考える意識は2000年以降、リーマンショックによる経済の落ち込みや、東日本大震災などにより変化はあったものの、日本を卒業後の場所として希望する意向は常に強い。しかし日本人学生と同じ土俵にあがって就職活動をすることは容易でない。日本での就職先を必死に求める時期は「とにかく就職を成就する事。内定を取る事」で必死であり、長期的に考えた「日本定着・定住」という意識が前面に出るケースは少ない。その時点では、大半の留学生の関心事は日本社会と自分との関係性を考えることよりも、大学と自分という関係性が消滅した後の企業と自分、仕事と自分、という新しい関係性を構築することで精一杯なのである。〈居場所感〉の視点で見た、「定着・定住について強く意識する」という段階には達していないケースが多いと言えよう。

　では、留学生にとって、「留学生」から、就職し外国籍住民として日本に住み、働くようになる環境変化により、「定着・定住」に関して何かしらの意識変化があるのだろうか。日本で就職することを選択し、社会人となり定着路線を歩む（もしくは定着を意図しない）彼ら・彼女らが、ライフプランを描き、行動する際に〈居場所感〉の実現いかんは、どのようにその定住思考に影響を及ぼすのだろうか。

　そこで留学を経て元留学生社会人として比較的長期（数年以上）にわたって働いている人たちを対象にインタビューを実施した（原田2015）。インタビューの協力者には、国籍、性別、在日期間等を考慮し、深く議論、意見収集ができることを条件に、本テーマに関して興味関心が強いと思われる3名を人選した。今回は元留学生が日本来日を考えた時点から以降に重点を置き、各々のこれまでのライフヒストリーを振り返ってもらった。

　3名は、各々が各々の理由で日本に対して〈居場所感〉を実現しており、現在は日本に定着している、という感覚でもあった。同時になぜ今日本に〈居場所感〉を感じるかを明確に認識しており、自分自身の「意志」として積極的に日本在住、就労を自ら選択している姿であった。また一方では、3人のインタビュー分析を通じて、一言に〈居場所感〉が実現できている、定着しているといってもその解釈や定義は多様であることも再確認できた。

今回の分析から、元留学生社会人の〈居場所感〉について、明らかになった点を以下に整理する。まず1点目に、〈居場所感〉は1カ所で構築、実現されるものではなく、2カ所以上において構築・実現されるケースが多いとことが実証された。「1カ所に定着する」という概念は弱く、自分が働いて生活していくところとして複数の場所がそれぞれの〈居場所感〉が構築されるところとして想定される。そして「居たいと思う、居る意味があると考える」ところを一定（不確定）の年数で移動することに抵抗のない人たちであった。そうはいっても、日本に住んで働いているときには、日本に対して相応の「定着」の意識がある。よって、そこの住民であるという認識を、当事者も受入れ側も持つことが重要であると考えられる。彼ら・彼女らにとっては、その2箇所の地点間に国境があるだけであり、その行き来をすることに「在留資格とその期間」という特有のハードルがある、ということが“移住者”としての特性であることも理解できた。

　2点目に、〈居場所感〉は1つの要因で決まるのでなく、複数の要因により複合的に決定づけられる点が明らかになった。〈居場所感〉がいかに形成されるかは、就職後の職場環境や人間関係、仕事のやり甲斐など、仕事と直接関わる要因が影響することは勿論だが、出身国の親との関係性、自らの結婚、また国籍や母国文化によっては将来的な居住地決定という長い目で見た将来設計も、母国への帰国に気持ちが引っ張られる要因として、〈居場所感〉を考える際に関係を及ぼすことは避けられない。その他、大学での専門性を活かせているか否か、あるいは「ただ純粋に日本が好きだという事が全て」等、あらゆる要素が〈居場所感〉の実現を決定づけていた。そしてそれぞれの要因は、状況の変化により流動的な性質の強いもの、ある程度固定化しているもの等、多様であり、加えて〈居場所感〉の実現いかんは、実際に社会人となり、人間関係や会社の環境の影響を受けた後に見えてくる、現実味を帯びてくる部分が大きい。彼ら・彼女らは就職後、母国に戻る選択をすることもあるが、それは最終的帰国としての離日であるとは限らない。一時的に帰国し、後日再来日し働きたい、といういわば半帰国の状態の維持を望むこともあり得る。

　ヒアリングをした3名ともに、職場においても社会環境においても日本人との接点が多く、比較的広範囲の日本人との人間関係形成の実績を持つ。インタビュー内容およびその分析によって浮き彫りにされた課題は、これまで日本の政策等

で言われてきた「留学生の定着・定住」の議論に関し、抜本的に視点を変える必要性を示唆しているのではないだろうか。「日本に定着・定住」を促進させること、そのための高度人材受入れ政策であり、留学生受入れ計画である。しかしながら「日本に定着・定住」という枠にあてはめることにどれだけの意味があるのだろうか。誰からみた「定着・定住」の必要性なのだろう。

5. 〈居場所感〉と留学生の移住志向の考察

　〈居場所感〉と留学生や元留学生社会人の定着の意識には、確かに関連性が見られた。そこからは、揺れ動く〈居場所感〉の性質が明らかになり、どこで自分にとっての〈居場所感〉を実現できるか否かが、それぞれが働き、居るための場所を決定付けていることが確認できた。彼ら・彼女らが暮らし、働く日々において、日本に対して感じている〈居場所感〉はさまざまな出来事、経済を含む社会情勢、職場・地域等の環境などにより、複雑に揺れ動いている。〈居場所感〉の8構成要素それぞれにより、その揺れ動く幅も理由も異なる。8つの構成要素を比較すると、ある程度固まっていて、変化の少ないものがある一方で、その時の状況により感情、意向が揺れ動く幅の大きい、流動性の高いものもあった。

　では、固定性が高いのはどのような構成要素であろうか。家族・出生要素は、通常自分の出身国に対して持っていると言える。これに関しては固定性が高い要素である。また、日本語力という言語面も固定性が比較的高い要素であり、「日本語力を生かして日本で仕事をする」「いずれ将来的には帰国することがあるとしても、日本で学んだ日本語力は大学だけでなく、社会で、仕事として使った経験がないと意味がない。」という声は今回のインタビュー対象者3名に限らず、頻繁に聞かれる。「日本で働くために日本に留学にきた。日本語は自分にとってとても大切」という、当初から日本で就職を考える人にとっても、言語的要素からみた日本に対する〈居場所感〉はさほど動かない要素である。治安の良さ、住環境が整備されている等の空間的要素は、留学生にとって卒業後も日本に住みたい理由の1つであり、また、経済的な安定、出身国と比較した給与水準、雇用の機会がある等の経済的要素も比較的固定性のある「日本に居たい要因」である。

　一方、流動性の高い構成要素として、専門的要素、役割的要素、社会的要素の3つが挙げられる。これらは、相互に関連性の強い要素である。仕事へのやりがい、

会社や地域での自分の居心地、人間関係の構築、専門性の発揮、専門性を活かした仕事での充実感などは、どこで働き、住むかを考える際の重要要素である。特にこれら 3 つの側面から見た〈居場所感〉が日本に傾いているのか、出身国に傾いているのかが、包括的な〈居場所感〉の実現いかんに大きな影響をおよぼすと考える。これらの流動性の高い要素は、日本で働く日々の中で職場環境、仕事やその他プライベートの人間関係等が敏感に影響し、〈居場所感〉の実現いかんへの波及効果が大きい。また、環境に変化はなくても在日年数は、その後の計画を考える中で、迷い揺れ動く要素であるという発言も見られた。自己内目的要素については、自分が日本に引きつけられる趣味や文化的な要素であり、これも日本に住む年数によって、また仕事以外を考える余裕の有無によって変化する要因であると考える。

　固定性、流動性とまた別の切り口として、当事者自らの持つ要素であるものと、受入れ社会側が対応、改善可能な要素がある。〈居場所感〉の空間的要素、社会的要素が満たされるか否かは、日々の生活を送る上で重要なことである。この点については、単に労働力としての受入れではなく、移住者としての〈居場所感〉を尊重する意味で、受入れ社会側の制度整備が求められる。定着が進むということは彼ら・彼女らを受け入れる地域社会においても、日常的な理解が得られ、柔軟な対応がなされるよう留意しなくてならない。「住民」としての〈居場所感〉実現は欠かせない重要な要素であることを強調する。そもそも「生活者としての一面」を重要視した移住者の一面ともつながるものである。

　これまでの分析から、外国籍社会人の〈居場所感〉について、固定性、流動性という変化の具合を縦軸に、日本か出身国か、という「居場所」がある場所を横軸に据えて次の図 2 のように概念を整理し、提示する。

【図 2】 実現場所と固定性・流動性による〈居場所感〉の分類（筆者作成）

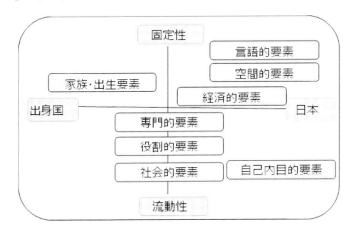

　〈居場所感〉は多面的な側面を持ち、その有り様は変化する。人により、状況によりさまざまな〈居場所感〉を形成していた。留学生や元留学生社会人が自らの移住場所、生活拠点を考える際、各々の「居やすい場所、居心地がいいと感じる」「やりがいを感じる仕事がある」等の感覚が重要視され、〈居場所感〉をいかに実現できるか、どのような要素で、その〈居場所感〉が形成されているかが、社会人としての拠点を決定づける根拠となる。

　情報化社会が進展している今、出身国を離れて受入れ社会で働く日々であっても、人々は、出身国の情報やメディアとつながることが容易であり、E メールやリモート通信手段などでも瞬時にそして安価に移住前の環境とのつながりを維持できる。この点は、移住者の〈居場所感〉を大きく変えてきた要因である。彼ら・彼女らは、日本社会で生きるだけではなく、送り出された地域における家族を含めた生活とのつながりを持ち続け、2 つ以上の社会に「居場所」を維持することが容易になっている。この家族的意向のみならず、多様な理由、状況から留学生および外国籍社会人は、複数地点に〈居場所感〉を持ちつつ、日本で職を得て、働き、住んでいる状況であった。

　田嶋（2004）は、境界（border）は移住者にとってあたかも存在しないかのようなもので、かつ移住には多様な方法があり、その方法は常に移住者が据え直す

ことで読み替えられていく、と述べる。また移住は境界を越える行為であると同時に、新しい越境空間で自分たちの生活世界を成立させていく行為である、とも分析している。実際に働いている元留学生に対して定着について聞いてみると、新しい環境で確かになにかしら、出来うる範囲で生活世界を成立させている。彼ら・彼女らの感覚には、「移住」も「国境」も感じられない場面が多々あった。自分にとって仕事があり、（できれば）やりがいのある仕事に恵まれ、何かしらの形で自分がいられる場所、もしくは居たいと思う場所がある。そこに、必死な「定着・定住」という思いは強くは感じられなかった。まさに、その姿は、出身地と移住先の地の明確な差別化がない移住であり、諸国間・諸文化間を物質的にも、精神的にも行き交っている、新しい型の移住者であると言える。「『定住』は日本側が一方的に決めている概念であり、自分たち外国人からみた考え方ではない」というコメントが、日本社会が規定する定着・定住をよく物語っていた。

6．まとめと今後に向けて

　2008年頃から政界、経済界ともに留学生に積極的にラブコールを送り、定着促進を謳っている。しかしながら、現実には日本社会での定着は、スムーズに進んでいるとは言い難い状況にある。留学生の就職・定着推進における課題や可能性について、既存の定着・定住の概念で考えていることに無理があり、何かしらのパラダイムの転換が求められていると言えよう。日本社会は、留学生を高度外国人材の卵と位置づけ、文部科学省の留学生就職促進プログラムが2015年から推進されたり、省庁横断、企業連携でグローバル人材獲得のミッションを掲げてたりしてきた。しかしながら、日本政府の考える留学生定着促進の目的は、今の社会において日本人で充足しきれない労働ポストに、留学生を当てはめることに主眼が置かれ、依然として労働人材としての受入れ計画を踏襲しているという印象が拭いきれない。1990年の入国管理法改正による日系ブラジル人等の定住者受入れや、2017年に施行されて以降、人命危機にも及ぶ重要事態を露呈し、改善が喫緊の課題とされる外国人技能実習制度等、「補充」を意図した外国人受入れの代表例と同一路線で議論されている「留学生受入れ・定着」とも言われる。

　これまでの認識でいう「移住者」は、日本に引き続き住むことが前提とされ、日本政府から許可された在留状況（活動）と期間という枠の中で在留している。

移住者自身にはそれほど自由はなく、選択の幅は狭かったと言えよう。しかし本稿で分析対象としている「留学生および元留学生社会人」は、日本社会への拘束力の弱い移住者である。必ずしも日本にいなくてはならないという人たちではなく、発言も行動もはるかに自由であり、「どこに居たいか、どれくらいの期間いるか」等の将来設計の選択肢も広がっている。彼ら・彼女らにとって〈居場所感〉の構築いかんが、どこで、どのように働き、暮らすかを決定づけるものであり、つまり日本で〈居場所感〉を実現できているということが、日本で就労する強い牽引力となるのである。言い方を変えれば、それだけ〈居場所感〉次第で、その移住場所を容易に変え、移動する可能性が高いと言えよう。日本社会の立場からすると、いかにしたら「日本での就労・定着」が選択されるのかが重要課題なのであり、そこでは〈居場所感〉の構築・実現が鍵となるといえる。

　筆者は、本稿におけるこれまでの分析を踏まえ、留学生の就職は、「人の補充」（足りない人材を補う）ではなく、「人の半定住・循環」と位置づけることがふさわしいと考える。留学生の受入れ・定住は、日本社会が労働人口等の補充のために留学生を選び、定着を促す、という図式ではなく、彼ら・彼女ら自らが、自分たちの意思で日本を選び、定着するか否かである。留学生から見て日本社会は、「選ばれる立場」という受け身の状態であることを真摯に受け止め、向きあう必要があるのではないだろうか。

　グローバリゼーションの進展や少子・高齢化現象が進むにつれ、移住の形態は、今後さらに新たな展開を示すと考えられる。現在の社会において、移住者の国境を挟んだ移動の可動性や、企業内外で彼ら・彼女らが創り上げる新しいマーケットの広がり、出身国と日本を融合した文化の創造などの視点から、これまでの「移住・定着」を捉え直す必要性に迫られている。そこで求められるのは、新しい移住の実態と要望に即した制度やシステムであろう。同時に、その移住のシステムを許容するだけの受入社会の変化であり、〈居場所感〉の実現から考えた「シティズンシップ」ではないだろうか。

　本章では、新しい形の「移住者・定住」として、留学生の越境移動に係る移住志向をどのように捉えるか、ということについて言及してきた。そこには〈居場所感〉の実現、どのようにして〈居場所感〉が構築され、それが彼ら・彼女らの移住の選択に反映されていくかが重要な視点であるということが確認できた。しか

しながら、筆者が収集し参照した意見は、限られた人数の留学生もしくは元留学生社会人である。今後、地域性や学歴、国籍等による違い、また就職後のさまざまに異なる環境による影響なども含め、更なる検証が必要であると考える。

　2011 年、東北地方を襲った大震災では、多数の留学生や元留学生が国外への脱出を余儀なくされ、各地の空港に殺到した光景は記憶に鮮明に残る。2020～2021 年の COVID-19 の感染拡大では、国境が封鎖され、個人の意思にかかわらず、移動を完全に拒絶される事態となった。この 10 年を顧みた中でも留学生や元留学生社会人は、世界を、そして日本を揺るがす予測不可能な危機状況、社会情勢により様々なキャリアチェンジを余儀なくされてきている。日本と自らの出身国との間で揺れ動く移住者としての性質上、常にその不透明さ、不確定さと背中合わせである。しかしながら、留学生を高度外国人材として日本企業が受入れ、戦力化していく流れ、そして当事者の在日が長期化し、永住を望む傾向が今後も加速することは間違いない。従前の日本社会の枠組みに当てはめるばかりでない、留学生の定着、そして、日本社会における長期的な活躍の方策を更に探っていく必要性を、本分析を通して再認識した。今後、留学生、元留学生社会人、そして受入れ企業等を多角的に捉え、更なる研究を継続し、注視し続けていきたいと考える。

註

1) 昭和 26 年制令第 319 号 日本に入国し在留する外国人に関して管理する法律。「入管法」と呼ばれる。この法律により在留資格が定められ、外国人は期間と活動を管理・制限されている。

2) 井口他（2009）は、移民政策学会の創設にあたり、学会誌創刊号の巻頭言で、移民政策の議論の高まりと、労働政策、定住等の関係性について述べている。

3) 「グローバル化」は多義的な用語であり、先行研究でも様々な文脈で用いられている。例えば渡戸（2010）は、グローバル化とは、グローバル経済の劇的な広がりと運輸通信技術の革新を背景とした①地球規模のヒト・モノ・カネ・情報・文化などの国境を越えた拡大と、②多国籍企業、移民、難民、エスニック集団、グローバル・メディア、NGO、環境、人権等の社会運動、及び③これらの多様な交流・移動・活動を通じた地球規模での複雑な相互依存の深まりを指すとしている。

4) 田嶋（2004）は、出身地を離れて 1 年以上の期間を出身地以外の社会で暮らした経験を持つ人を「移住者」と定義している。また、トーマス・ハンマー（1999）よる「三つのゲート論」では移住者、定住について「合法的な永住者の資格を有する外国籍市民である人々」として「デニズン（denizen）」と呼ばれる存在を提示しながら論説している。

5) 一般的には、「帰属意識」と日本語表記をしている研究が多くみられる。

6) 山崎他（編）（2003）。本文で引用した内容以外にはいじめや不登校に関連付けた居場所の意味等、学校教育における子どもを対象とした説明がなされていた。

7) 居場所の言葉の広がり、変遷については御旅屋達の教育社会学的見地からの研究参照
http://www.ritsumei.ac.jp/research/radiant/qol/story2.html/（2021.9 現在）

参考文献

相田めぐみ，2001「高齢者の「居場所」に関する心理学的研究」東京大学文学部卒業論文（未公刊）

井口泰他，2009「移民政策学会の創設に当たって」『移民政策研究』Vol.1 創刊号，1-4 頁

小倉充夫，1992「移民・移動の国際社会学」梶田孝道編『国際社会学』名古屋大学出版会，40-61 頁

御旅屋達，2021「ひきこもり当事者を対象とした居場所支援」『新グローバル時代に挑む日本の教育：多文化社会を考える比較教育学の視座』東京大学出版会，第 6 章

木村自，2007「雲南回民の移住とトランスナショナリズムに関する文化人類学的研究」大阪大学博士論文

栖原暁，2010「『留学生 30 万人計画』の意味と課題」移民政策学会編集委員会編 『移民政策研究』現代人分社，Vol.2，7-18 頁

田嶋淳子，2004「中国系移住者の新しい社会空間形成に関する一考察」『淑徳大学社会学部研究紀要』35 号，79-94 頁

田中治彦，2001『子ども・若者の居場所の構想』学陽書房

トーマス・ハンマー，近藤敦監訳，1999『永住市民（デニズン）と国民国家——定住外国人の政治参加』明石書店

中西友美，2000「若い世代の母親の居場所性についての基礎研究」『臨床教育心理学研究』26（1），87-96 頁

則定百合子，2007「青年期における心理学的居場所性の構造と機能に関する実証的研究」『教

育心理学年報』48，233 頁

秦彩子，2000「『心の居場所』と不登校の関連について」『臨床教育心理学研究』26（1），97-106 頁

原田克巳他，2014「居場所概念の再構成と居場所尺度の作成」『金沢大学人間社会学域学校教育学類紀要』第 6 号，119-134 頁

原田麻里子，2011「就職に係る意識構造と人の越境移動との関係性の研究——留学生の移住志向の分析から——」立教大学大学院博士論文

原田麻里子，2015「元留学生社会人の「定住・定着」感の考察——その意識構造の把握を試みて——」『キャリアデザイン研究』11，5-18 頁

渡戸一郎，2010「多民族・多文化化する日本社会——問題の所在とアプローチの視点」渡戸一郎・井沢泰樹編『多民族化社会・日本——〈多文化共生〉の社会的リアリティを問い直す』明石書店，序章

山岡俊英，2002「大学生の居場所とセルフエスティームに関する研究」『佛教大学教育学部紀要』第 1 号，137-167 頁

山崎英則他（編），2003『教育用語辞典』ミネルヴァ書房

第10章 公益信託法の見直しに関する一考察
信託の法律効果について

藤井純一

1. はじめに

　政府は現在、公益信託法 [1]の見直しを進めている。2018 年（平成 30 年）12 月
には、法務大臣の諮問機関である法制審議会の信託法部会において「公益信託法
の見直しに関する要綱案（以下、「要綱案」という。）が取りまとめられ、翌年 2
月の法制審議会総会において承認され直ちに答申された。今後、具体的な時期は
不明であるものの要綱案に沿った公益信託法改正法案の準備ができ次第内閣提出
法案として国会に上程されることになると考えられる。

　公益信託法見直しのポイントとして「第 1 信託事務・信託財産の拡大！」「第 2
受託者の範囲を拡大！」「第 3 主務官庁制の廃止！」が「公益信託法の見直しに
関する中間試案の概要について [2]」において掲げられ、要綱案はこの方向に沿っ
て取り纏められた。そこで、公益信託法の見直しに対する一般の関心が、信託事
務・信託財産の拡大、受託者の範囲の拡大の広狭に向かうのは自然なことと考え
られる。しかし、信託財産に対する強制執行等の制限、受託者の倒産処理におけ
る信託財産の除外等及び信託受託者の法定義務や法定責任といった現行信託法の
定める法律効果が公益信託法の見直しによって拡大される受託者の範囲並びに信
託事務の内容などに必然的に適用されるようになることも、公益信託法見直しの
明示されないポイントであるというのが本稿の主旨である。

　現行の公益信託は、主務官庁の許可制のもとわずかな例外 [3]を除いて受託者の
任務は信託銀行が担い、信託事務としての受益行為は「資金又は物品の配布の給
付」[4]に限られ、財産運用は「受益行為を継続するのに必要な確固とした財産的
基礎を有」[5]することが要請されることから「貸付信託、金銭信託、公社債、預
金等に運用しているのが現状である。」[6]とされている。したがって、公益信託の
受託者として信託銀行の債務不履行や破産等により信託財産の帰属が争われ、信

託財産の独立性、倒産隔離等 [7]の問題生じたことはない。また、公益信託の受託者が法人に限られるのであれば、受託者の死亡のとき信託財産は、相続財産に属さず、新受託者に引き継がれるまでの間は法人として存続するとの信託法の定め[8]が問題とされることもない。

　すなわち、公益信託は、信託の一類型である。しかし、その法律効果である固有債権者の信託財産に対する差押の制限や受託者破産のときの信託財産の取戻し権が問題となることもなくこれまで経過してきたということができる。また、公益信託の信託財産が不動産等の信託の登記又は登録を行うことのできる財産であるときに、信託の登記又は登録の先後によって第三者対抗の可否が決定された例[9]を見出すことはできない。

　さらに、公益信託の契約書は、信託銀行によって周到に準備された雛形にしたがって締結されており、信託銀行の慎重な公益信託の業務運営と相俟って受託者の法定義務や法定責任[10]が問題となった例も見出すことはできない。

　しかし、現在作業中の公益信託法の見直しにおいては、受託者の範囲を信託銀行から NPO 法人等の法人及び自然人にまで拡大する旨の要綱案が答申されており、これが実現すればこれまで公益信託の運営上は問題とされることのなかった信託財産の独立性（倒産隔離等）に係る信託法の条項並びに受託者の法定義務及び法定責任が問題となる可能性が増大したということができる [11]。

　また、信託事務である受益行為を資金又は物品の給付に限定せず、美術品の展示や学生寮の運営にまで拡大 [12]し、信託財産の範囲も不動産等にまで拡大することが実現すれば、信託財産が金銭や有価証券であるときとは異なる問題 [13]が生じる可能性が生じる。すなわち、信託財産の独立性 [14]に係る信託法の条項及び受託者の法定義務と法定責任が公益信託制度改革により新たに拡大される信託事務・信託財産及び受託者にも適用されることが重要な意義を有し、明示されない見直しのポイントとなる。

　例えば、倒産の可能性が相対的に高い者でも公益信託の受託者になるのであれば、信託財産（寄付財産）を倒産処理から除外する信託の倒産隔離機能によって、贈与契約等の他の法制度を利用して公益目的財産を出捐したときには得られない信頼性を得ることができる。つまり、必ずしも周到に準備されたとは言えない公益信託契約（寄付契約）であったとしても、公益信託により財産を出捐するので

あれば、信託の倒産隔離機能等並びに受託者の義務及び責任が法律に定められていることによってさらに公益目的の財産出捐の信頼性を獲得することが期待できる。つまり、これらの法律効果が信託法に定められていることが、法制審議会において、公益信託の信託事務・信託財産の範囲拡大及び受託者の範囲拡大を内容とする要綱案が取りまとめられることを可能にしたといっても差し支えないであろう。

　すなわち、受託者の破産のとき信託財産を破産管財人から取り戻すことのできることや受託者の権限を越えた信託財産の処分を取消し取引相手から信託財産を取り戻すことのできるなどの第三者に効力を及ぼすことができる信託の機能は、公益活動に有用な高いスキルを有していながら、必ずしも財務的には万全ではない法人も公益目的財産の出捐を受けるための法的な信頼性を得ることができることになる。このことは、公益目的の寄付の単なる増大をもたらすだけではなく、高度なスキルを有する団体の公益活動への動員を増大させる効果も考えられることを含め、公益活動を一層増進するということができる。

　そこで、本稿においては、要綱案の内容であるこれらの範囲の拡大により適用可能性の増大が想定される信託の機能のうち、受託者法人の破産、破産及び合併以外の理由による解散、公益法人受託者の公益認定の取消しの場合を取り上げて検討することとしたい。そして、寄付財産が贈与契約により管理されている場合と公益信託の信託財産として管理されている場合においてその扱いがどのように異なるかを検討し、公益信託がそれらの機能を有することによって公益信託を通じて公益目的の財産の出捐が促され、その増加が公益活動の増進に資するものであると論ずることとしたい。

2．公益信託の概要

　公益信託は、「祭祀、宗教、慈善、学術、技芸其ノ他公益ヲ目的トスル信託」として 1922 年（大正 11 年）に制定された信託法 66 条から 73 条に主務官庁の許可を要する [15] など私益信託の特則が適用される信託として規定された。しかし、信託法制定以来、1977 年まで公益信託は、主務官庁の許可がなされることはなかった。そして、同年 5 月に外務省が初めて公益信託の許可を行って以来、各省庁及び都道府県知事が主務官庁として許可を行い、2021 年 3 月現在、公益信託の件

数および残高は 406 件 58,059 百万円 [16) となっている。

そして、2006 年（平成 18 年）に行われた信託法の抜本的見直しの際に「その当時、民間の資金を利用して公益活動を行うという点で公益信託と社会的に同様な機能を営む公益法人制度の全面的な見直しが並行してすすんでいたこと」[17)により公益信託法の実質的改正は行わず改正信託法との調整にとどめられ、今般法制審議会から法務大臣に公益信託法改正のための要綱が答申されたことについてはすでに述べたとおりである。そこで改正された、現行法上の公益信託は「受益者ノ定ナキ信託 [18) 19) 20) ノ内学術、技芸、慈善、祭祀、宗教其ノ他公益ヲ目的トスルモノ」であって「主務官庁ノ許可ヲ受ケタルモノ」であると定義された [21)。すなわち、信託としての一般的な規定（信託法 1 章から 10 章）に対して、受益者の定めのない信託の特例（同法 11 章）が適用されるのに加えて公益信託法の規定が適用されることとなる。

ところで、公益信託を設定することのメリットとしては、「公益法人と比較 [22)して効率的・弾力的な運営が可能」ということが挙げられており、例えば、1. 設立手続きを信託銀行（受託者）が行うこと、2. 事務所・職員を置く必要がないこと、3. 財産の取り崩しが可能であること、4. 助成金の交付、主務官庁への報告等をすべて信託銀行が行うことが一般社団法人信託協会のウェブサイト [23)において訴求されている。しかし、その法律効果については特に訴求されていない。個別の商品説明において信託一般の法律効果に言及しないのは当然ではあるが、忘れがちな点である。

ここで、信託の法律効果を確認しておこう。公益信託は、信託の一類型であるから、公益信託の設定により、信託設定の法律効果が生じる。信託の典型的な法律効果は、大きな括りで二つ挙げることができる。一つは、受託者の債務不履行、倒産や受託者の権限違反処分によって、信託財産（寄付財産及びその代位物を言う。以下、同じ。）が第三者に流出した場合あるいは流出の危機にあるとき、当該第三者に対して異議を申し立てる、あるいは、受託者と第三者との処分行為を取り消すことのできる法律効果である。ここに言う「流失の危機」とは、①受託者の債務不履行による強制執行、②受託者の破産等の手続きの開始、③受託者に与えられた権限を逸脱した財産の処分、④受託者の利益相反処分 [24)などの場合である。このように信託法には、第三者への信託財産の流失を阻止し、あるいは第

三者から取り戻し、従来どおり一定の公益目的に従って管理処分等される財産として回復する法律効果が定められている。

　二つ目は、受託者の義務と責任にかかわる法律効果である。すなわち、信託法には受託者の契約等に定められた目的に従って寄付財産を管理処分等する義務を基本としてさまざまな法定義務と法定責任[25]が定められている。

　信託受託者の主な法定義務と法定責任を列挙すると、①信託事務遂行義務②善良な管理者の注意義務[26]、③忠実義務、④利益相反行為の禁止、⑤競合行為の禁止、⑥信託財産の分別管理義務、⑦信託事務処理の委託における第三者の選任及び監督に関する義務及び、⑧信託事務処理の状況についての報告義務等の法定義務[27]等が受託者に生じること、これらに違反して信託財産（寄付財産）に損失が生じたとき等においては、受託者に、⑨信託財産の損失てん補責任、⑩原状回復義務[28]等の法律効果が生じることを挙げることができる。

　しかるに、要綱案のいう公益信託制度の改正は、受託者の拡大、信託事務の拡大といった内容のものであり、これらの拡大がなされるとこれまで存在はしていても活用されることのなかった信託法に規定されている法律効果が活用されるようになると考えられる。このことが、公益目的の財産の出捐に法的な信頼性が生じて、公益活動の増進に資することとなると考えられる。

　つまり、受託者は信託銀行に限られ、信託財産は金銭など確実なものに限られ、さらに信託事務は金銭又は物品の給付といった単純なものに限られていたが故にこれまでは問題とされなかった信託法の諸規定が、受託者、信託事務、受託者財産の拡大によって浮かび上がってくる可能性が生じたということができる。

3．受託者の範囲の拡大と信託財産の倒産隔離等

　ここでは、公益信託の受託者の拡大対象として期待される法人の倒産件数等を確認し、公益目的の寄付を受け入れた NPO 法人の倒産が現実に相当数あり、公益目的の寄付財産の救済を必要とする場面が実際に生じかねないことを示すこととしたい。

　次に、NPO 法人が公益目的の寄付を贈与契約により受けとって破産に至り法人が解散するときの寄付の残余財産の取扱いと、公益信託の受託者としての NPO 法人が破産に至り信託財産が残存する場合の信託財産の取扱いを比較し、公益目

的の寄付の信頼性確保のためには、信託の倒産隔離機能が有用であることを示す。

（1）NPO 法人等の倒産件数等

　公益信託の受託者範囲を NPO 法人に拡大したときに、信託の倒産隔離機能が有効性を発揮する可能性を探るため、NPO 法人の解散件数、特に破産手続きを理由とする数値をみて見よう。「表 1　NPO 法人の解散件数」は、NPO 法人の解散数を年度別理由別に掲げたものである。

【表1】NPO法人の解散件数 [29)]

日付	16 年度	17 年度	18 年度	19 年度	20 年度	累計
解散数	1550	1718	1917	1852	1685	20,655
事由 1	1239	1353	1530	1470	1412	15,929
事由 2	3	7	2	3	2	18
事由 3	0	3	4	0	3	33
事由 4	8	6	3	1	5	90
事由 5	6	13	5	10	7	117
事由 6	9	14	12	12	19	96
事由 7	283	320	356	355	236	4,315
事由 8	2	2	5	1	1	57

累計：1998 年 12 月～2021 年 3 月末
事由 1：社員総会の決議／事由 2：定款で定めた解散事由の発生／事由 3：目的とする特定非営利活動に係る事業の成功の不能／事由 4：社員の欠亡／事由 5：合併／事由 6：破産／事由 7：設立の認証の取消し／事由 8：その他

　NPO 法人制度発足以来の破産手続き（事由6）による解散数が96 ある。これらの法人が贈与契約によって公益目的の寄付財産を受入れ保有しているのであれば、残存財産は、次の「(2) 贈与契約により寄付財産を受け入れたときの破産手続き」において説明するように破産手続き開始以後当初の寄付目的に従って寄付財産が管理又は処分されることはなくなる。1998 年の NPO 法人制度の発足以来、96 法人において破産手続きが開始されたという事実は、寄付を行おうとする者にとって、NPO 法人の破産手続き開始によって寄付財産が当該 NPO 法人の破産債権者に分配される可能性があるとの疑念を抱かせることとなる数値であると思える。

（2）贈与契約により寄付財産を受入れたときの破産手続き

　一般に法人の破産手続きの開始原因は、支払不能または債務超過であり、破産手続きにおいては、破産者の破産手続き開始時の積極財産の総額（破産財団）を破産手続き開始時以前の原因に係る債権（破産債権額）に応じて平等に配当するというのが基本的な考え方である（図1）。

【図1】贈与により寄附を受け破産したときの寄付財産の取扱い

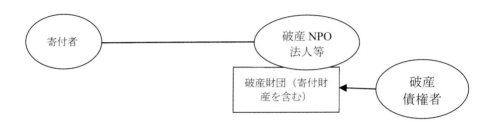

（3）信託の倒産隔離機能

　NPO法人が寄付財産を公益信託の信託財産として、一定の公益目的に従って管理又は処分してきたときは、NPO法人において破産手続きが開始されても信託財産は、破産財団に取り込まれることはない [30]。そして、破産した当初の受託者である NPO 法人の信託財産を一定の目的に従って管理又は処分すべき任務は終了し、信託財産は、新たな受託者（以下「新受託者」という。）のもとに移転し、新受託者のもとで従前どおりの目的に従って管理又は処分されることになる（図2） [31]。

　信託受託者の任務が終了し、公益信託の契約書等に新受託者の定めがないときなど新受託者が決まらないときは、基本的には委託者と信託管理人の合意によって新受託者を選任することができ、なお決まらないときは委託者が欠けているから決まらないなどの場合に応じた選任方法に従って新受託者が選任され、それでもなお新受託者が決まらないときは、最終的には裁判所が新受託者を選任することができることと規定されている [32]。すなわち、受託者破産の場合に当該信託存続のためのメカニズムが信託制度には備わっているということができる。

そして、NPO法人の破産の例は表1のとおり現実に96件存在することから、NPO法人の破手続きにおいて公益信託に信託の倒産隔離機能があることによって、NPO法人が破産しても寄付財産は公益信託設定当初の信託目的に従って管理又は処分されるであることになり、委託者（寄付財産の出捐者）信頼を得ることができることになる。

【図2】公益信託の受託者破産のときの信託財産の取扱い

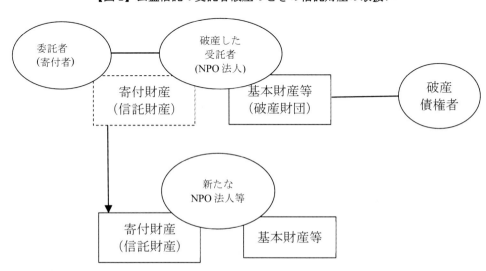

4．破産及び合併以外の理由によるNPO法人の解散

破産手続きにより法人を解散するときとその他の理由により解散するときの解散時に残存する寄付財産の取扱いは異なる。表1のNPO法人の破産又は合併以外の理由によるNPO法人の解散件数をみて見よう。NPO法人制度発足以来の破産手続き破産・合併以外の理由により解散した件数は、社員総会の決議15,929件、定款で定めた解散事由の発生18件、目的とする特定非営利活動に係る事業の成功の不能33件、社員の欠亡90件、設立の認証の取消し4,315件及びびその他57件となっている。このように20,000件を超えるNPO法人が1998年の制度発足以来解散している。前項において検討したNPO法人の破産により解散したときの発足以来の累計件数96件と比較して、格段に多く公益目的の寄付財産が解散のと

きに残存する蓋然性も格段に高いと言わざるを得ない。

　そこで、これらの法人の破産及び合併外の理由での解散のとき公益目的の寄付財産が残存していれば、その財産はどのように扱われるのかここで検討しておきたい。

【図 3】NPO 法人の解散（破産・合併以外）のときの
贈与契約により受け入れた寄付財産の取扱い

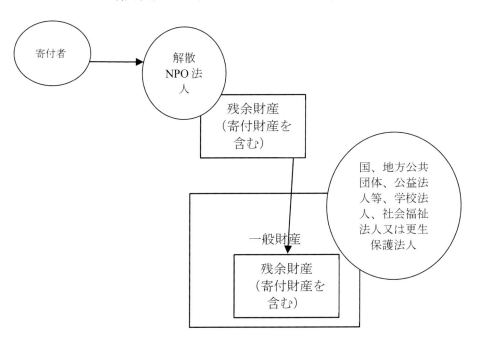

　NPO 法人が合併、破産以外の理由で解散したとき、解散した NPO 法人の残余財産は、国、地方公共団体、公益法人、学校法人、社会福祉法人又は更生保護法人に帰属することとされている[33]。すなわち、寄付財産とその他の財産を区別することなく国、地方公共団体、公益法人、学校法人等に帰属することとなり、寄付財産の使途が寄付契約により定められたものであっても新たに寄付財産を引き継いだ者は、当初の寄付契約に定められた寄付財産を当初の公益目的に従って

管理処分等すべき拘束を受けることなく、当該法人の目的に従って管理又は処分することとなる。これを図に示すと「図3　NPO法人の解散（破産・合併以外）のときの贈与契約により受け入れた寄付財産の例」のとおりである。

【図4】NPO法人の解散（破産・合併以外）のときの
公益信託の信託財産の取扱い

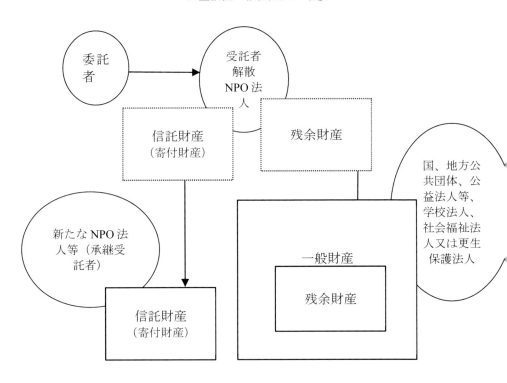

　つぎに、NPO法人が公益信託の受託者であって、その破産・合併以外の理由による解散のとき、信託財産はどのように取り扱われるかを見てみよう。受託者であるNPO法人が破産・合併以外の理由で解散すると当該NPO法人の受託者の任務は終了し[34]、寄付財産である信託財産は、新たな受託者に引き継がれ、信託財産は新受託者のもとで従前の一定の公益目的に従って、管理処分等が行われることとなる。これを図示すると「図4　NPO法人の解散（破産・合併以外）のとき

の公益信託の信託財産の取扱い」のとおりである。

　NPO 法人の解散件数は、累計で 2 万件を超えている。これらの法人が解散のとき、解散以前に贈与契約による寄付を受け、仮に寄付契約によって寄付財産を一定の公益目的のために支出する旨の制約が課されていたとしても、解散による残余財産の移転の場合、清算される寄付財産の残余を含む残余財産には解散法人が締結した寄付契約による拘束は及ばなくなる。しかし、公益信託の信託財産として寄付を受け入れたのであれば、信託財産は、新受託者に移転し当初の信託目的に従って管理又は処分されることとなるというのが公益信託の信託財産の取扱いである。

5．公益法人の公益認定の取消し等

　2008 年（平成 20 年）の新公益法人制度の施行以来の公益法人の解散及び公益認定取消し件数は、「表 2　公益法人の解散・公益認定取消し件数」に記載のとおり解散が 71 件、公益認定の取消しが 32 件である。

【表 2】公益法人の解散・公益認定取消し件数 [35]

	解散数	取消し数	12/1 法人数
2008 年度（平成 20 年度）	0	0	—
2009 年度（平成 21 年度）	0	0	88
2010 年度（平成 22 年度）	1	0	615
2011 年度（平成 23 年度）	3	0	2273
2012 年度（平成 24 年度）	1	0	5700
2013 年度（平成 25 年度）	4	1	8628
2014 年度（平成 26 年度）	6	2	9300
2015 年度（平成 27 年度）	7	7	9397
2016 年度（平成 28 年度）	19	5	9458
2017 年度（平成 29 年度）	14	7	9493
2018 年度（平成 30 年度）	16	10	9561
合計	71	32	—

公益認定が取り消されると、当該公益法人の有する公益目的取得財産残額を他の公益法人と贈与契約を締結する必要がある[36]。公益目的取得財産残額とは、公益法人が公益認定を受けて以後取得した公益目的事業財産から公益目的事業に費消又は譲渡した財産等の累計額の金銭である[37]。

公益認定取消し法人は寄付財産を公益目的取得財産残額の支払いのために信託財産を処分する権限を有していない。したがって、当該寄付財産は、従来どおりの信託財産として公益認定を取り消された法人のもとで従来通りの目的に従って管理又は処分されることとなる（図 5）。なお、公益認定取消しの直後に法人が解散するときは、信託受託者の任務は終了し、寄付財産（信託財産）は、新たな受託者により従前の目的に従って管理又処分されることになることにおいて「3．（3）信託財産の倒産隔離機能」において述べた NPO 法人の破産時の例と同様に取り扱われることになる。

【図 5】公益認定取消し（法人存続）のとき公益信託の信託財産の取扱い

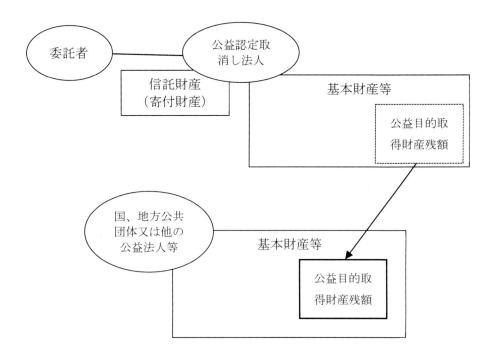

6. まとめ

　かつて「信託は、英米法で育成された制度であり、大陸法系に属するわが私法の中では、水の上に浮かぶ油のように異質な存在である。」[38]といわれ、信託法は、信託銀行の金融商品である貸付信託、証券会社の証券投資信託のための法律であると捉えられていて、その後、信託の利用が貸付信託及び証券投資信託以外のものに広がっても金融業の枠内のことと捉えられていた[39]。しかし、2006 年（平成 18 年）の信託法の大改正以来、近年では「民事信託」「家族信託」等のタイトルのもと信託銀行以外の者が受託者となるための実務書を書店の店頭で常時見かけるようになり、このことから信託業者以外の者が信託の受託者となることを想定することができるようになってきた。このように、信託受託者の範囲が広がると、信託財産の帰属をめぐる紛争が生じ、その解決に信託法の法律効果が力を発揮する場面も多くなるであろうことについては想像に難くない。

　このことは、私益信託のみならず公益信託においても同様と考えられる。NPO法人の解散件数、その内訳としての破産件数、公益法人の解散件数及び公益認定取消し件数[40]は、筆者にとって予想外の多さであった。すなわち、信託の受託者の範囲が拡大されたときに信託の法律効果は、有用性を発揮するに違いないと確信することができた。

　そこで特に有用となると考えられる信託財産の独立性に係る信託の法律効果として①信託の受託者の死亡のとき信託財産は相続財産に属さず新受託者に引き継がれるまでの間は法人として存続すること[41]、②信託財産に対する受託者の財産に係る債権者の強制執行等の制限[42]、③破産等の倒産手続きにおける信託財産の除外[43]、④受託者の権限違反行為の取消しによる信託財産の取戻し[44]等を挙げることができる。さらに、受託者の法定義務である、善良な管理者の注意義務、忠実義務、信託財産の分別義務等その他の法律効果もその有用性を増すことになる。

　本稿においては、これらのうち特に有用性が高くなると考えられる法律効果について検討を加えた。しかるに、信託法には、信託財産を保護し信託目的を達成するための条項がこのほかにも多く存在する。そして、公益信託が盛んになればなるほど多く生じるであろう多様な争いを処理するための基準がその中から見出されることとなると思われる。そして、このことが公益信託を通じた公益目的の財産の出捐の法的信頼性を増進し、公益活動に資するものとなる。

註

1) 公益信託ニ関スル法律（大正 12 年法律 62）（以下「公益信託法」という。ただし、紛らわしいときは、「現行公益信託法」または「公益信託ニ関スル法律」という）。その制定及び改正の経緯については、「2．公益信託の概要」参照。

2) [法務省民事局, 2018]「公益信託法の見直しに関する中間試案」（以下「中間試案」という。）は、2017 年（平成 29 年）12 月 12 日の第 47 回法制審議会信託法部会において取り纏められ、信託法部会の事務局を担当した法務省民事局参事官室は、中間試案とともにその責任において作成した「公益信託法の見直しに関する中間試案補足説明」及び「公益信託法の見直しに関する中間試案の概要について」を公表している。

3) 筆者の知る限り、信託銀行以外の者が受託者となっている公益信託は自然人が受託者となっている「公益信託・軽井沢グアム学生交流基金」だけである。

4) 公益信託の引受け許可審査基準等について平成 6 年 9 月 13 日公益法人等指導監督連絡会議決定（以下「公益信託引受け許可審査基準」という。）

5) 公益信託引受け許可審査基準四柱書

6) [三菱 UFJ 信託銀行, 2015]758 頁。なお、2021 年 3 月末日現在、信託銀行の「貸付信託」の残高は 0 百万円である（全国信託財産調：信託 288 号一般社団法人信託協会）。

7) 信託法 22〜25 条

8) 信託法 74 条

9) 不動産物権や特許権のように「登記又は登録をしなければ権利の得喪及び変更を第三者に対抗することができない財産権については」、その財産権が固有財産又は他の信託財産ではなく特定の信託財産に属することを固有財産の債権者などの第三者に対抗するためには「信託の登記又は登録」を行っていなければならいとされている（信託法 14 条）。

10) 信託法第 3 章第 2 節（59〜61 条）第 3 節（40〜47 条）

11) 3．（1）の「表 1　NPO 法人の解散件数」参照

12) [法務省民事局, 2017]

13) 註 9

14) 信託財産は、固有財産及び他の信託財産と分別して管理されなくてならない（信託法 34 条）とされている。そして、信託財産は、受託者の相続財産に属さず（信託法 74 条）、受託者の固有の債権者は、強制執行することはできない（信託法 23 条）などの性質をおびる。

15) 同法 68 条

16) 一般社団法人信託協会ウェブサイト信託統計便覧より（2021 年 10 月 3 日確認）

https://view.officeapps.live.com/op/view.aspx?src=https%3A%2F%2Fwww.shintaku-

kyokai.or.jp%2Farchives%2F037%2F202107%2F202103-08%2B.xls&wdOrigin=BROWSELINK

17) [NBL 編集部, 2018]1 頁

18) 信託法 2 条 1 項に「信託」とは、「次条各号に掲げる方法のいずれかにより、特定の者が一定の目的（専らその者の利益を図る目的を除く。同条において同じ。）に従い財産の管理又は処分及びその他の当該目的の達成のために必要な行為をすべきものとすることをいう。」とあり、同法 3 条各号には、①信託契約②遺言信託③自己信託の 3 つの方法が定められている。

19) 「受益者の定めのない信託」とは、信託財産は一般に受益者の利益のため管理処分等が行われる。しかし、受益者の存在を予定しない信託の場合は、信託目的達成のために管理処分等が行われる。受益者の定めのない信託の場合、権利者である受益者が存在しないので、受託者の義務の履行を請求する者として信託管理人が置かれるなどの特則が、同法 11 章 258 条から 261 条におかれている。

20) 要綱案において「公益信託」は、受益者の定めのない信託ではあるが、同法 11 章 258 条から 261 条に規定される特例が適用される信託ではなく、「公益信託」に同法 1 章から 10 章までの規程に対する特例が設けられる場合には、11 章の規程とは別に特例を設けることとされた（[能見善久, 2019]14,15 頁）。

21) 公益信託ニ関スル法律 1 条、2 条

22) 公益法人数 7,462、公益目的財産額合計 7 兆 6,128 億円

ウェブサイト：公益法人インフォメーション＞公益法人の統計＞令和元年「公益法人の概況及び公益認定等委員会の活動報告＞03

https://www.koeki-info.go.jp/outline/pdf/2019_03_toukeishiryou.pdf（2021 年 10 月 8 日確認）

統計資料編(PDF 1.5MB) 資料 1-6-5、174 頁、「公益目的財産額規模別の法人数（社団・財団別）」(注) 過去 1 年間の公益目的財産額の確定手続又は公益目的支出計画実施報告書（令和元年 12 月 1 日時点の入力確認済みデータ）による。

23) https://www.shintaku-

kyokai.or.jp/products/public_interest/public_interest/public_interest_trusts.html（2021 年 10 月 8 日確認）

24) ①信託法 23 条②同法 25③同 27 条④同法 31 条 6 項、7 項

25) 信託に類似する法制度である民法に定められた「委任契約」と比較してこのことについて樋口範雄教授は、次のとおり述べている。「委任契約についての民法の規定はわずか 14 箇条、受任者の義務に関するものはたったの 4 箇条だけであり、［中略］もちろん『契約で具体的なことは書いておけ』という趣旨でしょうが、それにしても民法の提供する義務のリストは貧弱でかつ抽象的です。［中略］これに対し、信託法は 271 条、そのうち受託者の義務や責任に関する条文数は 19 箇条もあります」（ [樋口範雄, 2007]13 頁）。

26) 信託法 29 条 2 項。善良な管理者の注意義務とは、過失を認定するときに前提として要求される注意義務の程度をあらわす法律用語である。善良な管理者の注意義務は、行為者の具体的な注意能力に関係なく一般に、行為者の属する職業や社会的地位に応じて通常期待される程度の注意義務をいう。

27) ①信託法 29 条 1 項②同法 29 条 2 項③同法 30 条④同法 31 条⑤同法 32 条⑥同法 34 条⑦同法 35 条⑧同法 36 条

28) ⑨信託法 40 条 1 項 1 号⑩同法同条同項 2 号

29) 「表 1　NPO 法人の解散件数」は、内閣府 NPO ホームページ　NPO 統計情報＞認証申請受理数・認証数＞CSV ファイルより筆者作成がしたもの。

https://www.npo-homepage.go.jp/about/toukei-info/ninshou-zyuri（2021 年 9 月 28 日現在）

30) 信託法 25 条 1 項

31) 信託法 56 条 1 項 3 号（破産者の任務の終了）、77 条（前受託者による新受託者等への信託事務の引継ぎ等）

32) 信託法 62 条（新受託者の選任）。現行の公益信託ニ関スル法律 8 条は、信託法に定められた裁判所の権限は、一部の権限をのぞいて、主務官庁に属すこととして規定している。しかし、要綱案は第 12 公益信託の監督 5 において、「裁判所は、信託法が裁判所の権限としている権限を有するものとする。」として、これまで、主務官庁の権限とされてた権限を裁判所の権限とするとしている。

33) NPO 法 32 条、11 条 3 項

34) 信託法第 56 条第 1 項 4 号

35) 「表 2　公益法人の解散・公益認定取消し件数」は、2021 年 9 月 28 日現在の https://www.koeki-info.go.jp/outline/koueki_toukei_n4.html にリンクがある「平成 26 年『公益法人に関する概況』01H26 公益法人に関する概況（目次本文）（PDF1.5MB）」及び「平成27年から令和 2 年までの『公益法人の概況及び公益認定委員会の活動報告』概要（PDF 各フ

ァイル）」より筆者作成。

36) 公益認定法 5 条 17 号、30 条

37) 公益認定法施行規則 47 条

38) [四宮和夫, 1979]1 頁

39) [田中實・山田昭、雨宮孝子補訂, 1998]1 頁、はしがき、改訂に寄せて

40) 「3．（1）NPO 法人等の倒産件数等」、「5．公益法人の公益認定の取消し等」

41) 信託法 74 条（受託者が死亡により任務が終了した場合の信託財産の帰属等）

42) 信託法 23 条（信託財産に属する財産に対する強制執行等の制限等）

43) 信託法 25 条（信託財産と受託者の破産手続き等との関係等）

44) 信託法 27 条（受託者の権限違反行為の取消し等）

参考文献

NBL 編集部. (2018). 「公益信託法のみなおしについて中間試案」について. 別冊 NBL164, 1.

四宮和夫. (1979). 信託法＜増補版＞. 有斐閣.

田中實・山田昭、雨宮孝子補訂. (1998). 改訂信託法. 学陽書房.

能見善久. (2019). 新しい公益信託法と公益活動の促進. 信託 278 号, 13-32.

樋口範雄. (2007). 入門信託と信託法. 弘文堂.

法務省民事局参事官室. (2017). 公益信託法の見直しに関する中間試案の補足説明. 別冊 NBL164, 25-122.

法務省民事局. (2017). 公益信託法の見直しに関する中間試案の概要について. 別冊 NBL164, 5.

三菱 UFJ 信託銀行. (2015). 信託の法務と実務 6 訂版. 金融財政事情研究会.

おわりに

　本書には隠れたアジェンダがある。

　監修者である萩原なつ子先生は、2022年3月で立教大学（大学院・21世紀社会デザイン研究科）をご退職される。本書は先生のご退職記念書籍としても編まれている。本書成立までの経緯としては、編者である森田が萩原先生のご退職の話を聞き、第1章担当の相藤巨さん（萩原ドクターゼミ長）と第9章担当の原田麻里子さん（萩原ゼミ博士第1号）、またもちろん萩原先生とも相談しながら企画を立ち上げた。その後、立教以外の大学も含め、先生が博士論文の審査に関わった他の"弟子"の皆さんにも「萩原ゼミ博士の会」のメンバーとして執筆のお声がけをした、という流れである。

　萩原先生のご専門領域は幅広く、出版物やウェブサイトのご紹介の記事からまとめてみると、「環境社会学」「エコフェミニズム」「ジェンダー」「男女共同参画」「NPO・非営利活動」「SDGs」「ダイバーシティ」「ワークライフバランス」「消費者教育」「まち・地域づくり」「共生社会」「共助による防災」と多岐にわたる（先生の「ご経歴」「業績リスト」については巻末参照）。その幅広さは、先生に博士論文の指導を受けた執筆陣による各章のトピックの多様性に反映されている。

　萩原先生は、現在のように社会問題として広く認識される以前から環境問題に取り組まれてきた同分野の先駆者である。また森田が第1部「多様なジェンダー研究」の第3章で記述したように、環境問題とジェンダー問題の同時解決を目指すエコフェミニズムを日本で展開してきた第一人者でもある。そのバトンは、ご指導を通じて、環境とジェンダーの交差点に係る第4章を担当した菊地栄さん、そして森田へと受け継がれている。

　もちろん、〈環境〉という変数を抜きにしたジェンダーに関する研究についてもご指導をされてきている。同じく第1部に収められた第1章の相藤さんの論文のような行政×ジェンダーの研究や、第2章の内藤眞弓さんの医療×ジェンダーの研究、第5章の佐野敦子さんのAI×ジェンダーの研究はそのよい例である。ご多

忙で 1 つの章を書くお時間がなく、代わりに巻末に餞のコラムを執筆された山口典子さんも行政×ジェンダーの研究で先生から薫陶を受けている。

　第 2 部では様々な〈社会デザイン〉研究の試みを提示した。非営利組織 (NPO)・活動は社会デザイン研究の中で最も取り組まれるテーマの 1 つだが、萩原先生はこの分野でも第一人者として知られる。現在も（特非）日本 NPO センター・代表理事を務められ、過去には千葉県の「NPO の事業力強化小委員会」委員も務めていらっしゃった。こうしたご経験をもとに、藤井純一さんによる第 10 章のような非営利活動に係る研究の指導をされてきた。

　先生は医療との関わりも深い。日本医療政策機構 (HGPI) のメンタルヘルス政策プロジェクト・アドバイザリーボードメンバーとしての公的なご貢献に加えて、メープルシロップ尿症という難病を抱えるお孫さんがいるという私的な経験をベースとして、景山晶子さんによる第 7 章のような医療に係る研究も指導されている。

　また先生は東日本放送の第 27 期番組審議会委員も務められていたが、マスメディアに関する第 6 章の浅野麻由さんの論文の主題である「ベビーホテル」問題は萩原先生からのご提案であったと側聞している。同研究でインタビューを受けている堂本暁子氏は、第 3 章の森田論文で言及した、萩原先生もご参加されていた 1991 年のマイアミでの「健康な地球のための世界女性会議（World Women's Congress for a Healthy Planet）」にも参加されており、お二人は現地で交流を深められたと聞いている。

　本書の「はじめに」で先生は、〈社会デザイン〉のキーワードは「多様性と包摂」と定義されている。日本社会が多様性と包摂を体現するにあたって試金石の 1 つとなるであろう「留学生問題」については、第 9 章担当の原田さんの研究の中でご指導されている。また 21 世紀の社会では大学の役割、生涯教育・社会貢献も問い直しがなされるが、この点については第 8 章担当の安齋徹さんの研究の中で指導をされてきた。

　本書の構成は、萩原先生がお茶の水女子大学で薫陶を受けた故・原ひろ子先生の"お弟子さん"たちによって編まれた『ジェンダー研究が拓く地平』（原ひろ子［監修］・「原ゼミの会」編集委員会［編］、2005 年、文化書房博文社）を参考にしている。博士論文に至るまで原先生に指導を受けた萩原先生は、ドクターゼミ中

によく「原先生には足を向けて寝られない」とおっしゃっていたが、われわれ萩原ゼミ博士の会のメンバーも萩原先生に足を向けて寝ることはできない。

　編集は基本的に森田が担当した。本書の不備不十分な点があったとしたら私の責任である。なお、学際的な書籍であることも鑑み、文献の引用スタイルについては各執筆者が慣れている形式を重視し、統一は最小限に留めてある。また、本書の出版にあたっては第 8 章担当の安齋さんが三恵社さんとの仲介の労を取ってくださった。三恵社の木全俊輔社長、そしてご担当の井澤将隆氏には改めて御礼申し上げる。

　表紙の写真は、萩原先生がコスタリカで撮影したハチドリの写真である。先生のお気に入りの写真で、講演会等でも“締め”の写真としてよく使われている。南米の先住民の間では「ハチドリのひとしずく」の言い伝えがある。言い伝えでは、山火事に際して他の動物たちはわれ先に逃げていったが、ハチドリだけは嘴（くちばし）で水を一滴ずつ運んで火を消し止めようとする。動物たちはハチドリを笑い者にするが、ハチドリはこう言う。「私は、私にできることをしているだけ」、と。(『ハチドリのひとしずく　いま、私にできること』辻真一［監修］、2005 年、光文社)

　萩原先生はわれわれにとってまさにこのハチドリのような存在である。環境問題やジェンダー問題、非営利活動といったイシューは、山火事のように喫緊の課題だったにも関わらず、当初は真剣に取り扱おうとする者はほとんどいなかった。そんな中、ハチドリが一滴ずつの水で火を消そうとするように、先生はイシューの萌芽期から“火消し”という名の問題解決、研究、そして実践に地道に取り組まれてきたのである。

　指導学生は皆、先生のことを親しみを込めて“なっちゃん先生”と呼んでいる。立教大学をご退職された後も、なっちゃん先生はハチドリのように私たちを、そして社会を、先陣を切って正しい方向へと導く存在であり続けてくれるだろう。

2022 年 1 月 1 日
萩原先生に心からの感謝を込めて
編者・森田系太郎

「ニュージーランドの学会でエコフェミニズムに関してご発表中の萩原先生」

（**2007 年 12 月 6 日、森田撮影**）

萩原なつ子教授のご経歴

1956年、山梨県生まれ。専門領域は「環境社会学」「ジェンダー」「男女共同参画」「エコフェミニズム」「NPO・非営利活動」「ワークライフバランス」「消費者教育」「まち・地域づくり」「共生社会」「共助による防災」「ダイバーシティ」「SDGs」等。

【学歴】

1979年4月：明治学院大学・文学部英文学科・卒業

1985年3月：明治学院大学・社会学部社会学科・卒業

1988年3月：お茶の水女子大学大学院・家政学研究科家庭経学専攻・修了（家政学修士）

（修士論文：『ライフスタイルの選択――都市住民による自給的生活の試み――』）

2000年9月：お茶の水女子大学（博士［学術］）

（博士論文：『"身近な環境"に関する市民研究活動と市民のエンパワーメント――トヨタ財団助成対象チームの事例にみられる〈市民知〉の形成――』）

【主な教歴】

1995年4月〜2000年3月：東横学園女子短期大学・専任講師

2000年4月〜2001年3月：東横学園女子短期大学・助教授

2000年4月〜2002年3月：東京大学大学院人文社会系研究科・客員准教授

2003年4月〜2006年3月：武蔵工業大学環境情報学部・助教授

2005年4月〜2006年3月：放送大学文化科学研究科・客員助教授

2006年4月〜2007年3月：立教大学社会学部 社会学科・助教授

2006年4月〜2007年3月：立教大学21世紀社会デザイン研究科・助教授

2007年4月〜2008年3月：立教大学社会学部 社会学科・准教授

2007年4月〜2008年3月：立教大学21世紀社会デザイン研究科・准教授

2008 年 4 月〜2022 年 3 月：立教大学社会学部社会学科・教授

2008 年 4 月〜2022 年 3 月：立教大学 21 世紀社会デザイン研究科比較組織ネット
　ワーク学専攻博士課程前期課程・教授

2008 年 4 月〜2022 年 3 月：立教大学 21 世紀社会デザイン研究科比較組織ネット
　ワーク学専攻博士課程後期課程・教授

【主な職歴】

1991 年 9 月〜1997 年 12 月：公益財団法人トヨタ財団・アソシエイト・プログラ
ムオフィサー

2001 年 4 月〜2003 年 3 月：宮城県環境生活部・次長

【学会での役職】

●国際ジェンダー学会：会長・大会実行委員長・評議委員・選挙管理委員長

●日本ボランティア学会：副代表

●環境社会学会：運営委員、研究活動委員会委員長

【共同研究・競争的資金等の研究課題】

●日本学術振興会　科学研究費助成事業：「環境問題と環境運動における女性の『不
可視化』」（研究分担者；2001-2003 年度）

●日本学術振興会　科学研究費助成事業：「NPO と行政との協働に関する研究——
委託事業の実態と事業評価に関する事例調査」（研究代表者；2004-2006 年度）

●日本学術振興会　科学研究費助成事業：「生活文化の世代間伝承による持続可能な
消費——消費者教育のパラダイムシフト——」（研究分担者；2011-2015 年度）

●総合地球環境額研究所西表プロジェクト：「亜熱帯島嶼における自然環境と人間
社会システムの相互作用」共同研究

●国際ジェンダー学会：「開発におけるジェンダー」共同研究

【社会貢献活動】（あいうえお順）

《継続中》

●岩手県岩手町：政策参与

● （国研）科学技術振興機構（JST）：科学技術コミュニケーション推進事業アドバイザー

●（独）環境再生保全機構：評価検討委員

●経済産業省：産業構造審議会産業技術分科会委員、廃棄物・リサイクル小委員会委員

●千葉県：総合計画策定懇談会委員、男女共同参画推進懇話会委員

●東京都大田区：男女共同参画推進区民会議会長

●東京都墨田区：リサイクル・廃棄物審議会会長

●東京都豊島区：基本構想審議会委員

●内閣府：栄典に関する有識者、休眠預金等活用審議会委員、地域女性活躍推進交付金選定審査会委員、未来をつくる若者・オブ・ザ・イヤー選考委員会委員

●日本医療政策機構（HGPI）：メンタルヘルス政策プロジェクトアドバイザリーボードメンバー

●兵庫県豊岡市：地域啓発推進アドバイザー

●宮城県：環境審議会委員

●文部科学省：消費者教育推進委員会委員、中央教育審議会委員、独立行政法人国立女性教育会館の評価等に関する有識者会合委員

●（大）山形大学：経営協議会委員

《終了》

●（国研）科学技術振興機構：「科学技術と人間」研究開発領域「科学技術と社会の相互作用」領域アドバイザー、未来共創事業未来共創イノベーション活動支援評価委員会委員

●神奈川県：新しい公共支援事業運営委員会委員、かながわボランタリー活動推進基金21審査会委員、水資源環境・保全かながわ県民会議委員

●神奈川県横浜市：横浜国際港都建設審議会委員

●環境省：環境パートナーシップオフィス・環境パートナーシップ協議会委員、中央環境審議会・総合政策部会臨時委員、21世紀環境立国戦略特別部会委員、廃棄物・リサイクル部会委員

●経済産業省：企業・市民等連携環境配慮型活動活性化モデル事業推進委員会委員

●国際協力事業団（現（独）国際協力機構）：重点課題別支援委員会（開発とジェ

ンダー）委員

●国際交流基金：平成 5 年度欧州女性環境問題研究グループ招聘事業コーディネーター

●国土交通省：首都圏広域地方計画有識者懇談会委員、老朽街路灯・鋼管柱強靭化促進研究会委員

●（独）国立女性教育会館：女性学・ジェンダー研究フォーラム企画委員会委員、男女共同参画社会形成のための学習プログラム研究 研究委員

●（公財）産業廃棄物処理事業振興財団：産業廃棄物処理優良化推進委員会委員

●消費者庁：消費者支援功労者表彰選定委員

●総務省：ふるさとづくり懇談会委員

●千葉県：NPO の事業力強化小委員会委員

●中央教育審議会：生涯学習分科会委員

●東京都狛江市：市民参加と市民協働に関する審議会委員

●東京都杉並区：環境審議会委員

●東京都千代田区：リサイクル推進懇談会副座長

●東京都豊島区：「としま F1 会議」座長

●東京都港区：リサイクル推進懇談会副座長

●東京都三宅島：観光振興プラン策定委員会委員

●内閣府：消費者行政新未来創造プロジェクト検証専門調査会委員、男女共同参画基本問題・影響調査専門調査委員、男女共同参画局実践的調査研究検討会委員、男女共同参画局女性のチャレンジ賞選考委員会委員、男女共同参画局震災における男女共同参画の視点からの対応マニュアル検討委員会、男女共同参画局男女共同参画会議第 5 次基本計画策定専門調査会 WG 構成員、男女共同参画局男女共同参画の視点からの防災・復興の取組に関する検討会委員、男女共同参画推進連携会議議員、北方対策本部「国民の北方領土問題に関する意識の分析等調査」検討委員会委員

●（独）日本学術振興会：研究成果の社会還元・成果普及事業推進委員会委員、大学教育再生加速プログラム委員

●東日本放送：第 27 期番組審議会委員

●三重県教育委員会：世界遺産指定調査委員会委員

- （公財）リバーフロント整備センター：河川景観ガイドライン検討委員会委員

【NPO 活動】（あいうえお順）

《継続中》

- （特非）（認定 NPO 法人）ウィメンズ アクション ネットワーク（WAN）：理事
- （一社）キリマンジャロの会：理事
- （公財）キリン福祉財団：理事
- （一社）さかい男女共同参画社会推進基金：理事長
- （福）全国社会福祉協議会：評議員
- （公財）としま未来文化財団：理事
- （特非）（認定 NPO 法人）日本 NPO センター：代表理事
- （公財）日本環境整備教育センター：理事
- （一社）ハウジング&コミュニティ財団：評議委員
- （公社）企業メセナ協議会：理事

《終了》

- （特非）SOS 子どもの村 JAPAN：理事
- （特非）合意形成マネジメント協会・理事
- （公社）環境生活文化機構：理事
- （特非）（認定 NPO 法人）全国災害ボランティア支援団体ネットワーク：理事

2022 年 1 月

作成・森田系太郎

萩原なつ子教授の業績リスト

【単著】

萩原なつ子（1990）．『それ行け！YABO——こどもとエコロジー』リサイクル文化社．

萩原なつ子（1992）．『ひろしま女性大学通信課程　環境をみつめよう——女性とエコロジー』広島県女性会議．

萩原なつ子（2009）．『市民力による知の創造と発展——身近な環境に関する市民研究の持続的展開』東信堂．

【編著】

萩原なつ子（編著）（2016）．『としま F1 会議——「消滅可能性都市」270 日の挑戦』生産性出版．

【共著】

萩原なつ子（1987）．「エコロジー」原ひろ子・田中和子・舘かおる・須田道子（編著）『読む事典・女の世界史』（15-16 頁）．新曜社．

萩原なつ子（1987）．「生命の値段」原ひろ子・田中和子・舘かおる・須田道子（編著）『読む事典・女の世界史』（12 頁）．新曜社．

萩原なつ子（1987）．「家事使用人」原ひろ子・田中和子・舘かおる・須田道子（編著）『読む事典・女の世界史』（31 頁）．新曜社．

萩原なつ子（1987）．「主婦論争」原ひろ子・田中和子・舘かおる・須田道子（編著）『読む事典・女の世界史』（84-85 頁）．新曜社．

萩原なつ子（1992）．「ソーシャル・エコロジー」市川定夫・石田和夫・伊藤重行・佐藤敬三・永田靖（監修）『環境百科——危機のエンサイクロペデイア』（169 頁）．駿河台出版社．

萩原なつ子（1994）．「観光開発と女性——マレーシア・ペナン島における事例調査から」原ひろ子・大沢真理・丸山真人・山本泰（編著）『ライブラリ 相関社会科学 2　ジェンダー』（396-404 頁）．新世社．

萩原なつ子（1996）.「後始末を考える暮らし――水・ゴミから見る環境問題――」藤原千賀・萩原なつ子・重川純子・三善勝代・木脇奈智子・工藤由貴子（著）『生活経営論』(37-49 頁). 同文書院.

萩原なつ子（1996）.「地球環境の保全と代替エネルギー」亀田光昭（編著）萩原なつ子・西山隆造・掛本道子・近雅博・檜垣宮都・古沢広祐・他（著）『生活環境論』(114-132 頁). 同文書院.

萩原なつ子（1996）.「変わりゆく暮らしと環境問題」藤原千賀・萩原なつ子・重川純子・三善勝代・木脇奈智子・工藤由貴子（著）『生活経営論』(19-36 頁). 同文書院.

萩原なつ子（1996）.「消費の裏側に見える世界」亀田光昭（編著）萩原なつ子・西山隆造・掛本道子・近雅博・檜垣宮都・古沢広祐・他（著）『生活環境論』(16-34 頁). 同文書院.

藤堂麻里子・戸田清・萩原なつ子（1996）.「訳者あとがき」マレイ・ブクチン（著）『エコロジーと社会』(288-295 頁). 白水社.

萩原なつ子（1997）.「アリス・ウォーカーとジェンダー 『カラーパープル』から『喜びの秘密へ』」林浩平（編著）『女性文学の現在』(131-145 頁). 東横学園女子短期大学女性文化研究所.

萩原なつ子（1997）.「エコロジカル・フェミニズム」江原由美子・金井淑子（編著）『ワードマップ フェミニズム』(292-317 頁). 新曜社.

萩原なつ子（1999）.「当たり前だと思っていた意識を変えていくのがジェンダー教育なんです」ワークショップ・ミュー（編）『「まなび」の時代へ 地球市民への学び・30 人の現場』(193-200 頁). 小学館.

萩原なつ子（1999）.「持続可能な社会への市民の取り組み」清野きみ・原ひろ子（編著）『生活と地球社会 愛と地球のために......』(135-144 頁). 放送大学教育振興会.

萩原なつ子（1999）.「持続可能な社会と身近な環境問題」清野きみ・原ひろ子（編著）『生活と地球社会 愛と地球のために......』(123-134 頁). 放送大学教育振興会.

萩原なつ子（1999）.「女性の市民活動の歩み」中村陽一・日本 NPO センター（編）『日本のNPO2000』(191-200 頁). 日本評論社.

萩原なつ子（2001）.「ジェンダーの視点で捉える環境問題――エコフェミニズムの立場から」長谷川公一（編著）『環境運動と政策のダイナミズム』(35-64 頁). 有斐閣.

萩原なつ子（2001）.「生活の経営とボランティア活動／NGO・NPO 活動」原ひろ子（編著）『生活の経営――21 世紀の人間の営み』(119-127 頁). 放送大学教育振興会.

萩原なつ子（2001）．「生活の経営と地域社会」原ひろ子（編著）『生活の経営——21 世紀の人間の営み』（108-118 頁）．放送大学教育振興会．

萩原なつ子（2002）．「エコロジカル・フェミニズム」井上輝子・上野千鶴子・江原由美子・大沢真理・加納実紀代（編著）『岩波 女性学事典』（73-74 頁）．岩波書店．

萩原なつ子（2002）．「環境とジェンダー——『自然との共存』」田中由美子・大沢真里・伊藤るり（編著）『開発とジェンダー エンパワーメントの国際協力』（206-215 頁）．国際協力出版会．

萩原なつ子（2002）．「キャロリン・マーチャント『ラディカルエコロジー』」江原由美子・金井淑子（編著）『フェミニズムの名著 50』（414-423 頁）．東京印書館．

萩原なつ子（2002）．「マリア・ミース／ヴァンダナ・シヴァ『エコフェミニズム』」江原由美子・金井淑子（編著）『フェミニズムの名著 50』（424-432 頁）．東京印書館．

萩原なつ子（2003）．「エコフェミニズム」奥田暁子・秋山洋子・支倉寿子（編著）『概説フェミニズム思想史』（271-286 頁）．ミネルヴァ書房．

萩原なつ子（2003）．「フェミニズムからみた環境問題——リプロダクティブ・ヘルスの視点から」桜井厚・好井裕明（編著）『差別と環境問題の社会学 シリーズ環境社会学 6』（117-138 頁）．新曜社．

萩原なつ子（2005）．「開発は女性を解放したか」田中雅一・中谷文美（編著）『ジェンダーで学ぶ文化人類学』（254-268 頁）．世界思想社．

萩原なつ子（2005）．「『環境とジェンダー』の交錯——自然と人間の共生をめざして——」原ひろ子（監修）「原ゼミの会」編集委員会（編）『ジェンダー研究が拓く地平』（317-334 頁）．文化書房博文社．

萩原なつ子（2009）．「NPO ことはじめ」高校生のための社会学 編集委員会・水上徹男・是永論・砂川浩慶・福永真弓・本田量久（編著）『高校生のための社会学　未知なる日常への冒険』（96-105 頁）．ハーベスト社．

萩原なつ子（2015）．「環境と女性／ジェンダーの主流化」亀山康子・森晶寿（編著）『グローバル社会は持続可能か』（97-118 頁）．岩波書店．

萩原なつ子（2018）．「ジェンダーの環境思想」環境経済・政策学会（編）『環境経済・政策学事典』（662-663 頁）．丸善出版．

萩原なつ子（2019）．「ジェンダー平等を実現しよう」阿部治・野田恵（編著）『知る・わかる・伝える SDGs I　貧困・食料・健康・ジェンダー・水と衛生』（93-111 頁）．学文社．

萩原なつ子（2019）．「女性の社会的排除と男女平等参画」日本リスク研究学会（編）『リスク学事典』（526-529頁）．丸善出版．

【論文等】

萩原なつ子（1989）．「バーモント州のリサイクル事情見聞記」『リサイクル文化』第 25 号（1989 AUTUMN-WINTER），124-129頁．リサイクル文化社．

萩原なつ子（1990）．「エコロジーとフェミニズムの結びつきについて」『社会運動』第 124 巻（1990年7月号），16-19頁．

萩原なつ子（1990）．「女性の社会参加の動向とこれから」『公衆衛生』第 54 巻第 4 号，249-253頁．

萩原なつ子（1992）．「『健康な地球のための世界女性会議』に参加して」『婦人教育情報』第 25 号（1992年3月号），37-42頁．国立女性教育会館．

萩原なつ子（1992）．「共同購入と消費生活」『国民生活センター』（4月号）．

萩原なつ子（1995）．「エコミュージアムへのいざない」『BIOCITY』第 4 号．

萩原なつ子（1995）．「発言席　キーワードはエンパワーメント――第 4 回世界女性会議 NGO フォーラムに参加して」『保健婦雑誌』第 51 巻第 12 号（1995年12月号），929頁．

萩原なつ子（1995）．「キーワードは男女のパートナーシップ――第 4 回世界女性会議 NGO フォーラムに参加して」『BIOCITY』第 6 号．

萩原なつ子（1996）．「ジェンダーの視点から地域・生活を考える⑨　環境問題におけるジェンダー［1］　エコロジーと女性」『保健婦雑誌』第 52 巻第 9 号（1996年9月号），735-738頁．

萩原なつ子（1996）．「ジェンダーの視点から地域・生活を考える⑩　環境問題におけるジェンダー［2］　環境と女性　ふたつの顔」『保健婦雑誌』第 52 巻第 10 号（1996年10月号），830-833頁．

萩原なつ子（1996）．「住民参加型小規模生産プロジェクトとジェンダー――コスタリカ、アレナル環境保全地域の事例調査から――」『女性文化研究所紀要』第 5 号，35-51頁．東横学園女子短期大学．

萩原なつ子（1996）．「共同購入運動と女性」国際交流基金・国際交流相談室（編）『女性交流事業　〜女性・環境・平和　報告書』（44-45頁）．国際交流基金．

萩原なつ子（1996）．「消費者問題研究講座　環境負荷の少ない消費生活〜消費者・企業・行

政の役割を考える」『月刊キャパシティ』第 24 巻第 12 号，8-12 頁．株式会社ゼネラル企画．

萩原なつ子（1998）．「エレン・リチャーズ・スワローへの旅——その 1——」『女性文化研究所紀要』第 7 号，113-123 頁．東横学園女子短期大学．

萩原なつ子（1998）．「"環境のみつめかた"、市民の環境研究への参加とエンパワーメント——民間財団の助成プログラムの事例から——」『環境社会学研究』第 4 号，24-43 頁．

萩原なつ子（監修）・大木茂男（編）（1998）．『フランス　エコロジー　ガイド』環境生活文化機構．

萩原なつ子（1999）．「シリーズ新しい暮らし方『くいしんぼうのエコロジー』」『グリーンコシューマー東京』第 3 号，2-3 頁．グリーンコンシューマー東京ネット．

萩原なつ子（2000）．「持続可能な社会とジェンダー」『環境情報科学』第 29 巻 3 号，24-25 頁．

萩原なつ子（2001）．「循環型社会の実現を目指して——市民活動の視点から」『月刊国民生活』第 31 巻第 1 号，14-17 頁．国民生活センター．

萩原なつ子（2001）．「"身近な環境"に関する市民活動と〈市民知〉の形成」『環境情報科学』第 30 巻第 3 号，34-38 頁．環境情報科学センター．

萩原なつ子（2003）．「環境とジェンダー　第 1 回」『Asian Breeze』No.38．（財）アジア女性交流研究フォーラム．

萩原なつ子（2003）．「環境とジェンダー　第 2 回」『Asian Breeze』No.39．（財）アジア女性交流研究フォーラム．

萩原なつ子（2004）．「環境とジェンダー　第 3 回」『Asian Breeze』No.40，4-5 頁．（財）アジア女性交流研究フォーラム．

萩原なつ子（2004）．「環境運動と女性」『ウィル』No.11．（財）あいち女性総合センター．

萩原なつ子（2004）．「社会的合意形成が拓く公共事業新時代（9）　地方行政と市民・NPOの参加と協働」『土木施行』第 45 巻第 1 号，78-85 頁．

萩原なつ子（2004）．「市民主体の景観・建物保存再生の試み」『市街地再開発』No.411（7 月号）．全国市街地再開発協会．

萩原なつ子（2005）．「地方行政と市民・NPO の参加と協働——キーワードは『理解』と『忍耐』」（特非）合意形成マネジメント協会（編）『社会合意形成が拓く公共事業新時代』（56-63 頁）．（特非）合意形成マネジメント協会．

萩原なつ子（2005）．「男女共同参画と NPO を語る」『宮城県 みやぎ政策の風』vol.3（2005年3月），124-130頁.

萩原なつ子（2006）．「環境問題・開発問題における女性の不可視化と周辺化——沖縄県石垣市新石垣空港建設問題の事例から——」『国際ジェンダー学会誌』第4号，33-56頁.

萩原なつ子（2006）．「環境と女性／ジェンダーの交差」『東京都市大学環境情報学部紀要』第6号，104-112頁.

萩原なつ子（2006）．「古典再読 マレイ・ブクチン『エコロジーと社会』」『中央公論』第121巻第6号（2006年6月号），301頁.

萩原なつ子（2007）．「環境・開発とジェンダー」『立教大学ジェンダーフォーラム年報』第8号，101-105頁.

萩原なつ子（2007）．「NPO と行政との協働に関する研究——委託事業の実態と事業評価に関する事例調査——」『平成16年度〜18年度科学研究費補助金基盤研究（C）研究成果報告書』（1-56頁）.

萩原なつ子（2010）．「持続可能な社会・地域づくりにおける社会関係資本と NPO」『環境情報科学』第39巻第1号，4-9頁．環境情報科学センター.

萩原なつ子（2011）．「東日本大震災から考えるリプロダクティブ・ヘルスとリスクセンス」『化学物質と環境』第107号，14-16頁．エコケミストリー研究会.

萩原なつ子（2012）．「口紅に込めたレジリエンス：男女共同参画の視点からみた復興」『BIOCITY』50号（2012年3月27日），26-28頁.

萩原なつ子（2013）．「地域と人を育むネットワークとネットワーキング再考」『平成25年度地域づくり活動事例集——地域づくりを担う人々の発掘と育成』地域活性化センター.

萩原なつ子（2015）．「生き物にやさしい道のゆくえ」『生活と環境』第707号，53頁．日本環境衛生センター.

萩原なつ子（2015）．「助産テラス：妊娠・出産・育児への想いを発信 メープルシロップ尿症の孫から学んだこと、考えたこと」『助産雑誌』第69巻第5号，398-402頁.

萩原なつ子（2016）．「女性と描く復興とこれからの地域社会」『BIOCITY』第67号, 8-11頁.

萩原なつ子（2016）．「環境とジェンダーの主流化の変遷 ストックホルム会議から SDGs へ」『NWEC 実践研究』第6号，52-70頁．国立女性教育会館.

萩原なつ子（2017）．「働き方改革における行政の役割——WLB を加速化するための取組み事例から」『クリエイティブ房総』第94号，8-12頁．千葉県自治研修センター.

萩原なつ子 (2019).「消滅可能性都市から持続発展都市へ　東京都豊島区『としま F1 会議』の挑戦 (1)」『自治会町内会情報誌　まち・むら』146 号, 33-35 頁. あしたの日本を創る協会.

萩原なつ子 (2019).「消滅可能性都市から持続発展都市へ　東京都豊島区『としま F1 会議』の挑戦 (2)」『自治会町内会情報誌　まち・むら』147 号, 33-35 頁. あしたの日本を創る協会.

萩原なつ子 (2019).「消滅可能性都市から持続発展都市へ　東京都豊島区『としま F1 会議』の挑戦 (3)」『自治会町内会情報誌　まち・むら』148 号, 33-35 頁. あしたの日本を創る協会.

萩原なつ子 (2020).「家事・育児は誰の役割なのか」『JOURNAL』vol.65, 4-5 頁. 久留米市男女平等推進センター.

萩原なつ子 (2020).「身近な生活から考える　なるほど！The SDGs『世界や地域の課題を読み解く装置』：『令和元年度　生活学校リーダー研修』から」『自治会町内会情報誌　まち・むら』第 150 号, 48-51 頁. あしたの日本を創る協会.

萩原なつ子 (2020).「難民女性とリプロダクティブ・ヘルス」『保健の科学』第 62 巻第 10 号, 699-703 頁.

萩原なつ子 (2020).「新・羅針盤　女性の視点に基づいたまちづくり——『としま F1 会議』の挑戦」『ネットワーク』Vol.181, 4-5 頁. マッセ OSAKA（おおさか市町村職員研修研究センター）.

萩原なつ子 (2020).「消滅可能性都市から持続発展都市へ　東京都豊島区『としま F1 会議』の挑戦（最終回・4)」『まち・むら：自治会町内会情報誌』149 号, 33-35 頁. あしたの日本を創る協会.

萩原なつ子 (2020).「With　コロナ時代の働き方」『JOURNAL』vol.66, 4-5 頁. 久留米市男女平等推進センター.

萩原なつ子 (2021.4.25).「ウィズ/ポストコロナ時代の働き方　『複業』スタイルの勧め」『日本農業新聞』, 10 頁.

【訳書】

ブクチン, M.（1996).『エコロジーと社会』（藤堂麻里子・戸田清・萩原なつ子・訳）. 白水社.〔原著：Bookchin, M. (1990). *Remaking society: Pathways to a green future*. Boston: South

End Press〕.

【連載】

萩原なつ子（継続中）.「環境を見つめる人々」『エルコレーダー』（第 1〜69 回）. 環境生活
　文化機構.

【座談会・対談等】

枡潟俊子・萩原なつ子・村上千里（1995）.「BIO-City 座談会『女性・環境・平和』──欧州
　4 か国草の根交流報告──」『BIO-City』第 5 号（1995 年夏号），17-25 頁.

奥田暁子・近藤和子・竹見智恵子・萩原なつ子（1998）.「エコフェミニズムを習う」『現代
　思想』第 26 巻第 6 号（1998 年 5 月号），112-140 頁.

若原泰之・萩原なつ子（2000）.「インタビュー社会貢献活動の新たな一歩──21 世紀の新し
　い国づくりを視野に入れた NPO 支援を」『Keidanren』第 48 巻第 5 号，30-32 頁.

桑子敏雄・金森修・萩原なつ子・他（2001）.「『感性哲学』創刊記念座談会　なぜ、今、感性
　哲学なのか?」『感性哲学』1，5-22 頁. 東信堂.

小野紀之・酒井正・萩原なつ子・他（2003）.「市民・青山環境会議　環境活動を通じて社会
　の仕組みを変えていこう」『環境会議』第 20 号，92-100 頁. 宣伝会議.

白木渡・萩原なつ子・吉村伸一・他（2003）.「座談会　河川における住民と行政のパートナ
　ーシップ──行政に何を望むか」『河川』第 59 巻第 12 号，3-14 頁. 日本河川協会.

萩原なつ子・杉本育生（2004）.「対談　環境・生活・市民活動」『家計経済研究』第 63 号，
　2-10 頁.

山崎亮・萩原なつ子（2015.10.15）.「人口減少下におけるコミュニティ再生に『我々』はど
　う向き合うか」『生産性新聞』，4-5 頁. 日本生産性本部.

萩原なつ子・山田泰久・小倉希世子・金子育容・宮島元（2018）.「座談会：今、あらためて
　問う NPO の役割」『三田評論 ONLINE』. 2021 年 11 月 19 日 https://www.mita-
　hyoron.keio.ac.jp/features/2018/11-1.html より情報取得.

2022 年 1 月

作成・森田系太郎

【コラム】萩原なつ子先生との出会い、そしてジェンダー平等社会の実現へ！

山口典子

はじめに

　2021年9月15日に、私は某大学院に博士論文（「博論」）を提出しました。しかし博論の提出に6年6カ月の歳月を要して、もう諦めかけたとき、本書の監修者である萩原なつ子教授にご相談させていただきました。ご専門の市民運動やジェンダーの分野の研究課題でしたので、社会学的見地から的確なご指導を頂くことができ、おかげさまでようやく書き上げることができました。本コラムでは、萩原先生への感謝も込めて、博論では書ききれなかったジェンダー平等社会の実現をテーマに、私にとってお伝えしておきたい先生との活動や思いをここに綴らせていただこうと思います。

萩原なつ子先生との出会い

　初めて萩原先生と出会ったのは、1993年にニューヨークで開催された世界女性学際会議でした。その学際会議で私は、様々なジェンダー問題のワークショップに参加し、ミス・コンテストについてのアンケート調査を行っていました。そこで姪御さんを連れて参加されていた萩原先生と出会い、話が弾んでニューヨークの名物の牡蠣を食べにレストランへ行ったことを覚えています。思えば今から30年前のことです。

　2回目の出会いは、中国の万里の長城でした。1995年、ちょうど北京で国連世界女性会議（「北京女性会議」）が行われていた時のことです。堺市からの派遣団の一員として北京女性会議に参加していた私は、会議を終えてから、堺市と姉妹都市の連雲港市に向かう途中、盧溝橋、万里の長城に立ち寄ったのです。万里の長城では天気もよく、歩いていると、石垣の上に女性が4人、子どものように並んで、ニコニコと座っておられました。そのおひとりが萩原先生だったのです。

萩原先生も同じ会議に参加されていました。ニューヨークの次は万里の長城で出会うという偶然にふたりで笑ってしまい、今度は日本でお会いしましょうと約束をしました。いずれにしても萩原先生との出会いは、爽やかなお人柄で行動は軽やかな、とても素敵な方、という印象でした。

国立婦人教育会館（NWEC）女性学講座と萩原先生

その後、私は堺市女性団体協議会の事務局長という立場で、文部省からの依頼で国立婦人教育会館（「NWEC」）の女性学講座の企画委員に就任しました。当時の堺市女性団体協議会のミス・コンテストの反対運動や、団体長であり堺市議会議員でもあった山口彩子氏が議会で学校出席簿について男女混合出席簿の導入を提言し全国で初めて男女混合出席簿が実施されたこと、また官公庁の広報ポスターやパンフレットに男女の役割の固定の表現が刷り込まれていることに対する当団体からの抗議に基づく改善といった活動が認められたことからの選出だったと側聞しています。NWEC の職員の方からは、「山口さんたちの運動は一見過激に見えるという人もいるが、お話していると非常に冷静で、きちんと相手方との距離感や押しや引きのバランスを心得ておられるので、企画委員に推薦しました」とおっしゃっていただきました。今から思えば、当時の堺市女性団体協議会の活動はマスコミに大々的に報じられ、世論を喚起し、実際にジェンダーの視点から社会の変革を実現していました。

委員に就任するまでの数年間、私は NWEC の事業に積極的に参加し学ぶと同時に、多くの出会いと交流の中で堺市の婦人会館で実施している生涯学習の教養講座の講師を探す過程で NWEC の職員の皆さんとは懇意になっていました。またその流れで、虎ノ門の文部省の庁舎で開催された第 1 回国立婦人教育会館女性学企画講座の企画委員会について、萩原先生からは事前に電話でいろいろとアドバイスをいただいていました。

第 1 回目の会議で忘れられない出来事がありました。各委員の自己紹介の時にある女性の大学教授がおっしゃいました。「今回から運動団体の方がこの委員会に参画されるとのことで、当委員会のレベルが下がるんじゃないかという懸念の声を聴いております」、と。明らかにそれは私のこと、堺市女性団体協議会に向けられた言葉でした。一瞬会場は静まり返りました。しかし、当時の国立婦人会

館館長の前田瑞枝館長がそれを否定し、また日本経済新聞社の論説委員であった鹿島敬さんが、「女性学は運動が先にありきでしょ。」と発言してくださいました。案の定、その後の会議の中で、例えば政治や同和問題とジェンダーについて提言すると、その教授やその周りの方たちが「政治や同和問題には触れる必要はない」とタブー視する発言が返されました。当時は女性問題と、政治や同和問題等とを区分けして考える学者がまだまだ大勢おり、私は腹の中で「日本ではまだこういう遅れた時代なんだな、ジェンダー平等もまだまだだな。」と残念に思っていました。

それまで全米女性学会や世界環境女性学際会議、国連世界女性会議、国連軍縮会議、UNIFEM など、多数の国際的な女性会議に出席して来た私には、日本における「女性の会議や学び」の在り方について、もっと楽しく、若い人たちもジェンダーを学び、課題解決に立ち向かえる連帯を生むような会議を開催できないかということを常に痛感していました。その思いはすでに堺市女性団体協議会の事業や堺市立婦人会館における生涯学習堺女性大学（現・堺自由の泉大学）のプログラムで実践していました。ただし、ジェンダー研修の企画を練るときには、萩原先生をはじめとする多くの素晴らしい研究者との対話やアドバイス、著書、あるいは講演から「理論」を学んでいました。学ぶだけではなく、それをどのような手法で、誰に対して働きかけるかを考え、実践してきたのです。実際に NWEC での女性学講座では、それまでにない様々な分野のワークショップを開催できるよう、狭義のジェンダー問題のみならず、環境や労働、政治や同和問題なども含めた幅広い議題で参加者を募集しました。また夜の交流タイムには食事だけではなく、ディスコタイムなど、歌や踊りも含めて文化的なプログラムを企画しました。

ジェンダー問題は、深刻で辛くて悲しい、あるいは実態を聞くだけでも辛いと感じるものです。だからこそ女性の人権としてのジェンダーを学ぶときには、明るく楽しく学べる研修が必要だと考えています。萩原先生も当時の女性学講座にご参加くださり、歌も踊りもお得意の先生ですから、「楽しいのはいいよね。」と高く評価していただきました。

研究者であり、実践者としての萩原先生

　実践が先か、理論が先か。このような二項対立こそが不毛な問いであると考えます。これまでの世界や日本における社会運動の中では、女性解放運動は「新しい社会運動」に位置付けられてきました。例えば、私たちが国際花と緑の博覧会（「花博」）のミス・コンテスト反対運動を行う際に、その動機と目的は明確でした。動機は、かつて堺市が夏にゆかたまつりで「まつりの女王」というコンテストを行っていたのですが、その際、堺市女性団体協議会などの市民団体の代表が審査員を務めていました。そこで審査員を務めた当時の山口彩子氏は、控室にいた出場者の女性たちの寒々とした雰囲気や、実際に舞台の上で男性審査員たちから「ハイ、うなじを見せて、ハイ、くるっと回って」などと言われながら笑顔をふりまく若い女性たちの姿に強い違和感を持ち、またこのイベントそのものにも憤りを感じたということです。

　さらに最終選考会では、審査員が「ワシの好みはあの色白の子や」とか、鼻が高いの低いの、体が細いの太いのと、およそ「ゆかたの女王」の基準などは見当たらず、単なる女性の品評会にすぎないことに気づいたそうです。その後、山口氏は、「ゆかたの女王」コンテストの廃止を提言し、堺市の注染業者などから反感を買いながらも堺市はコンテストを廃止しました。この時の目的は、「ゆかたの女王」というイベントを廃止することではなく、このイベントが若い女性の品定めをしており、したがって女性の人権の視点から女性の扱い方、扱われ方を改善するためでした。堺市女性団体協議会はその後も、ミス・コンテストがなぜ女性の人権を侵害しているのかに関する研修を重ねてきました。当時は、女性でもその多くが「きれいなお姉さんをきれいと言って何が悪い」という社会の"常識"に縛られていました。そんな中、研修を積み重ねてきたのです。

　花博のミス・フラワークィーン・ページェントについては、当時の堺市女性団体協議会の事務局長として主催者に電話をしました。花博でこのようなミス・コンテストを行う目的は何かと尋ねると、「選ばれた女王を花博にプレゼントしてもらうためです。」という返答でした。私は、「まるで女王はモノ扱いですね、抗議します。」と言って、電話を切りました。その後、堺市女性団体協議会にこのやり取りを報告し、抗議活動を行うこととなりました。主催者と後援団体に公開質問状を送り、回答を求めました。このあたりの活動は、堺市女性団体協議会が

1992年に発表した調査資料「ミス・コンテストNON!：全国3382市町村ミス・コンテスト実態調査資料：わたしたちはなぜミス・コンテストに反対するか」に掲載されています。このように堺市女性団体協議会は、十分に団体内でのコンセンサスを得た上で、活動に対する批判や誹謗中傷、あるいは市会議員選挙への影響までを想定した上で、実働に入ります。

　実際に様々な中傷誹謗がありました。「ブスやおばさんのひがみ」というものが多かったですが、逆にマスコミが非常に公正な報道をしてくれました。私たちがミス・コンテストに関して明確に主張していたのは、「出場している女性を批判しない、傷つけない」というスタンスでした。「ミスコンに反対するなら、出場している女たちに出るなと言え」という意見も多数ありました。これは、売買春において、常に買春側（買う側）が言うセリフと同じです。「売る女がいるから買って助けてやっているんだ」という虚しい正当化論です。もっと言うなら「赤線やソープランドをなくしたら強姦が増える」というロジック（言い訳）と同じです。このような言い訳がまかり通る現代社会において、ミス・コンテストに出場する女性を非難するのは筋違いなのです。論点は、女性をモノ、商品のように扱う社会こそが病んでいるのだ、特に男性たちが自らの性の有り様を見直すべきなのです。

　マスコミの報道により活動が世論を喚起すると、マスコミ対応に追われました。私はミス・コンテストに潜む女性差別性について説明を続けました。萩原先生や上野千鶴子先生が、この運動を本にすることをすすめてくださいましたが、当時は書けませんでした。また上野先生と井上章一先生と私と山口彩子氏の対談が行われることになりました。井上先生は『美人論』という本で知られますが、京都の有名な料亭でとりとめのない話をしただけだったのですが、後日、週刊誌には「井上さんが私や山口彩子氏に監禁された」と書かれたり、「朝まで生テレビ」で今は亡き西部邁さんが番組途中でウインクをしてくれたにもかかわらず、後日、週刊誌で西部さんが「ミス・コンテストに反対するならイスラムへ行け！」というテーマで寄稿されたりと、"貴重な"体験もしました。その後、山口彩子氏や私は、『週刊文春』などに名指しで悪評を書かれたものです。週刊誌『SPA』では漫画の主人公にもなりました。今となっては笑い話ですが。また、この世の中には商業右派が存在することを学びました。商業右派にとっては、フェミニズム

257

や女性運動は 1 つの大きな標的です。また社会に存在する思想や考え方を右や左に恣意的に選別し、フェミニズムは左に位置付けられる傾向にあります。著名な元 NHK のアナウンサーの I 氏も、ある番組の解説で「女性団体は左翼系」と発言したのを目撃したこともあります。

　一方で、私たちの運動をまじめに考えて下さる大学等からの講演依頼も多数ありました。また最近では、上智大学等で大学祭におけるミス・コンテストについて、学生自らが疑問を持ち、廃止や改善される傾向が出てきています。また、この問題を研究する大学教授が、前述の調査資料「ミス・コンテスト NON!」や拙論を参考資料として参照してくださっています。

　さらには、私たちの運動の影響で、全国の女性団体やグループが声を上げやすくなってきたと評価されています。このような女性運動の中で痛感してきたのは、日本社会においてジェンダー平等を訴えるとき、ほとんどの人々に人権やジェンダー平等についての基本的な知識が共有されていないことでした。それは、日本における人権教育やジェンダー平等教育の欠落ともいえるほどの現状でした。よって堺市では、堺市女性団体協議会が、27 年間の建設要請運動を経て 1980 年に堺市立婦人会館を建設すると同時に、市民向けの男女共同参画社会の実現を目的とした生涯学習プログラムを開始したのです。それに加えて、堺市の学校における子どもたちへの人権教育としてのジェンダー平等教育を推進することを目的に、堺市議会議員として山口彩子氏、そして私が徹底的に議会で政策実施を進めてきました。

　また私は、大学院の修士論文で、日本におけるジェンダー平等教育の具体的カリキュラムについて研究と提案をしています。ジェンダー平等教育の必要性について、現在は国や大学機関も認識していますが、世界の大学等で実施されていた女性学を日本で初めて特別講義として大学に導入されたのは 1974 年、和光大学（当時）の故・井上輝子先生でした。以来、女性学やジェンダー研究と称する科目が大学のカリキュラムの中に登場してきました。また関連する研究センター等が大学に設置されるようにもなっています。そして、大学だけではなく日本の教育機関におけるジェンダー平等教育も、遅々としてではありますが進んできています。過去の地道な努力の成果が、今やっと表出してきたと感じます。

　女性運動に関して、学術的な理論が先か、運動が先かという問いに対しては、

基本的には、運動が先であると考えます。ただし現代においては、過去に世界の女性運動を調査分析した理論を参考にしている運動もあると認識しています。どんな運動も社会に向かって声を上げるという行動は勇気が要るものです。一方でどんなに素晴らしい理論も、多くの人に理解されることが大事ですし、理解のうえの共感、そして共鳴するという広がりがなければ本棚に収まっているだけです。

　"普通"の市民の気づきが、世の中を少しでも良いものに変えていく運動に至るまでには相当なパワーが必要なのです。企業や行政活動のように、綿密な計画に基づいて行われる社会運動などほとんどないと思われます。まったく先例も航海図もなく、試行錯誤を繰り返しながらも諦めずに、様々な体験を次のステップへの肥料として運動を続けていくことは1人ではなかなか難しいものです。ですから、ジェンダー問題を具体的に政策として実現するためには、やはり女性議員は多数必要なのです。

　海外で出会った女性学者あるいは社会学者の多くはジェンダー問題を認識しており、ほとんど自らもアクティビストでした。萩原先生や上野先生も間違いなくアクティビストです。だから信頼のおける説得力のある現実的な理論を構築されています。萩原先生はトヨタ財団で長年、市民による活動に関わっていらっしゃいました。今日は北海道の網走、明日は九州の諫早と、幼い娘さんを友人に預けながら出張をされる、という子育てをなさってこられました。そして、課題を抱えた地域の市民活動をよく理解しその価値を正当に評価する、日本では稀有な存在の研究者だと確信しています。

　萩原先生は、私たちの拙い運動を、批判することなく、いつも温かく応援してくださいました。近年、先生は、内閣府や文部科学省、環境省、経済産業省など、多岐にわたって国の審議会の委員等を務められ、国民のために特にジェンダー平等政策形成に大きく貢献されています。たとえば、内閣府の「災害対応力を強化する女性の視点～男女共同参画の視点からの防災、復興ガイドライン～」の策定にも関与され、そこでは災害に係る、地方自治体の男女共同参画センターや女性団体の位置づけや役割が明確化されています。これは日本の地域の現状や市民活動・運動を詳細にご存じだからこそ生まれてくる政策実現に他なりません。

　さらに萩原先生は、「消滅可能性都市」とされた東京都豊島区において、「F1会議」という市民と行政の会議体を通じて消滅を食い止める政策形成を行い、政

策を実現されました。「消滅可能性都市」は、2010〜2040 年に人口の再生産力を示す20〜39歳の若年女性人口が 5 割以下に減少する自治体と定義されます。豊島区が「消滅可能性都市」に選定された際、区長が萩原先生に相談され、消滅しない都市にするために 20、30 代の女性区民を公募し、彼女らが考える暮らしやすい豊島区のまちづくりを“ワールド・カフェ方式”で考え、政策形成を行い、それが実際に予算化されたのです。全国に先がけて萩原先生が豊島区と実践された、女性を中心とした市民によるこのまちづくりは、今では他の自治体からも注目を集めています。

　また萩原先生は、堺市が日本で初めて取り組んでいる UN Women 発案のセーフシティ・プログラム（Safe Cities and Safe Public Spaces Global Initiative）の総監修としてご参画くださり、「公的空間における女性や女児への性暴力のない安全安心なまちづくり」を 2014 年から今日までご指導いただきました。ジェンダー平等社会の実現には欠かせない、「女性に対する性暴力」の根絶のための取り組みです。すでに堺市は 5 年間の取り組みの最終報告書を UN Women に提出しており、市のセーフシティの取り組みが 1 つのモデルとして世界に発信されています。萩原先生のおかげで、取り組みは今も続いています。

ジェンダー平等社会実現をめざす市民の生涯学習

　私たち堺市女性団体協議会は、自らの運動によって建設を果たした堺市立婦人会館において「ハコモノだけではだめだ、女性の人権の確立と男女平等社会実現のためのソフトが必要だ」という思いのもと、市民の生涯学習プログラムを実施してきました。この生涯学習は、堺市立婦人会館の建設と同時に 1980 年から開講されています。最初は講演形式の「教養講座」を 6 分野でスタートし、途中から技術や技能習得、あるいは生きがい対策や社会貢献を目的とした文化的な「コース別講座」を約 60 講座企画しています。教養講座は必須単位で、15 回以上受講する中でジェンダー平等や様々な社会的・法的な知識を習得します。一方、コース別講座では、パソコンやフランス語、英語、書道、華道、身近な法律などを受講できるというシステムが作られました。

　戦後の女性たちは、封建的な社会風土の中で、女性であるからという理由で教育権や労働権を奪われてきたことから、当初の受講料は無料でした。時代が流れ、

受益者負担として、それでも年間 3,500 円ほどで受講できる仕組みにしています。この市民に開かれた生涯学習は、「堺レディス・アカデミー」→「堺女性大学」→「堺自由の泉大学」と名称が変更されてきました。「レディ」という言葉が階級用語であることや、女性差別撤廃条約に日本が批准したことにより、「レディ」や「婦人」という言葉を改称したのです。それまで「堺市婦人団体連絡協議会」だった団体名も「堺市女性団体連絡協議会」に改称されました。また主催者についても、2015 年までは堺市婦人団体連絡協議会が堺市から委託を受けていましたが、現在はプロポーザル方式で受託者が選定されています。大学の学長は長い間、女性問題に関わってこられた樋口恵子先生です。この生涯学習のピーク時は年間 180 回の教養講座が開催され、多くの素晴らしい講師の方々との出会いがあり、学びがありました。女性が直面する生活課題や DV・虐待、離婚相談などの相談業務も行っています。

　教養講座についても、講演形式の受け身学習から、萩原なつ子先生から学んだワールド・カフェ方式の学習方法に変更することで学びの現場が活性化し、受講生の皆さんもより能動的に自分の意見をまとめたり、人の話を傾聴することを学んでいます。常にグローバルな視点を持ち、世界の課題解決を自らの気づきにつなげて考える、という作業が実践される学習となっています。

　堺自由の泉大学の生涯学習について萩原先生は、「これからの高齢社会において教育は、学校教育も生涯学習も同程度に重要である中で、全国レベルで見ても『ジェンダー平等社会の実現』を明確に目的としている生涯学習はほとんど存在しないので希少価値がある」と評価してくださっています。樋口学長も「まちがいなく堺自由の泉大学は、その規模や質からしても日本一と言っても過言ではない。そしてそれを支えている堺市女性団体協議会は素晴らしい」と、この事業の持続化を強く希望され、また高く評価してくださっており、感謝と誇りの念を抱いています。私たちは、ジェンダー平等社会の実現するためには一人ひとりの市民がジェンダー問題を理解し考える生涯学習が重要であることを萩原先生のご指導から学び、それを実践に活かしているのです。

　当大学に毎年約 3,000 人の市民が受講生として学んでいますが、その成果は入学から 1 年後に実施されるアンケート調査によって明確に示されています。何よりも重要なことは、市民である受講生が、人生の中で学ぶ機会がなかった「女性

の人権」や「ジェンダー」について基礎的な知識を習得し理解が深まった、という認識を持つようになっていることです。

これからも日本のジェンダー平等社会の実現のために萩原先生と

　ジェンダー平等社会の実現をライフワークとしてきた私自身は、萩原先生との出会いによって、より具体的な実践を行うことができるようになりました。政府の政策と直結させ、かつ一歩先を行く目標を立てることもできるようになったのです。

　これからの取り組みですが、堺市議会議員としての政策立案や政策形成を市民の皆さんとともにワールド・カフェ方式で進めることが可能となったので、新型コロナウィルスの動向を見つつ、しっかりと実践していくつもりです。また、生団連（国民生活産業・消費者団体連合会）の副会長として「ジェンダー主流化委員会」を設置し、多数の企業の皆さんとともに、ジェンダー平等社会の実現のためのワールド・カフェの実施を萩原先生にご指導いただく予定です。

　さらに政権政党である自由民主党の地方の女性議員を中心に「watashiba（わたし場）」というプロジェクトを立ち上げました。そこでは女性たちの気づきや本音の声に耳を傾け、やはりワールド・カフェ方式でジェンダーの視点からの政策形成と政策実現をめざします。同時に女性たちのエンパワーメントを促進します。これを「キヅキテラス」と名付けました。また、女性の過少代表の解消のために、女性議員養成塾「女政のチカラ」を立ち上げました。自民党大阪府連の女性議員が中心となり、地方議会からこの活動を推進していきます。

　上記の活動にあたっては、これからも萩原先生のお力をお借りしながら、着実に"実践"を進めていく予定です。そうすれば SDGs の目標達成、ジェンダー平等社会の実現に近づけると確信しています。

　萩原先生のご功績は紙幅に収まらないほど多々ありますが、私にとって萩原先生との出会いは何物にも代えがたい人生の宝であり、日本のジェンダー平等社会実現のためには必要不可欠な存在でいらっしゃいます。ニューヨークでの出会いから、何度も国際的な会合や国内の取り組みでご一緒させていただいた中で先生から学んだことは、いつも笑顔で誰をも傷つけずに前進することの大切さ、人として、リーダーとしての在り方だったと受け止めております。

このたび立教大学をご退職されるにあたり、萩原先生は、これまでの幅広い分野でのご貢献を土台に、さらに広く深く、これからも地球上を飛び回られることと推察します。先生のご健勝を祈りながら、ともにジェンダー平等社会の実現をめざすことを誓い、謝辞とさせていただきます。

　萩原なつ子先生、本当にありがとうございました。これからもどうぞよろしくお願い申し上げます。

執筆者紹介

監修者

萩原なつ子（はぎわら・なつこ）【「はじめに」】：立教大学社会学部・教授／大学院 21 世紀社会デザイン研究科・教授。（公財）トヨタ財団アソシエイト・プログラム・オフィサー、宮城県環境生活部次長、武蔵工業大学環境情報学部・助教授等を経て現職。(特非)（認定 NPO 法人）日本 NPO センター・代表理事。専門分野は環境社会学、非営利活動論、ジェンダー論。

執筆者

相藤巨（あいとう・なお）【第 1 章】：立教大学・兼任講師（大学院 21 世紀社会デザイン研究科）。社会デザイン学会理事。21 世紀社会デザイン研究科博士前期課程修了後、同研究科博士後期課程修了。博士（社会デザイン学）。専門は地方自治、社会政策、ジェンダー。

内藤眞弓（ないとう・まゆみ）【第 2 章】：大手生命保険会社勤務の後、ファイナンシャルプランナーとして独立。2013 年立教大学大学院 21 世紀社会デザイン研究科博士課程前期修了。法政大学大学院政策創造研究科博士課程満期退学の後、2021 年 3 月立教大学大学院 21 世紀社会デザイン研究科博士号取得（社会デザイン学）。研究テーマは子育て女性医師のキャリア形成とジェンダー構造。2008 年から 2013 年まで「日本の医療を守る市民の会」を共同主宰。

森田系太郎（もりた・けいたろう）【第 3 章；「おわりに」；編者】：環境人文学・医療人文学研究者 兼 会議通訳者・翻訳者（日英）。立教大学では兼任講師（大学院 21 世紀社会デザイン研究科）及び研究員（ESD 研究所）を務める。日本会議通訳者協会（JACI）・理事。上智大学（法学［学士］）、立教大学（異文化コミュニケーション学［修士］、社会デザイン学［博士］）、モントレー国際大学院（翻訳通訳［修士］）修了。編著書に『環境人文学 I／II』（勉誠出版）、共著に *East Asian Ecocriticisms: A Critical Reader*（Palgrave Macmillan）、*Routledge*

Handbook of Ecocriticism and Environmental Communication（Routledge）等。

菊地栄（きくち・さかえ）【第 4 章】：立教大学・兼任講師（大学院 21 世紀社会デザイン研究科）。武蔵野美術大学短期大学卒業。立教大学大学院 21 世紀社会デザイン研究科後期課程修了、博士（社会デザイン学）。専門分野はリプロダクション、ジェンダー。社会デザイン学会・常任理事。著書に『世界お産』（二見書房）、『DVD みんなのお産』（現代書館）、『アダムの誕生、イブの出産』（農文協）ほか。共著に『産み育てと助産の歴史』（医学書院）。八ヶ岳山麓でエコロジカルな暮らしを実践している。

佐野敦子（さの・あつこ）【第 5 章】：東京大学大学院情報学環・特任研究員。立教大学・兼任講師（大学院 21 世紀社会デザイン研究科）。立教大学大学院 21 世紀社会デザイン研究科前期・後期課程修了、博士（社会デザイン学）。元国立女性教育会館・専門職員。e ラーニング大手企業に就業しながら上記研究科で学び、ドイツ・ボン大学への研究派遣を経て学位取得。日独社会比較を軸にした研究を展開し、これまで移民の社会統合、教育、ジェンダー施策をテーマに扱う。現在、AI や ICT 化がジェンダー平等推進に及ぼす影響を研究中。

淺野麻由（あさの・まゆ）【第 6 章】：映像制作者。国際ファッション専門職大学・専任講師（メディア概論、映像概論を担当）、博士（社会デザイン学）。テレビ・キュメンタリーを中心に、日本の放送局や国際共同制作、CM など、100 本以上の映像制作に携わる。第 67 回広告電通賞「テレビ・飲料部門」優秀賞、第 53 回消費者のためになった広告コンクール「テレビ 16 秒以上」銅賞、第 56 回ギャラクシー賞「テレビ部門」選奨、第 23 回アジア・テレビ賞「社会意識番組部門」最優秀賞を受賞。研究テーマは「テレビ・ドキュメンタリーがどのようにして社会に影響を与えたか」。

景山晶子（かげやま・あきこ）【第 7 章】：会社員。明治学院大学社会学部付属研究所・研究員。東京慈恵会医科大学・非常勤講師。立教大学大学院 21 世紀デザイン学科博士前期課程修了、明治学院大学大学院博士後期課程修了、博士（社会学）。専門は医療社会学。セルフメディケーション、在宅医療、医師のまちづくり活動などをテーマに医療専門家と一般の人々との関係性について研究。

安齋徹（あんざい・とおる）【第8章】：清泉女子大学文学部地球市民学科・教授。1984年一橋大学法学部卒業、2009年立教大学大学院21世紀デザイン学科博士前期課程修了、2015年早稲田大学大学院博士後期課程修了、博士（学術）。三菱UFJ信託銀行勤務、群馬県立女子大学・教授、目白大学・教授などを経て現職。社会デザイン学会理事、日本ビジネス実務学会監事、日本能率協会「KAIKA Awards」検討委員、新宿区「男女共同参画推進会議」委員。専門分野は社会デザイン学、人的資源管理論。著書に『企業人の社会貢献意識はどう変わったのか』（ミネルヴァ書房）、『女性の未来に大学ができること』（樹村房）。

原田麻里子（はらだ・まりこ）【第9章】：東京大学相談支援研究開発センター・留学生分野・専任講師。立教大学大学院・博士（社会デザイン学）。民間企業、外資系銀行、自治体等を経て2006年から現職。留学生政策、キャリア教育、就職・定着、留学生相談支援の研究、実践を行う。地域外国人支援の現場でも活動。NPO法人COMPASS理事、移民政策学会監事、東京外国人支援ネットワーク副代表。主論文に「元留学生社会人の『定住・定着』感の考察──その意識構造の把握を試みて──」『キャリアデザイン研究』(2015)、共著に『コミュニティ事典』（吉原直樹他編、春風社）がある。

藤井純一（ふじい・じゅんいち）【第10章】：公益財団法人かめのり財団理事、公益財団法人渥美国際交流財団監事、社会デザイン学会理事、立教大学大学院21世紀社会デザイン研究科後期課程修了、博士（社会デザイン学）。共著に『一問一答改正信託法の実務』（経済法令研究会）、『信託の法務・税務・会計』（学陽書房）、『エッセンシャルビジネス法務』（葦書房）、『行政手続実務大系』（民事法研究会）。

山口典子（やまぐち・のりこ）【「コラム」】：堺市議会議員。堺市女性団体協議会委員長。日本女子相撲連盟顧問。国民生活産業・消費者団体連合会副会長。UN Women日本事務所前特別顧問。日本大学大学院博士前期課程修了（総合情報政策修士）。日本大学大学院・博士（総合社会文化）取得予定。大手製薬会社勤務後、堺市女性団体協議会に入会。ジェンダー平等社会実現のための幅広い活動を行ってきた。また堺市議会においても国際社会の動向を注視しつつ、日本で初めてUN Womenのセーフシティ・プログラムの実施を行うなど、特にジェンダー主流化の観点から教育、医療、福祉における政策実現を果たしている。

ジェンダー研究と社会デザインの現在

2022年3月4日 　初 版 発 行

萩 原 な つ 子 （監 修）
萩 原 ゼ ミ 博 士 の 会 （著）
森 田 系 太 郎 （編）

発行所　　株 式 会 社 　三 恵 社
〒462-0056 愛知県名古屋市北区中丸町2-24-1
TEL 052 (915) 5211
FAX 052 (915) 5019
URL http://www.sankeisha.com

乱丁・落丁の場合はお取替えいたします。
ISBN978-4-86693-570-6